JN440673

뉴욕, 삶의 일기

가장 아름다운 속도는 멈춤이다

뉴욕, 삶의 일기

가장 아름다운 속도는 멈춤이다

고치완
쓰다

책나무출판사

ㅇㅇㅇ|ㅁ

내 본래 둥근 것
금 밖으로 굴러가고 싶어 한다

'뉴욕, 삶의 일기' 題로 [뉴욕일보]에 다수 연재.

| 목차 |

난제(難題) · 9 / 작은 성자의 모습 · 10 / 이리로 보낼까요? · 13 /
재벌 회장과 횟감 · 16 / 나무, 그 때 거기 서 있었다. · 19 /
빛나지 않는 경지 · 23 / 어떻게 살아남을 것인가 · 26 /
맛도 세뇌할 것인가 · 29 / 한국 주방과 일본 주방 · 32 / , · 35 / Beautiful speed · 35 /
적당히라는 진리 · 36 / 식당과 손님과 팁 · 39 /
우참마속(愚斬馬謖)이다 · 42 / '어떻게' 아버지와 '무엇'의 아들 · 45 /
천년 전의 외침 · 48 / 스승과 제자와 짜장면 · 51 /
호텔 주방장보다 더 좋은 솜씨 · 54 / 자본주의 사장과 사회주의 종업원 · 57 /
밥은 사랑이다 · 60 / 진짜 서비스 · 63 / 맛의 충돌 · 66 /
된장찌개와 미소 · 69 / 뭘 한 끼 가지고 그러세요 · 72 /
아내들, 외식을 좋아하는 이유 · 75 / 칼보다 예리한 혀 · 78 /
인도와 카레와 3센트 · 82 / 천기누설 '삼 세요.' · 85 / 예언, 통신원 이야기 · 88 /
다가올 환란? · 91 / 뉴욕 風水 한반도 풍수 · 95 / 광희문과 닉슨 대통령 · 98 /
파랑새와 전두환 · 101 / 언제 오는가? 통일 · 104 / 거울 앞에 선 자서전 · 108 /
관상, 생의 문서 읽기 · 109 / 짐승 이야기, 빛을 달다 · 114 / 마음에 점 찍다 · 118 /
잣나무 베다 · 121 / 한 손바닥이 내는 소리 · 124 / 무엇이 허물인가. · 127 /
두 주먹 · 130 / 무문관 나오다 · 133 / 막가파 스님 이야기 · 136 / 아직 · 139 /
철학을 파는 식당과 달리기 선수들 · 140 / 인생은 타이밍 · 143 /

아버지 노릇 · 147 / 원숭이가 옳다 · 150 / 무엇이 한없이 붙드는 저녁에 · 154 /
작고 하찮은 것에 대하여 · 158 / 아름다운 원칙 · 161 /
대원군의 奇智 · 164 / 안타까운 주인의 심정 · 167 / 영원한 난제 · 170 /
신 사방의 詩 · 174 / 훈민정음 해례본 · 177 / 그리운 것은 멀리 있다 · 181 /
맥도날드에서 생긴 일 · 183 / 핫! 유 노? 오케이! · 186 / 선남선녀 이야기 · 189 /
가장의 울타리 · 190 / 로또 이야기 · 193 / 여배우와 양말공장 사장님 · 195 /
주이시 잔돈 세기 · 198 / 유태인 상술(商術) · 201 / 비 샌 오백 년 · 204 /
문화의 힘 · 207 / 병사에게 보낸 궁녀의 시 · 210 / 썩은 동아줄 · 213 /
모르면 평화롭다 · 216 / 열심히와 잘, 모름과 잊음 · 219 /
내 일처럼 내 가족처럼 · 222 / 사장님과 우리 사장님 · 225 / 귀도 맛을 느낀다 · 228 /
바보들 이야기 · 230 / 아름다운 보답은 가슴에 남는다 · 233 /
소년등과(少年登科) 일불행(一不幸) · 236 / 진주도 돼지에겐 돌멩이 · 240 /
할머니의 속셈 · 244 / 美人의 條件 · 247 / 목숨 건 자존심 · 249 /
외교는 실리와 자존심이다 · 252 / 밥을 너무 많이 먹은 늑대 · 256 /
일지매는 어디 있는가 · 260 / 이불 몇 채 혹은 소쩍새 울음 · 263 /
아무 일도 일어나지 않았다 · 271 / 장씨는 술 공짜 · 288 / 세상과 나 · 311 /

난제(難題)

가장 잘 사는 것은
가장 못 사는 것

가장 못 사는 것이
가장 잘 사는 것

작은 성자의 모습

조금 늦은 시간에 퇴근하고 있었다. F 지하철 안. 몇몇은 졸고 몇몇은 스마트폰에 몰두하고 있었다. 내가 앉은 건너편에서 유색의 중년 여인이 우아하게 앉아 책을 읽고 있었다. 요즈음 지하철 안에서 책은 고사하고 종이 신문 읽는 사람도 흔치 않은데…. 책을 읽고 있는 유색 여인이 흥미로워서 보고 있었다. 다음 정거장에서 20세 전후의 중국 여자가 뭔가 가득 든 비닐 봉투를 양손에 들고 들어와 두리번거리더니 책을 읽고 있던 유색 여인 앞에 섰다. 마침 빈 자리가 그 한 곳뿐이었는 데 유색 여인이 다리를 꼬고 빗금 친 듯한 자세로 자리를 차지하고 있어 그 처자가 앉기에 비좁았다. 그 처자. 언듯 보면 뭔가 조금 부족한 듯 하기도 하고, 꼭 다문 입술로 우직스러운 것이 결기가 있어 보이지만 주위로부터 무시당하고도 묵묵히 제 할 일을 하며 당당히 살아온 것 같았다.

책을 읽고 있던 그 여인에게 다가가 덤으로 차지한 자리를 비켜주란 듯한 몸짓을 취했지만 곁눈질로 흘끔 상대방을 확인하고 모른 척 눈은 계속 책으로 향하고 있었다. 당연히 앉아야겠다는 듯이 그 여인을 향해 "익스 큐즈 미" 하자, 미간을 약간 찌푸리며 자리를 내주었다. 두서넛 정거장이 지나고 나서 그 처자가 들고 와 바닥에 두었던 비닐 봉투를 열고 그 속에 있는 중국 수프와 음식이 든 스티로폼 상자를 꺼내서 이리 담고, 꺼내서 저리 담고…. 책을 읽고 있던 여인이 신경이 거슬리는 듯 몇번인가 흘끔거렸지만…. 어쩔 것인가, 직접적인 피해를 주지 않는데야. 약간의 피해라도 주면 한 마디 할 요량으로 벼르고 있는 중에 수프가 담긴 그릇를 들고 내용물을 확인하는 순간, 내가 괜히 조마조마했다. 저 수프를 냄새 피우며 먹으면 안되는데, 안되는데… 동양인이라는 동질성으로 싸잡아 비난받게 될 염려에서일까, 제발 말리고 싶었다. 그 여자는 읽던 책을 덮고 어디 한 번….

어느 마을, 심한 가뭄에 흉년이 들었다.

한 사람이 굶주린 처자식을 보다 못해 어느 날 밤 뒷산 절에 몰래 신세 지려 갔다. 쌓아둔 쌀을 보자 욕심이 생겼던지 힘이 불끈, 저도 모르게 쌀 자루를 무작정 지게에 얹었다. 받쳐둔 지게를 지고 일어서려는데 꼼짝 않는 것이다. 짊어질 양보다 욕심이 지나치게 과했던 것. 며칠을 굶은지라 힘이 없어 일어서지 못하고 끙끙대기만 했다. 일어서기를 몇 번인가 시도해 보았지만 허사였다. 점점 힘은 빠지고, 누가 금방 쫓아 나올 것만 같은 불안한 마음이 더해 가는 중에 다시 한 번 일어서기를 시도해 보았다. 그런데 꼼짝하지 않던 지게가 조금 가벼워지며 쉽게 일어설 수가 있었다. 쌀을 지고 몇 발자국을 옮긴 뒤 이상하여 뒤를 돌아보니 댓돌 위에 주지 스님인 듯한 노승 한 분이 어서 가라고 손짓을 하고 있었다. 끙끙대는 것을 보다 못한 스님이 쉽게 일어서도록 뒤에서 지게를 바쳐 올려 준 것이다.

… 다행히 그 처자는 수프의 내용물만 확인하고 음식이 든 다른 비닐 봉투에 마저 넣고 졸라 맨 다음 아무 일 없다는 듯이 고요하게 앉아 있었다. 이상했다. 왜 지하철 안에서 이리저리 정리해 가며 번거롭게 하는가. 지하철에서 내린 다음 정리하면 될 것을…. 제가 맘먹은 일은 장소가 어떻든 하고야 마는 우직함이 미련해 보이기도 했다. 그래도 그 자리에서 냄새 풍기며 먹지 않은 것이 얼마나 다행인가. 고마웠다. 자기가 내릴 정거장에 지하철이 서서히 다가가자 비닐 봉투 두 개를 들고 일어나 문쪽을 향해가고 있었다. 그런데 가까운 문을 두고 조금 떨어진 전철 칸 끝에 있는 문쪽으로 가더니, 구석자리에 쭈그리고 앉아 졸고 있는 '홈리스 늙은 흑인' 옆 자리에 '부스럭 거리며 분배한 한 몫의 음식' 백을 넘어지지 않게 잘 간수해 두고 내리는 것이었다. 흑인 홈리스가 깨어나면 먹을 수 있도록. 책을 읽고 있던 유색 여인, 그 처자가 자리에서 일어나며 살짝 건드렸기에 못마땅한 듯 계속 째려보고 있었다.

식당에서 일하며 가족들과 함께 먹을 요량으로 가져가는 것일까, 제 나라 음식으로 저녁 한때의 공복을 추억으로 달래려 주문해 가는 것일까. 제 허기를 채울 음식을 아무런 사심없이 내주는 그 광경을 지켜보던 '우아한 지성'의 표정이 야릇하게 바뀌는 순간을 표현할 수 없어 안타깝다.

추수감사절 전날 밤이었다.

이리로 보낼까요?

어느 외국인이 미국을 여행하는 중에 차가 필요해서 렌터카 회사를 찾아갔다. 사무실 문을 열고 들어가서 직원에게 차를 빌리려 왔다고 말하자 담당 직원이 예약을 했느냐고 물어보았다. 예약을 하지 않았다고 하자, 예약을 하지 않았으면 안 된다고 거절하며 예약을 하고 다시 오라고하기에 '알았다' 대답하고 사무실 밖으로 나와서 바로 핸드폰으로 전화를 걸었다.

"여보세요. 거기 렌터카 회사지요?"

"네, 그렇습니다."

"차가 필요해서… 찾아갈 시간 약속하려고 전화했습니다."

"네, 이름이 무엇입니까?"

"홍길동입니다. 언제 가면 되겠습니까?"

"아무 때나 오세요."

전화를 끊고 바로 사무실 문을 밀고 들어가자, 방금 전에 거절했던 직원이 어깨를 한 번 들썩 들었다 놓더니 무슨 차가 필요하냐며 그때서야 사무를 봐주더란다. 아무 때나 와도 될 걸 왜 예약 안 했느냐고 따지며, 또 거기까지 이미 갔는데 거절할 이유는 뭐 있는가. 회사 규정을 지키려는 원칙주의자인지, 융통성이 없는 미련인지 모르겠지만 예약 문화에 익숙한 서양 사람들도 이런 일을 당하면 황당할 수밖에 없을 것이다.

추석, 구정 귀성 열차표 살 때나 예약해 봤지(미리 사 두는 것이지 예약이 아니니다) 예약이란 우리에겐 생소한 생활 방식이다. 그렇다 보니 꼭 예약해야 할 상황인데도 찾아가는 손님도 그렇고 맞이하는 주인도 으레 그러려니 하고 예약이 있으면 있는 대로 없으면 없는 대로 알아서 잘한다. 한국에선 무슨 중요한 약속이 있거나 귀한 분을 접대해야 할 일이 있으면 그럴싸한 집에 미리 전화해서 자리를 부탁한 경우야 있지만 평상시 식당 갈 일이 있을 때, 적당한 곳을 물색해서 찾아가면 그만이다. 가서 자리가 있으면 다행이고 또 없으면 다른 집으로 가면 되니까 별 문제가 없었는데, 새로운 생활 방식이 적용되는 미국에 살다 보니 식당 갈 때마다 느끼는 게 있다. 식당 입구에 들어선 다음 빈 자리를 골라 저 좋을 대로 아무 데나 앉아도 되는 것인가, 아니면 종업원에게 물어보고 지정해 주는 자리에 앉아야 하는지, 혹시 아무 데나 멋대로 앉았다가 종업원에게 핀잔 듣지 않을까 염려스럽다. 꼭 안내를 받고 자리 잡는 것과 알아서 적당히 자리를 잡는 것. 매너와 융통성으로 구분될 수 있겠지만 사실 문화적으로 따져보면 서구적인 계산과 한국적인 생활질서랄 수 있겠다. 오천 년을 외지인들 유입 없이 우리끼리 굳세게 함께 살아왔기 때문에 특별히 정해진 규칙 같은 것이 없다. 하여 강제할 만한 규칙이 없는 것이다. 대대로 익혀온 습관이 곧 룰이다. 인간의 도리로 모범의 기초를 이루는 사회는 느슨할 수밖에 없다. 오천년 동안 알아서 잘 해왔다. 말 타고 훌쩍 떠나면 언제 다시 만날 기약이 없기 때문에 이동족들은 더치페이 할 수밖에 없고, 이번에 내가 사면 다음은 네가 사리라는 믿음이 구속으로부터 해방시켜 주는 것과 같다. 지연, 학연, 동호회, 무수히 많은 연과 회들로 얼기설기 엮어진 대한민국, 한 다리 건너 친척이요 형제자매일 수밖에 없으니 좋은 게 좋은 거였다.

맨하탄에 있는 K식당에 가족과 함께 갔다. 들어가서 어디에 자리 잡을까 망설이는데 2층으로 안내되어 가는 중에 안내하는 젊은 종업원이 2층 매니저인 듯한 아저씨에게 한쪽을 가리키며

"이리로 보낼까요?" 완전히 수화물 짐짝 취급하듯 우리 귀에 들리도록 저들끼리 말하는 것이었다. 분위기까지 곁들여서 식사를 하고 싶었는데 이렇게 되면 입맛이 갈 수밖에 없다. 식당은 일종의 사교방이고 휴게실이 되도록 종업원이 신경을 써야 한다. 정답은 이렇다.

"이쪽으로 모실까요."

재벌 회장과 횟감

삼성 그룹 본사에서 사장단 회의가 열렸다. 이건희 회장이 아직 도착하기 전, 미리 와서 대기하고 있는 사장들이 그날 회의에 대한 구상이나 또는 큰 회장한테 꾸중들을 일이 있으면 야단맞을 각오로 단단히 맘먹고 있을 줄 알았는데… 미리 대기하고 있던 사장들 사이에서 스시 이야기가 나왔다고 한다. 우리 생각에 대재벌 사장들이라면 그날의 주식 시세라든가, 세계경제 전망에 관한 의견을 주고받을 것이지 시시하게 겨우 먹는 얘기냐? 의아해하겠지만 회장이든 사장이든 세계 대통령이든 동장이든 가난한 사람이든 부자든 무엇에 앞서 먹는 일이 최우선이다, 먹는 깊이가 다르지만. 어떤 사람은 먹는 거 가지고 쩨쩨하게 그러지 말라는 둥 맨날 먹는 타령이냐고 핀잔을 주기도 하지만, 오죽하면 에피큐데리우스 같은 철학자는 '물과 빵만 있으면 신과 다툴 수 있다!' 큰소리 쳤겠는가.

스시 만들 때 쓰는 주재료 생선, 쓰임새 있어 무엇이 가장 중요한가에 대해 논쟁이 벌어졌다고 한다. 스시에 쓰이는 생선이 수없이 많으니 딱히 무어라 꼬집어 말하기가 곤란하겠지만 일반적인 의견을 주고받았다고 한다. 신선도가 제일 중요하다, 생선 잡히는 곳이 중요하다, 뜨는 부위가 중요하다… 별의별 의견이 다 나왔지만 결론을 얻지 못하고 있는데, 이건희 회장이 들어왔다. 그중에 용감한(?) 사장 한 사람이 지금까지 벌어진 논쟁을 설명하고 회장한테 물었다.

"회장님, 스시 만들 때 생선의 무엇이 가장 중요합니까?" 보통 사람 같으면 대답하기 곤란한 것 묻는다고 대뜸 '쓸데없는 소리!' 하고 핀잔을 주었겠지만….

어느 복날, 그냥 넘기기 허전하다는 핑계로 초등생 아들하고 삼계탕으로 유명한 B식당에 갔다. 아들이 삼계탕을 시키며 주인에게 "몇 달 큰 닭으로 삼계탕을 만들어야 제일 맛있어요?" 묻자 주인아저씨가 당연히 알고 있어야 할 자기 전문 분야를 소홀했다는 표정을 지으며 "이 다음 가르쳐주겠다." 알아 봤는지, 잊어버렸는지, 그 뒤로 몇 번 갔는데 여태 아무 말이 없는 걸 보면 물어본 당사자를 잊어버렸거나, 아직까지 모르고 있거나 둘 중에 하나다.

D면옥에 가서 무얼 먹을까 생각하다가 그래도 간판이 면옥인데, 냉면을 시켰다. 사리가 입에 들어가기도 전에 물컹물컹 끊어지는 경험을 했다. 육수는 말할 것도 없고 쫄깃쫄깃한 면발이 냉면의 맛인데…. 그날 주방의 실수였는지, 평소 실력인지 모르겠지만 그 집 냉면이 영 아니었다.

자기 식당이 내걸고 있는 메뉴 하나만은 어디에 내놓아도 손색이 없을뿐더러 그 메뉴에 대해선 철저한 전문가가 되어야 한다. 누가 무엇을 물어오든 자신 있게 대답할 수 있도록 말이다. 단순히 밥 한 그릇만 팔지 말고 문화를 판다고 생각하면 자기 하는 일에 소홀히 할 수 없을 것이다.

닭이 몇 달 되었을 때 삼계탕 재료로 쓰는 것이 가장 좋으냐? 기다려도 식당 주인이 가르쳐주지 않아서 아들이 여기저기 인터넷(인터넷 초기)으로 알아보니, 몇 달째 닭을 써야 맛있는 삼계탕을 만들 수 있는 것이 아니라, 몇 그람(g) 때 재료로 쓰느냐에 따라 맛이 달라진다고 한다.

이건희 회장 왈 "그야, 그 생선의 나이가 제일 중요하지요."

돈만 많은 부자라 흘기지 마라, 세상 온갖 고급 정보는 다 갖고 있다. 아까운 인재(人才), 아쉽게 일찍 가셨다.

나무, 그 때 거기 서 있었다.

뉴욕에서 교통사고가 가장 많이 일어나는 도로 중 한 곳인 롱아일랜드 익스프레스가 우리 동네에서 멀지 않은 곳으로 지나간다. 베드타운 롱아일랜드에 사는 직장인들이 맨하탄으로 출퇴근하기 위해 이 길을 이용하기 때문에 차 통행량이 많다. 왕복 8차선 도로에 도시를 관통하는 관계로 사고가 자주 발생한다.

어느 날 아들과 인도를 걸어가고 있었다. 갑자기 브레이크 밟는 소리가 크게 들렸다. 어디서 사고가 났는가 싶어 두리번거렸다. 아들이 가리키는 곳을 보니 롱아일랜드로 향하던 차 한 대가 핸들을 꺾어 중앙 분리대를 향해 돌진하고 있었다. 왜 그 차가 중앙 분리대 쪽으로 돌진하고 있는지? 브레이크 밟기 전 상황을 못 봤기 때문에 이유를 알 수 없었다. 8차선 중앙에 턱이 낮은 2미터 정도 넓이로 화단이 조성돼 있고 몇 미터 간격으로 나무가 심어져 있었다. 저 차가 반대 차선으로 넘어오게 되면 대형 사고가 날 것 같아 나도 모르게 아이구 아이구….

필리핀의 한 우체국에서 편지를 분류하던 중 겉봉에 「하나님 전상서」라 쓰여 있고 주소가 없는 편지 한 통을 발견했다. 하나님께 보내는 편지가 분명한데 보낼 주소가 없어 우체국 직원들은 참으로 난

감했다. 무슨 사연으로 하나님께 보내는가 궁금하여 편지를 뜯어보았다. 하나님 전상서란 말과 함께 자기는 어느 마을에 사는 농부 누구인데, 해마다 농사를 열심히 지어도 추수 때만 되면 공무원들이 하도 착취하는 바람에 다음 추수 때까지 가족이 먹을 것이 없으니 돈 100만 원만 꼭 보내 달라는 하소연이었다. 이 딱한 사연을 접한 우체국 직원들, 오죽하면 하나님께 하소연 했겠느냐 싶어, 그 농부를 도와 주기로 하고 모금을 하였다. 농부가 원하는 100만 원의 절반인 50만 원뿐이 되지 않았지만 그래도 그게 어디냐, 하나님이 보낸 것처럼 농부에게 돈을 우편으로 부쳤다. 답장이 왔다. 하나님께서 보내 주신 돈 잘 받았다는 말과 함께 분명 하나님께서 자기가 부탁한 100만 원을 보내 주셨을 텐데 오는 도중에 우체국 직원놈들이 부정을 저지르는 바람에 50만 원밖에 못 받았으니, 수고스럽더라도 다시 50만 원을 더 보내 달라고 쓰여 있었다.

……마음 졸이던 그 찰나, 도로 중앙에 조성된 화단에 심어진 나무를 들이 받으며 화단 위에 기적적으로 멈춰 섰다. 남자 팔뚝만 한 어린 나무였는데 부러지지 않고 차 밑으로 휘어져 들어갔다. 차를 밀쳐내지 않고 스프링 역할로 떠받치고 있는 형국이었다. 나무가 조금 더 굵었더라면 뒤로 튕겨져 나가 뒤따라오던 차들이 박살 났을 것이고, 조금 더 어렸더라면 차가 그대로 밀고 넘어가서 반대편 차들이 들이받는 대형 참사가 벌어질 뻔한 그런 위험천만한 상황이었다. 꼭 그 자리에 있었고, 꺽이지도 않고, 차가 튕겨나가지도 않게끔 굵지도

않고… 어린 나무의 절묘한 역할, 황금분할이었다. 만약 도급 맡은 업자가 나무 숫자를 줄이기 위해 간격을 넓게 잡았거나, 그것을 감독할 관계기관이 뭐 좀 먹고 눈감아 주었거나… 생각해보니 아찔했다. 모두가 제자리에서 제 몫을 다했기 때문에 막은 참사였다.

후진국일수록 부정부패가 심하다. 국가가 관리들 처우를 제대로 대우해 주지 않기 때문에 부정으로 먹고 살 수밖에 없다. 부정부패, 우리도 어느 나라 못지 않았다. 6·25 세대 지인이 초등학생 때 미국이 보내준 우유 가루 먹던 이야기 끝에 "미국에서 우유 가루를 보내 주면 정부, 도, 군, 면 또 교장, 선생님 손을 거쳐 맨 끝 학생들에게 도달하기까지 끗발이 작용하는 그 대목마다 꼬리가 솔찮히 잘려 나갔을 텐데… 낙도, 두메 학생들에게까지 골고루 분배되어 그나마 영향실조를 면하게 해주었으니… 미국에서 도대체 얼마나 많이 보낸거야?" 아무 생각없이 우유 가루만 타 먹었지, 구체적으로 생각해 보지 않았던 내가 미국정부에 대한 새삼 고마운 표시로 아들에게 그 지인의 이야기를 들려주었다. 가만히 듣고 있던 아들 왈 "부정으로 빼돌릴 것까지 계산하고 보내는 거예요. 미국 정부가 그렇게 허술한지 아세요." 듣고보니 새삼 미국 정부가 한없이 고마웠다. 잊어서는 안 된다.

그때 그 시간 그곳을 차를 몰고 지나갔던 사람들, 대형사고의 참사를 어린 나무 한 그루가 막았다는 사실을 아무도 모른다. 살아가면서 생사의 갈림길이 어디 한두 번뿐이겠는가, 곳곳이 지뢰밭인데. 실로 범사에 감사해야 함을 목격했다. 가끔 지나다 보면 그때 벗겨진 상처가 아물고 제법 자란 나무로 서 있었다. 꼿꼿이 서 있는 다른 나무들에 비에 조금 비스듬이 서 있는 것이 '그때 그 나무'임을 새기고 있는 것 같았다. 성자 대하듯 합장하고 싶다.

빛나지 않는 경지

떠도는 명언 중에 '세상에서 가장 오래 걸리는 여행은 머리에서 가슴까지 가는 길이다.' 말처럼 평생을 걸려 제대로 이룰 수 없는 것 중에 하나가 [매너]라고 한다. 평생을 배우고 익혔으면서도 제대로 완성하지 못할 뿐만 아니라 그다지 빛나지 않는 분야가 [매너]를 매개로 하는 직업이다. 의젓한 모습은 절도 있는 신사 같고, 표정만 보고도 무엇을 원하는지 알아채는 숙련은 귀신 같고, 어떤 경우에도 참고 견디는 인내는 투사 같고, 친절하되 거슬리지 않는 말투는 만만한 이웃집 아저씨 같고, 날렵하되 결코 서두르지 않는 모습은 예술에 가깝다.

뉴욕 타임즈에서 흑인 기자를 형편없는 사람으로 위장시켜서 맨하탄 소재 프랑스 고급 레스토랑에 들여보냈다. 웨이터가 와서 주문을 받으러 오자 의자에 비스듬히 앉은 채로

"야, 햄버거 같은 거 없냐? 햄버거가 먹고 싶은데…" 햄버거는 팔지 않고 메뉴에 나와 있는 것은 다 된다고 정중하게 대답하자, 그 흑인 기자가

"알았어, 자식아! 그럼 비싼 걸로 아무거나 하나 가지고 와 봐." 막되 먹은 사람처럼 행동하자 그래도 웨이터는 자세 하나 흐트러짐

없이 몇 가지 음식을 소개했다. 비싼 걸로 하나 주문해서 쩝쩝, 음식 먹는 도중에 별 트집을 다 잡고 무례한 행동을 보여도 식사가 다 끝날 때까지 얼굴 하나 찡그리지 않고 시중을 들어주는 것이었다. 식사가 끝나고 그냥 나가려고 할 때 웨이터가 식대를 요구하자 이 흑인이 "나, 돈 없어, 그냥 가면 안 될까?" 이쯤 되면 어떤 사람이고 화가 나게 돼 있다. 이때까지 참고 정중하게 시중 든 것도 억울한데, 이 자식 봐라! 무전취식? 너 어디 죽어봐라, 막 나올 법한데 이 웨이터는 "손님, 이런 문제는 제 소관이 아닙니다. 잠시만 기다려 주십시오." 잠시 후에 지배인을 데리고 왔다. "손님, 저의 식당을 찾아 주셔서 감사합니다. 식사는 맘에 드셨습니까? 식비는 지금 꼭 지불 안 하셔도 괜찮습니다. 여기에 성함과 주소를 적어 주십시오." 종이에 이름과 주소를 엉터리로 적어주었다. "고맙습니다. 이 주소대로 청구서를 보내겠습니다. 형편이 되는 대로 보내주시면 고맙겠습니다." 그리고 입구까지 정중하게 배웅하는 것이었다.

교포를 상대로 30여 년 전에 시작해서 아직까지 살아남은 몇 안 되는 식당 중에 하나인 C중국집이 우리 동네에 있다. 식당 하기에 결코 좋은 장소가 아닌데 30여 년을 변함없이 해오고 있다. 고1 아들 말을 빌리자면 "짬뽕 국물 맛이 끝내 주는 집!" 식당 홀에서 주인 아저씨가 종업원을 관리하고 손님 시중도 드는데, 그의 손님에 대한 자세를 또 아들에게 신세 지자면 "머리끝에서 발끝까지 매너!"

어느 날 주인아저씨가 보이지 않고 그 아들인 듯한 청년이 홀에

서 손님을 맞이하고 있었다. 제 아버지와 꼭 닮은 붕어빵 아들의 매너를 같이 간 아들에게 묻자

"절반!", "내가 볼 때는 비슷한데…" 다음 말이 나오기를 은근히 떠보자 "흉내 수준이잖아요." 배워서 아는 것과 몸에 익혀 우러나오는 것은 다르다는 뜻이겠다. 그럼 그 아버지의 매너는 어느 정도 되겠느냐고 물어보자, 망설이더니 "80!".

사람을 함부로 평하는 것도 안 되지만 점수를 매겼으면 그에 합당한 이유가 있어야지 그렇지 못했을 경우에는 그 사람이 알든 모르든 본인에 대한 실례다. 그 이유를 대라, 다그치자

"얼굴에 자기절제 하는 모습이 은근히 드러나잖아요." 그러고 보니 그러는 것 같기도 하다.

나는 눈 뜨고도 항상 깜깜한 밤중이다.

어떻게 살아남을 것인가

뉴욕, 뉴저지 일원의 식당은 380여 개, 교회는 600여 개라 한다.

왜 식당과 교회 수를 대비시켰냐, 상관관계는 없지만 제 하는 역할이 비슷하기 때문이다. 식당과 교회. 생각지도 못했는데 숫자를 밝히면 와, 그렇게 많았냐? 사람들은 새삼 놀란다. 수없이 생겼다 없어지는 식당과 교회. 식당은 배고픈 것을 해결해 주는 곳, 교회는 머리 고픈 것을 채워주는 곳으로 제 본분을 톡톡히 함으로 우리의 현재와 미래를 기대게 해준다. 교회는 제 식구들 몇 명 앉혀 놓고 시작한 다음, 간절한 기도로 한 하나님께 매달리면 어느 정도는 해결되겠지만 식당은 수많은 왕들께 매달리는 피나는 수고를 해야 한다. 어떤 식당은 개업하고 그랜드 오프닝 오색기를 채 거두기 전에 문을 닫아야 하는 경우가 허다하다. 그래도 몇 달, 몇 년을 버티는 집은 뭐가 달라도 다르다.

흔히들 굼벵이도 구르는 재주가 있다, 굼벵이를 무시하는 듯한 이 발언은 굼벵이에 대한 실례다. 우리가 보기엔 단순하기 그지없는 하찮은 행동인 것 같아도 본인으로서는 '죽고', '사는' 생존권의 문제인 것이다.

시카고의 어느 길모퉁이에 두 사람이 동업하는 허름한 옷 가게가 하나 있는데, 장사하기에 썩 좋은 장소도 아니고 그렇다고 뭐 특별한 옷을 갖다 파는 것도 아닌데 20여 년 가까이 장사를 하며 여섯 명이나 되는 애들을 대학까지 보내며 두 가족이 생활해 가고 있었다. 손님 한 사람이 들어오면 그중 한 명이 손님을 따라다니며 시중을 들어주는데 손님이 가격을 물어오면 귀가 어두워서 잘 안 들린다는 듯이 손을 귀에 갖다 대고

"손님, 뭐라고요?"

"이 옷, 얼마냐고요?" 손님이 큰소리로 다시 물어보면

"네, 이 옷 가격이요? 알았어요, 사장님한테 물어볼게요."

가게 저 편에서 뭔가 열심히 일하고 있는 사장에게 옷을 들어 보이며 "사장님, 이 옷 얼마예요?"

"40불이야" 사장이 대답하면 잘 못 들었다는 듯이 다시

"얼마냐고요?" 그러면 사장이 신경질을 팍 내며

"40불!" 그리고 뒷문을 열고 나가버리면 종업원이

"20불이라고 그러는데요, 손님"

이쯤 되면 어느 손님이고 그냥 나가는 법이 없을 것이다. 40불짜리로 알고 있는 옷을 20불 얼른 치르고 빙그레 가게를 나서는 것이다. 두 동업자가 반 귀머거리 행세를 하며 옷을 팔아 먹는 줄 모르고… 언뜻 생각하면 사기 치는 것 같지만 옷을 팔기 위해 반 귀머거리 행세를 했을 따름, 그들은 20불짜리 옷을 20불에 팔았을 뿐이다. 정상적인 상행위라 할 순 없지만 그래도 저들만의 상술이라 봐 줄

수 있겠다.

파는 것처럼 힘드는 것이 없다. 모두가 움켜쥐고 있는 돈을 내 쪽으로 이동시키는 일이 어디 그리 간단한 일인가. 경제는 유통이라 했던가, 그 흐름의 길목을 잘 잡는 자는 인생이 나로부터 시작되는 것이고 우왕좌왕하는 자는 맨날 남의 뒤꽁무니만 따라갈 수밖에 없다. 잘 팔아야 한다. 밥을 팔든 영혼을 팔든 잘 팔아야 한다. 현세에 찌든 우리 영혼에게 감칠맛 나는 행복감을 주기 위해 미래를 내세우는 종교처럼 식당도 오늘의 짭짤한 맛만 강조할 것이 아니라 미래의 건강과 오래도록 남을 맛거리를 제공한다는 자세였으면 어쩔까 싶다.

그래도 식당보다 교회 많은 것이 다행이라면 다행이다.

맛도 세뇌할 것인가

'원숭이 손에 막대기가 쥐어지기 시작하면서부터 인류 역사는 시작되었다.'

칼 마르크스는 인류 역사를 발전적 관점에서 본 것이 아니라 혁명의 근거를 마련하기 위한 선동 수단, 투쟁을 강조한 것이다. 한 사람의 머리에서 나온 사상이 단기간에 많은 사람들에게 적용되기는 인류 역사상 공산주의가 단연 으뜸이란다. 으뜸이라는 것이 좋은 쪽으로 였으면 그야말로 으뜸이겠는데 한꺼번에 가장 많은 사람들이 곤욕을 치른 불행한 시대였다는 것이 마음에 깊이 와닿는다. 칼 마르크스가 파리의 어두운 골방에서 공산주의 사상을 집필할 때 추위와 굶주림에 떨었다고 한다. 그의 사상이 완결되도록 엥겔스가 생활비를 마련해 주곤 했는데, 편지 내용에 자본주의자들을 비난하는 강도가 높아질수록 생활이 궁핍해진 줄 알고 얼른 돈을 마련해서 보내 주었다. 공산주의 사상이 부르주아에 힘입어 완성되었다는 사실은 아이러니가 아닐 수 없다. 한 세기가 지나기 전에 자본주의에 참패하고 말았지만 어느 종교 못지않게 사상만은 박애가 전체를 아우르는 정신이었지 않나 싶다.

사회주의 대부 소련의 문화 사절단이 북한을 방문했다. 일정 중에 어느 초등학교를 시찰하게 되었던 모양이다.

"이렇게 귀한 분이 우리 학교에 오셨는데 그냥 가시면 되겠습니까." 교장선생님이 학생들에게 좋은 말씀을 들려 주십사 부탁을 드리자. 사절단 단장이 갑작스런 부탁에 특별히 생각 난 것도 없고 해서 이솝의 '토끼와 거북'의 이야기를 들려주고 나서

"어린이 여러분도 토끼같이 게으르지 말고 모두 거북이처럼 꾸준히 노력해서 빛나는 사회주의를 건설해야 합니다." 말을 마치자 학생 하나가 손을 번쩍 들고 질문을 했다고 한다.

"왜 거북이 동무는 자고 있는 토끼 동무를 깨워서 함께 가지 않았나요? 그것은 우리가 배우는 사회주의 협동정신에 어긋나는 일입네다."

요즈음(문재인 정부) 남북이 손을 맞잡고 '한 민족끼리' 함께 가자고 자주 만나고 있다. 총부리 들이댈 땐 언제고 필요할 땐 한 민족을 외치는 저들의 선전선동, 우리는 이미 뼛속 깊이 숙지하고 있지 않는가. 나라고 개인이고 간에 필요에 의해서 만나고 서로 주고 받는 대화의 기저엔 무엇보다 진정성이다. 가만히 들여다보면 무엇보다 저들에겐 인민이다. 남쪽의 발전상을 이미 눈치 채버린 인민의 불만을 무슨 수를 써서라도 달래야 할 입장에 빠져 있는 모양세다. 조, 부 시대처럼 무지막지로 다스르기엔 무리라 판단한 것이다. 거기다 미국을 지렛대로 하여금 저들의 형한테 쌀 가마라도 챙겨야 하고. 남쪽의 봉들은 알아서 바칠 것이고…. 주판 튕기고 있을 것이다.

문거시기 정부. 부실한 경제 문제를 북쪽을 통해서 돌파구를 찾으려다 일 년 동안 헛발질만 한 꼴이다. 백성들이야 배 부르고 등 따순 게 최고다. 취임 다음 날부터 팔 걷어 부치고 경제에 매달려야 했다. 적폐 청산. 그거 대단한 것 아니다. 대통령 정도면 누구든 다 할 수 있는 권력 노름이다.

'그것' 절대 포기하지 않는다. 그것이 명줄인데 누가 어리석은 짓을 하겠는가, 전 인민의 생명보다 제 한 목숨이 중한데…. 이제 판이 깨진들 손해 볼 것 하나 없다고 뒷짐 지고 있을 것이다.

백주 대낮에 '김 머시기 환영회'가 결성 되었음을 버젓이 외치고 있을뿐더러, 평양냉면집은 문전성시를 이루고 있지 않는가. 엄마 맛에 길들여지듯 맛도 일종의 세뇌다. 누가 그럴싸하게 이렇다 하면 와 튀어오르는 뻥튀기 근성이 다분한 대한민국, 내노라 하는 사람들이 평양 가서 황공하게 냉면 대접받는 것을 침만 꿀꺽 삼키며 지켜보던 서민들 어차피 먹을 점심, 호기심 삼아 먹은 광경을 두고 이제 맛까지 접수했다고 생각한다면 착각이다, 맛있는 것 쌔버린 '맛집 공화국' 앞에서.

대동강 옥류관 냉면. 그들 입장에서 무조건 맛있을 것이다. 이팝에 고깃국, 기와집에 비단옷 입고 사는 것이 국가 비전인 인민들에겐 무엇인들 맛이 없겠는가. 맛 없다고 하면 남조선 간첩이다.

한국 주방과 일본 주방

영국의 신사도, 미국의 개척정신, 중국의 군자도, 한국의 선비정신, 일본의 무사도. 일본의 무사도라면 사무라이 정신을 말하는 것인데 국가를 지탱하는 정신이라기엔 좀 잔인하다.

日本 막부시대 때, 어느 사무라이가 자기 아들하고 외출하는 중에 아는 사람을 만나 잠시 이야기를 나누었다. 아는 사람과 헤어져 가던 길을 재촉하려는데 함께 가던 아들이 보이지 않는 것이다. 아들이 어디 있나 두리번거리며 길을 가는데, 어느 만둣가게 앞에서 가게 주인인 듯한 사내가 아들을 붙잡고 화를 내고, 아들은 울상이 다 되어있는 것이다. 주인에게 아버지임을 밝히고 자초지종을 물으니 만둣가게 주인이 하는 말, 자기가 잠시 한눈을 파는 사이에 당신 아들이 만두를 훔쳐 먹었다는 것이다. 그게 사실이냐고 물으니 아들은 만두가 먹고 싶어 구경만 했을 뿐, 절대 훔쳐 먹은 사실이 없노라고 대답한 것이다. 만두를 훔쳐 먹지 않았다는데 당신이 잘못 본 것이 아니냐 고 주인에게 따지자, 그 사내는 자기가 똑똑히 보았노라고 우기는 것이었다. 사무라이는 재차 아들에게 훔쳐 먹었으면 솔직히 용서를 빌고 만둣값을 지불하자 하여도 아들은 눈물을 흘리면서까지 결코 훔쳐 먹은 사실이 없다는 것이다. 만둣가게 주인은

훔쳐 먹은 도둑놈 주제에 울긴 왜 우느냐고 역성을 내는 것이다. 사무라이는 다시 아들에게 정말 훔쳐 먹지 않았느냐고 묻고 그렇다고 하자, 아들을 땅에 눕혀 놓고 칼집에서 시퍼런 일본도를 꺼내 아들의 배를 갈라서 창자 속에 만두가 없다는 것을 주인에게 확인시킨 다음 만듯가게 주인의 목을 단칼에 뎅겅 베 버리고 가던 길을 표표히 사라져버리더란다.

양옥집에 중국 쿡을 두고 일본 여자와 사는 것을 한때 서양 남자들의 이상으로 꼽았다. 서양 남자들의 눈에 남자에게 절대 복종하고 싹싹한 일본 부인들이 아내로서 그만인 것처럼 보였던 게다. 일본 부인들이 싹싹한 이유가 자율에 의해서가 아니라 칼 문화에서 비롯된 즉 힘의 논리에 지배당한 약한 자의 근성임을 몰랐던 것이다. 분신처럼 일본도를 하나씩 차고 다니는 사무라이들, 밖에서 스트레스 받고 붉으락푸르락 집에 들어오는데 감히 싹싹하지 않을 여자가 어디 있겠는가, 시퍼런 칼날 앞에.

옛 일본 도노사마(영주)는 밥에 돌이나 뉘 하나만 있어도 당장 주방장의 목을 뎅겅. 괜히 만들어 낸 얘기라 할지 모르겠지만 사실이다. 군주나 영주에게 절대 복종함으로써 제 의무를 다하는 책임감 대신 하층 계급에겐 무소불위의 권력을 휘두르는 난폭함도 보였다. 어떤 사무라이는 주문해 온 칼이 잘 드나 시험해 보기 위해 밤에 길 가던 사람의 목을 실제로 베어보았다고 한다. 인명 경시 풍조인지 힘의 극대화인지 잘 모르겠지만 우리에겐 섬뜩한 얘기가 아닐 수 없다. 근래의 얘기로 남경 대학살이라든가 생체실험, 한국 독립군의 고문, 학살, 이런 행위는 이웃하고 있는 우리로서는 실로 경계할 일이다. (남경학살에 관한 책을 보다가 잔인함에 더 이상 볼 수가 없어서 그만 둔 적이 있다.)

우리의 식당은 주방과 밥 먹는 홀이 완전 분리되어 있지만 일식집은 손님이 보는 앞에서 음식을 직접 만들어 주지 않는가. 만드는 것을 보며 먼저 눈으로 먹는 재미도 있겠지만, 네가 보는 앞에서 직접 만들었으니 군소리 말라는 뜻이다. 손님들 입장에서야 애정으로 음식이 마련되기를 원하지만…. 주방은 저들만의 공간일 수밖에 없다. 요리하는 과정에서 생기는 쓰레기며, 맛도 봐야 하고, 쉬고 싶을 때 잠시 앉아 있기도 해야 하는데 훤히 공개된 상태에서는 좀 그렇다. 이발사가 시퍼런 칼날을 목에 들이대도 아무렇지 않는 신뢰감처럼 마주보며 만들고, 먹고, 재미는 있다. 그런데 이것 하나는 주의해야 한다. 맛이 없어도 맛있다고 해야지 함부로 맛없다고 말하면 안 된다. 생선으로 향하던 뾰족한 끝이 언제 어느 방향으로 돌변할지 모른다. 하기야 먹고 사는 것이 백척간두나 다름없는데 그것인들 대수냐.

,

삶에 곧장이란 없다

가장 아름다운 속도는

멈춤이다

Beautiful speed

Stop

적당히라는 진리

음식 만드는 프로를 보면 가끔 한국 요리가 등장할 때가 있다. 한 번은 배추김치 만드는 방법을 어느 외국 요리사가 소개하고 있었다. 외국 요리야 몇 그램, 몇 스푼, 수학적으로 음식 만드는 방법을 가르쳐 주지만 특히 한국 김치야 어디 몇 그램, 몇 스푼 하는 식으로 될 법한 음식인가. 제대로 잘 가르쳐 주었을 것이고 열심히 배웠을 텐데… 배추김치 담그는 것이 영 아니었다. 소금 적당히 뿌려 절이고, 고춧가루 적당히, 마늘 적당히, 파 적당히, 액젓 적당히, 기타 등등 적당히 버무려서… 이 '적당히'라는 말이 무슨 경의 가라사대, 왈, 여시아문처럼 등장하는데 무슨 수로 적당히 맞출 수 있겠냐 말이다.

장자의 제물편에 나오는 이런 이야기가 있다.

제나라 임금이 궁 뜰에서 책을 읽고 있었다. 수레바퀴를 고치고 있던 목수가 임금께 조심스레 여쭈었다.

"지금 읊고 있는 것이 무슨 내용이옵니까?"

"옛 성현들의 진리이니라."

"그 성현들의 말씀을 몸소 느껴 보셨습니까?"

"성현의 말씀을 통해서 간접적으로나마 진리를 얻으려 함이 아니냐."

"그러면 임금께선 진리의 껍데기만 핥고 계십니다."

이 말을 들은 임금은 몹시 화가 났다.

"수레바퀴를 수리하는 목수 주제에 성현의 진리를 탐독하고 있는 임금을 감히 모독하다니, 무슨 이유인지 합당하지 못할 때에는 그냥 두지 않으리라, 어서 말하라."

목수가 거침없이 대답했다.

"소인은 70 평생을 수레바퀴 만드는 일에만 종사해 왔습니다. 이제는 힘도 부치고 일을 그만 둘까 하여 어린 자식한테 바퀴 만드는 비법을 전수할까 해도 그게 잘 안 됩니다. 수레바퀴 만드는 데 가장 중요한 것은 가운데 구멍 뚫는 일인데 너무 크면 헐거워 수레가 덜컹거리고, 너무 작으면 빡빡하여 잘 돌지 않습니다. 헐겁지도 빡빡하지도 않게 하는 방법이 딱 하나 있습니다."

"그 방법이 무엇이냐?"

"손에 익혀 제 스스로 체득하는 일입니다. 말로는 대강 아들에게 전수할 수 있지만 진짜는 알려 줄 수가 없는 노릇입니다."

"그것이 성현의 진리와 무슨 상관이란 말이냐?"

"수레바퀴 만드는 이런 하찮은 일도 이러할 진데, 하물며 성현의 깊고 넓은 뜻을 어찌 문자로 전해질 수 있다는 말입니까? 제 스스로 체득하지 않는 진리란 모두 헛것입니다."

식당에서 손님이 종업원을 부르더니 "이거, 어디 짜서 먹겠냐? 완전 소금이다, 소금!" 주방에서 실수한 모양이다. 종업원이 웃으면서 "미안합니다." 그리고 물 조금 붓고 다시 끓여 왔으면 실수한 것을 만회하고 그 식당 친절하다는 평판을 들었을 텐데, 막무가내로 대하는 것에 자존심이 상했던지 숟가락을 들고 맛을 보더니 "먹을 만한데요, 뭘 그러세요." 따지는 과정에서 '짜고', '싱거운' 것. '적당히' 라는 진리를 놓고 한바탕 입씨름이 벌어졌다. 인류는 항상 제 산수만 고집하다가 짐승들의 평화로운 질서를 놓치는 경우가 종종 있다. 싱거운 것은 손님의 몫, 짠 것은 식당의 책임. 이것 하나만 알고 있었던들 즐거울 식탁이 서로가 제 잣대만 들이밀다 엉망이 돼버리는 것을 목격했다.

건방진 얘긴지 모르겠지만, 생도 너무 짭짤한 것보다 조금 싱거운 것이 낫지 않을까 싶다.

식당과 손님과 팁

서구에서 화장술이 발달한 것은 '말 타고 휙 지나가는 사내들'을 붙들기 위한 유인책으로…. 사실 아닌 사실 같은 우스개가 있듯이, 그 반대로 팁이라는 것은 종업원들로부터 확실한 봉사를 보장받으려는 내막이 숨겨져 있다. 팁이라는 제도는 미국에서 생겨난 풍속이다. 그만큼 미국 종업원들이 자기 할 일을 제대로 하지 않았다는 증거인지… 미국식 합리적인 사고 방법인지.

어떤 사람은 친절한 종업원에게 유산으로 몇 만 달러를 남겨 주었다는 토픽도 있고, 실례로 종업원에게 고맙다는 표시로 팁 위에 1센트를 얹어 주기도 한다. 그와 반면에 신문 가십거리로 할리우드 짠돌이 스타들의 팁이 종업원들 입을 통해 까발라지기도 한다. 사실인지 확인할 길 없지만 수천만 달러 재산가인 스타들이 저럴까 싶을 정도로 몇 백 불짜리 식사를 하고 겨우 5,6불 내고 뻔뻔하게 일어선다지 않는가, 차라리 하나도 내지 않았다면 팁 내는 것을 깜박했을 거라고 위안이라도 삼았을 텐데…. 후식으로 종업원에게 안 좋은 소리만 얻어먹는 꼴이다.

팁 문화가 어딘가 어색한 한국 사람에게 팁에 대한 사건이 알게 모르게 많이 벌어진다. 간혹 신문에서 손님과 종업원 간에 팁 문제로 옥신각신하는 장면을 읽은 적이 있다. 어떤 종업원은 팁 없이 그냥 나가는 손님에게 쫓아와서 내놓으라고 하거나 너무 적다고 투덜댄다는… 팁이라면 술집 여자들 이상한 곳에 찔러주는 것으로만 알고 있는 한국에서 관광 온 분들이 팁 주는 것을 깜박했거나 아니면 분명한 이유가 있었을 것이다. 팁을 주 수입원으로 삼고 있는 종업원 입장에서는 팁에 신경 안 쓸 수 없지만…. 불만을 곧바로 터트리지 말고 속이야 부글부글 끓을지언정 이때까지 손님에게 대해 왔던 대로 정중하게 "손님, 혹시 서비스에 불만이 있었습니까?" 물어보면, 의도적으로 팁을 안 낸 손님이라면 분명한 이유를 말할 것이며 깜박했거나 몰랐던 손님이라면 합당한 봉사료를 지불할 것이다.

어느 지인이 엘머스트에 있는 H 식당에 밥 먹으로 갔다. 손님이 그다지 많지 않았는데도 종업원들이 뭔가 서두르는 것 같았고 분위기 좀 산만한 것 같다고 생각했는데, 아닌 게 아니라 한 종업원이 주문을 받아갔는데 다른 종업원이 와서 퉁명스럽게 "주문했어요?". 조금 있으려니 또 다른 종업원이 주문 받으려…. 한 끼 식사에 세 번씩이나 주문을, 이렇게 되면 불쾌할 수밖에 없다.

식당에 들어서면 처음 자리에 안내하는 종업원이 물컵과 함께 메뉴판을. 물컵은 있고 메뉴판이 없을 경우, 이미 다른 종업원이 주문받아 간 걸로 정해져야 한다. 그래야 두 번 세 번 주문을 하고 받는 피차간에 번거로운 일이 벌어지지 않는다. 중간중간 서비스야 손님이 원할 때, 눈에 띄는 대로 종업원이 봉사하고, 마지막으로 체크를 가져다 준 종업원이 후식을 책임져야 손님과 종업원 사이에 혼란이 일어나지 않는데…. 무엇이 문제냐고? 후식이 빠졌다는 얘기다. 다른 테이블에서는 후식으로 수박을 먹으며 씨를 택택 뱉고 있는데 자기더러는 그냥 나가라는 거다. 그래 알았다. 자기도 팁 없이 그냥 나왔다. 이것으로 끝나면 괜찮은데 일이 꼬이기 시작하면 계속 꼬이는 게 인생 아닌가, 봉사할 일일 때는 딴청부리더니 팁 챙기는 것은 시키지 않아도 귀신같이 알아서 한다. 식당 문을 막 나서는데 아가씨 종업원이 뛰어와서 "아저씨(이때는 손님이 아니고), 팁을 안 주었는데요!", "가서, 왜 안 주고 나왔는지, 찬찬히 생각해…" 말이 채 끝나기도 전에 입이 뾰루퉁 해가지고 돌아서면서 고개를 갸우뚱거리더란다.

팁은 으레 받는 거라고 생각하면 오산이다. 손님께 물, 밥, 반찬 날라다 주는 것으로 팁을 받는 것이 아니다. 밥 한 그릇 먹으며 황제 대접 받고 싶은 것도 아니지만, 적어도 내 돈 주고 밥 사먹는 입장에서는 불쾌한 기분이 들게 해서는 안 된다는 말이다.

가끔 아들에게 재미로 이런 얘기를 한다. 이 다음 커서 국가에 세금 많이 내는 시민, 교회에 헌금 제일 많이 하는 신자. 식당에 가서 팁 듬뿍듬뿍 내는 왕이 되라고.

우참마속(愚斬馬謖)이다

삼국시대 초엽 촉나라 건흥 5년 3월, 제갈량은 대군을 이끌고 성도를 출발했다. 곧 한중을 석권하고 기산(감숙성)으로 진출하여 위나라 군사를 크게 무찔렀다. 그러자 조조가 보낸 위나라 명장 사마의는 20만의 대군으로 기산에 부채꼴의 진을 치고 제갈량의 군대와 대치했다. 제갈량은 조조의 군대를 격파할 계책은 이미 서 있었다. 그러나 군량 수송로의 가정(한중의 동쪽)을 지키는 것이 문제였다. 그 중책을 맡길 만한 장수가 없어 제갈량은 고민했다. 그때 마속(190-228)이 그 중책을 자원하고 나섰다. 그는 제갈량과 막역한 사이인 명참모 마량의 동생으로 재기 발랄한 장수였다. 그러나 산전수전 다 겪은 사마의와 대결하기엔 아직 어리다. 제갈량이 망설이고 있자 마속은 거듭 간청했다.

"수년간 병법을 닦았는데 가정 하나 지켜내지 못하겠습니까. 만약 패하면 저는 물론 가족까지 참형에 처해도 결코 원망하지 않겠습니다."

"좋다. 그러나 명심하라, 군율에는 추호의 어김이 없다는 것을."

제갈량이 그에게 가정을 맡기며 [산 위에 진을 치지 말고 산 아래 평지]에 진 칠 것을 신신당부했다. 마속이 가정에 도착해서 지형을 살펴보니 삼면이 절벽을 이루는 돌산이 있었다. 마속이 생각하기를 제갈량이 지시한 평지에 진을 치는 것보다 산 위에 진을 치는 것이 좋을 것 같았다. 바위로 이루어진 산이 그야말로 천연의 요새였다. 전투에선 아래서 공격하는 것보다 위에서 아래로 공격하는 것이 훨씬 유리하다는 것은 병법의 기본, 그러나 위나라 군사는 산기슭을 포위한 채 공격해 오지 않았다. 며칠을 그렇게 버티다 보니 물이 끊기고 말았다. 처음에는 산 아래서 식수를 조달해 먹었는데 산이 포위되고 나니 그 많은 군사들 먹을 물이 문제였다. 마속은 전병력으로 포위망을 뚫으려 했으나 용장인 장합에게 참패하고 말았다. 제갈량이 마속에게 중책을 맡긴 것을 크게 후회했지만 이미 때는 늦었다. 마속 같은 유능한 장수를 잃는 것은 국가적으로 큰 손실이다. 여러 참모들이 말렸지만 대의를 위해 마속은 처형되었다. 마속이 처형장으로 끌려가자 제갈량은 소맷자락으로 얼굴을 가리고 울었다고 한다. 읍참마속(泣斬馬謖).

어느 식당에서 밥을 먹고 있는데 사장이 종업원에게 야단을 치며 너는 왜 맨날 그 모양이냐고 퇴박을 준다. 종업원이 사장 맘에 쏙 들게 일하면 좋겠지만 그렇지 못하는 것이 현실이다. 사장처럼 잘하면 사장하지 왜 구박받는 종업원 노릇 하겠는가? 사장 입장에서야 종업원 몫을 제대로 하라는 말이지 사장만큼 잘하라는 얘기는 아닐 것이다. 서로가 제일 좋은 방법은 이렇다.

"주급도 변변치 않은데 우리 집에 와서 열심히 일해 줘서 고맙다."

"사장님, 부족한 저를 이렇게 써 주서서 고맙습니다."

가진 자가 먼저 아량을 베풀어야 한다. 가진 자는 좀 망가져도 있는 것 때문에 괜찮지만 없는 자는 한 번 망가지면 회복하기 힘들다. 알 낳는 닭이 걸음마인 병아리에게 먼저 마음을 열어야 한다는 아량이 사회적 동의다.

제갈량의 「평지 진」 주문이 사실이라면 군령을 어긴 마속이 처형당할 일이 아니라 국가 존망이 걸린 전투에서 수수께끼 같은 전략을 지시한 제갈량이 책임져야 마땅하다. 가정의 지형지물을 숙지했고 적과 대치한 상황에서 진지 구축에 따른 결과가 어떻다는 것을 미리 알았으면서 왜 이렇게 지시하지 않았는지 모르겠다.

「가정은 바위산이다. 포위당하면 식수가 끊긴다. 반드시 산 밑에 진을 쳐라!」

우리는 여태까지 귀신 같은 제갈량의 군령을 어긴 마속의 잘못만 알고 있었지 제갈량의 어리석음을 간과했다, 으레 제갈량이니까 틀림없다는 것이다. 제갈량의 신통이라는 것이 별로 신통한 것이 없다. 실로 신통한 것이라면 모든 사람들이 안 된다고 우길 때 신념을 굽히지 않고 결국 승리로 이끌어 가는 지략이 진짜 신통이다. 철기시대에 조작되거나 각색된 신비가 디지털시대까지 통용되는 것은 좀 그렇다. 군령의 대의도 중요하지만 내일을 도모하기 위한 아량도 숙고할 문제다.

읍참마속(泣斬馬謖)이 아니라 우참마속(愚斬馬謖)이다.

‘어떻게’ 아버지와 ‘무엇’의 아들

하루는 가족이 모여 한가하게 시간을 보내고 있는데 집사람이 새삼스럽게 “당신과 저 애는 어쩌면 그리 똑같아요.” 모든 아내들이 남편과 아들을 동시에 입에 올리면 대개 좋은 얘기가 나올 수 없다. 내가 긴장하며 “뭐가?”, “먹는 거 관심이 많은 것 말이에요.” 무슨 심각한 상황이 벌어지는 줄 알고 옆에서 귀담아 듣고 있던 아들이 억울하다는 듯이 “아부지 먹는 것과 제 먹는 것은 차원이 달라요.” 아내가 바로 받아서 “재는, 뭐가 다르다는 거야, 입으로 들어가는 것은 다 똑같지….” “아부지는 어떻게 먹느냐고 제 먹는 것은 무엇을 먹느냐, 차원이 다르지요.” 설명하자면 이렇다. 제 애비는 하루 세끼 절대를 어떻게 해결하느냐 민생고 문제고, 저는 제 입맛에 맞게 무엇을 즐기느냐, 어떻게와 무엇으로 구분된다는 논리다. 전공과는 아무 상관없이 대학교 저학년 때 이미 뉴욕의 먹거리 정보는 다 꿰차고 있었다. 한식은 물론 중식, 이태리식, 프랑스 애저요리까지 맛보고 산다. 이상한 나라, 국방위원장이 다랑어 뱃살 부위로 만든 스시를 좋아한다는 일급 비밀(?)을 아들로부터 들었을 정도다.

어쩌다 짜장면 한 그릇 먹는 일이 있을라 치면 일주일 전부터 입맛을 다실 정도로 다른 부위는 몰라도 식신경만큼은 특이하게 발달

된 것 같다. 특히 스시나 회를 좋아하는데 와사비 간장에 곁들여 먹는 것은 물론 아무 양념 없이도 "회의 참맛은 맨 것으로 먹어야 해요." 선생님 노릇에 입맛을 쩍쩍 다셔가며 먹는 것을 보면 야만인이 아닌가 생각이 들 때가 있다. 오죽하면 교회 목사님이 어느 초대에 가셔서 회가 푸짐하게 나오면 아들 생각이 난다고 하겠는가.

"왜 그렇게 회를 좋아하느냐?" 물음에 담백한 맛이라든가, 깔끔한 것이 좋다고 할 줄 알았는데 "자연에 가깝잖아요." 대부분 음식은 우리 입에 들어오기까지 몇 과정을 거쳐야 하는데 회만큼 자연 그대로 섭취할 수 있는 음식이 별로 없다는 하도 엉뚱한 대답에 "뭐, 자연?" 반문하자 "인간은 자연에 가까워질수록 순수해지는 거랍니다. 시인님!" 이런 아들이 하루는 "아부지, 나 스시 한 번 사주실래요?", "너, 내 경제 사정 잘 알잖냐. 런치 스페셜은 몰라도 스시는 좀 곤란하다." 일단은 거절하고 나서 생각해 보니까, 이 애가 스시에 대한 뭐 특별한 정보를 가지고 있는 것 같아서 슬쩍 한 번 떠보았다. "특별히 스시 잘 하는데 알고 있냐?", "뭐 특별하다기보다 멋있는 곳이죠." 이것 보게, 아주 품위까지 잡아가며 먹는 타령이네. "나한테만 살짝 귀띔해 줄 수 없냐? 사정이 허락하면 한 번 사 줄 수도 있고."

삼성전자 제품 상설 전시장이 있는 타임워너 빌딩에 가면 [마사]라는 일식집이 있는데 누구나 갈 수 있지만 자리가 26개뿐이라서 한 달 전에 예약을 해야 겨우 차례가 돌아올까 말까. 그렇게 손님이 많다고 한다. 한 달 후에 먹으면 어떻고 두 달 후에 먹으면 어떠냐. 나로서는 시간이 문제가 아니라 경제가 문제인 것 같아서 값이 얼마냐고 물어봤더니, 메뉴에는 값이 나와 있지 않고 스시 이름만 나열되어 있는데, 손님이 원하면 값을 가르쳐 준다고 한다. 값 따지고 먹는 그런 식당이 아니라는 말이다.

"아부지, 예약해 둘까요?"

"대충 일인 분에 얼마 정도라는 건 있을 거 아니냐?"

"미니멈 500불 정도래요, 아부지와 제 식성으로 봐서 한 사람 앞에 2, 3인분 가지고 어디 해결 되겠어요? 사케도 한잔 해야 하고…"

한 끼에 오백…. 오백이면 우리 식구 한 달 식비 하고도…. 기성세대의 손가락 경제 논리와 한 끼가 아니라 한 젓가락에 오백인들… 엉뚱한 아들의 입맛 경제. 서로 상충하는 것 같지만 우리들이 살아온 역사와 배경이 된 세대 차를 인정하고 받아 들인다면 얼마든지 아름답게 공존할 수 있다.

짜장면 보통과 곱빼기 사이를 오락가락 하는 내 한심한 지갑으로는 도저히 넘볼 수 없는 곳. 이번 생에서는 이미 글렀고 다음 생에서는 일찌감치 다나모시라도 하나 들어 두어야겠다.

천년 전의 외침

원효대사(617-685). 요석공주와의 사건 후에 스스로 소성거사(小性居士), 복성거사(卜性居士)라 칭하며 재가불자가 되었다. 생각해 보면 이 두 호가 가진 뜻이 있다. 소성(小性), 복성(卜性)에서 성품 성(性)은 마음 심(心) 변에 태어날 생(生)이다. 마음이 새로 태어났다는 뜻은 한 깨우침을 의미한다. 동물과 구분되는 인류(진리를 추구하는)라는 말이다. 소성과 복성, 시간적으로 동시에 썼는지? 먼저 쓰고 나중에 썼는지? 기록상으로 나와 있지 않지만 소성을 거사시절 초기에 썼고 복성은 나중에 썼을 거로 짐작이 된다. 소성(小性)은 소승과 같은 뜻으로 자기를 낮춘 말로 해석할 수도 있겠지만 새로운 진리를 깨우쳤다는 시작을 알리는 의미도 있겠다. 그런데 이 복성(卜性)이라는 호가 거슬린다. 원효대사를 연구한 어느 학자는 복(卜)을 두고 아래 하(下) 글꼴에서 아래(卜) 부분을 차지하고 있는 모양으로 봐서 스스로를 낮춘 겸손이라고 어설픈 해석을 하고 있다. 그 해석이 그럴싸했는지, 원효에 관한 글에서 그 호에 대한 의미를 차용한 어리석음을 종종 발견할 수가 있다. 그의 사상과 파행으로 봤을 때 두 가지 호를 한 가지 뜻으로 쓸 시시한 사람이 아니다. 대사 아닌가. 복(卜)은 점칠 복자다. 고대사회에서 점치는 사람은 하늘과 인간을 잇는 메신저(巫) 역할을 하기도 했지만 국가가 형성되고 국정의 구심점과 지향점을 체계적인 종교로 대체한 이후에는 주술적으로 받아 들일 수밖에 없었다. 그냥 스님이 아니고 그야말로 대사로 후세까지 존경받는 원효대사가 호에 복(卜) 자를 넣은 이유가 분명 있었을 것이다. 프랑스 수학자 페르미는 이백 년 전에 문제 하나를 제시하며 자기가 풀었지만 노트가 모자라 그 답을 전할 수 없노라… 노골적으로 [페르미 정리] 난제를 남겼지만 은근한 한국의 원효대사는 이심전심의 문제를 후세에 슬쩍 흘린 것이다. 천삼백 년이 넘도록 누구도 의문을 가져 보지 않고 호니까 호로 받아들인 것이다. 왜 그랬을까? 누구든 한 번만 의심해 봤으면 그의 고심한 흔적을 쉽게 엿볼 수 있을 것이다. (잠시,『卜』이라는 글꼴을 놓고 생각해 보길 바란다.)

S식당. 몇이서 함께 식사를 하게 되었다. 나하고 전생의 무슨 각별한 인연이 있었던 것처럼, 희한한 일이 나에게 있었다. 유리컵 물을 한 모금 마시자, 컵에서 이상한 냄새가 났다. 무슨 냄샌가? 자세히 맡아 보니 여자 화장품 냄새였다. 유리컵 가장자리에 여자의 입술 루즈가 희미하게 남아 있었다. 밥그릇은 찌꺼기가 남아있기 마련이니까 신경 써서 세척하겠지만. 유리컵은 맹물만 담았다 돌아온 그릇이니…. 그날 담당자가 깜박했거나, 소홀했거나.

한생을 살다 보면 알게 모르게 맺게 되는 관계들, 좌표의 선들이 가로 세로 어느 지점에서 점 하나로 만나 함께 새겨 나가는 눈금이 바로 인연이다. 어설프게 인연설을 들먹이지 않더라도 만남은 소중한 것이다. 언제 어디서 누구와 만남에 따라 생이 달라지기 때문이다. 옷깃 끝만 스쳐도 삼백 세 인연이라는데, 입술과 입술이 포개졌으니 혹시 원효와 요석? 아니면 몽룡과 춘향? 몇몇 생을 거쳐온 인연의 끄나풀인가? 세기에 남을 만한 전생이 아니어도 좋으니, 이 생에선 청결한 식탁과 연을 맺고 싶다.

『卜』자는 남자가 옷을 벗고 있는 그림이다. 원효 스스로 성장 과정을 호로 표현한 것이다. 생물학적으로는 어린 애(小性)에서 어른(卜性)이 되었다는 뜻이고 종교적으로는 작은 깨우침에서 큰 깨우침으로 득도했음을 세상에 알린 겸손한 외침이다.

아무것도 걸치지 않는, 아무 걸림이 없는, 맨 몸(卜) 그대로 인간의 본 모습 '大自由人'이었음을 선포한 것이다.

스승과 제자와 짜장면

짜장면이냐? 자장면이냐?

국정 표기법으로 '자장면'을 표준어로 정했지만 온 국민 입에 짝짝 달라붙는 '짜장면'을 무슨 수로 파기시킬 것인가. 일제시대. 학생들에게 일본어를 쓰지 않으면 딱지 뺏기로 섬나라 말을 강요하듯, 벌금 물릴 수도 없고… 얼마 지나지 않아 할 수 없이 '짜장면'도 표준어로 정하고 말았다. 체면 구기는 일일지라도 국민 입맛대로 표기법을 정한 것은 잘한 일이다. 정부가 국민 이기려 들면 안 된다.

자장면 하면 뭔가 매기가 없어 보이는데 짜장면 하면 오랜 친구 같은 친근감이 드는 것은 나뿐이 아니리라. 짜장면에 얽힌 추억이 한두 가지 없는 사람이 없을 줄 안다. 짜장면 국적이 어디든지 간에 이제는 국민 음식이 되어버렸지만 50, 60년 전만 하더라도 말만 들었지 먹어본 사람이 그리 흔치 않은 때도 있었다. 초등학생이나 중학생 시절에 짭조름하게 짝짝 달라붙는 이것 한 그릇 먹으면 일주일 내내 냄새 풍기는 얘깃거리였다. 짜장면에 얽힌 추억 못지않게 우스개는 얼마나 많은가.

어느 회사 사장이 여 비서 한 명을 채용하려고 했다. 많은 지원자 가운데 최종 후보로 3명이 남았다. 사장이 짜장면 한 그릇을 시켜놓고 아가씨들에게 질문을 했다.

"여기 짜장면 한 그릇이 있지요. 어떻게 하면 나와 함께 맛있게 나누어 먹을 수 있는지, 그 방법을 말해 보시오."

1번: 그릇 하나를 구해 와서 사장님과 나누어 먹겠습니다.

2번: 젓가락 하나로 사이 좋게 사장님 한 입, 저 한 입.

3번: 사장님, 입술에 묻은 짜장은 그냥 놔두세요.

정말 짜장면이 먹고 싶을 때가 있고, 딱히 무엇을 먹을까 얼른 생각이 나지 않을 때 고민을 금방 덜어주기도 하고, 주머니 사정이 여의치 않은데 배는 고프고… 누가 사주는 곱빼기 얼마나 고마운가. 간단히 먹자는 대명사로 "짜장면이나 한 그릇 하자." 어린애 달랠 때 "짜장면 사줄게." 이렇게 편리하고 고마운 짜장면을 중국집에서 소홀히 다루면 안 된다.

어느 사람은 중국집을 차리기 위해 짜장면 잘한다고 소문 난 집을 1,000군데 넘게 다녔다지 않는가. 뭐, 천? 진실유무를 확인할 길 없지만 원래 전설에는 과대포장이 반찬처럼 끼기 마련이다.

집에서 가까운 잘 아는 중국집이 하나 있다. 짜장면 먹을 일이 있으면 그 집에 가는데, 짜장면을 먹으러 갔지만 선뜻 짜장면을 시키지 못하고 망설이게 된다. 그 짜장면은 먹고 나면 물 부어 논 것처럼 그릇에 흥건히 고일 정도가 되기 때문이다. 면발과 짜장과 양파가 따로따로 논다는 것이다. 짜장을 골고루 섞은 다음 젓가락으로 들어올려 입으로 들어갈 때까지 양파, 고기, 기타 재료들이 벼 잎에 메뚜기 붙어있는 것처럼 진득이 붙어있어야 제대로 된 짜장면이라 할 수 있겠다. 짜장, 양파, 면발. 이 세 놈을 무슨 불로, 얼마만큼의 시간으로, 어떤 순서로, 조화롭게 버무리냐에 따라 짜장면 추억이 달라지는데 중국집에서 젤 싸다는 이유로 소홀히 취급하지 않았는지 모르겠다. 사실 중국집에서 제일 중요한 음식은 짜장면이다.

나와 짜장면 첫 대면은 고등학교 1학년 때, 학교 신문을 만들기 위해 담당 선생님을 따라 인쇄소에 갔는데 점심으로 그 선생님이 짜장면을 사주셔서 처음 먹어 보았다. 첫 경험. 한 두 가지는 달콤한 추억으로 오래도록 간직하고 싶은 것이 있긴 해도… 대개가 서투름으로 인하여 뒤끝 씁쓸한 어설픈 기억으로 남기 마련이다. 풍문으로 들어보기만 했지 한 번도 대면해 보지 못한 맛의 첫사랑 짜장면.

입안에서 살살 녹아버리는 그 환상적인 첫 경험이라니…. 인연이란 참으로 끈질긴 것인지, 20여 년이 지난 후에 뉴욕에서 선생님을 다시 만나 뵙게 되었다. 멀리 떨어져 있다는 이 핑계 저 핑계로 몇 년이 지났는데도 식사 한 번 대접해 드리지 못한 면목 없는 제자로 살아오고 있다. 올해 스승의 날에는 짜장면이라도 한 그릇 근사하게(?) 대접해 드리고 싶은데, 그게 왜 그렇게 어려운지 모르겠다. 선생님 존함은 수필가 소설가로 활동하시는 변수섭 선생님이시다.

호텔 주방장보다 더 좋은 솜씨

어떤 아버지가 아리스티포스에게 아들을 공부시키면 어떤 이득이 있느냐고 물었다.

"다른 이득은 몰라도 극장에 갈 경우 돌덩이 위에 얹어놓은 또 다른 돌덩이는 되지 않을 것이요." 아는 바와 같이 고대 그리스 원형극장은 야외극장으로 모두 돌계단이다. 그에게 아들의 교육을 부탁하자, 수업료로 오십 드라크마를 요구했다. 수업료가 너무 많다고 그 아버지가 펄쩍 뛰며 "그 돈이면 노예 하나를 살 수 있을 텐데!" 그러자 아리스티포스가 말하길 "그러면 그 돈으로 노예를 사시지요, 머지않아 노예가 둘이 될 테니까요."

어느 부모들이고 간에 자식이 자라나는 과정에서 꼭 한 번씩 하는 얘기가 있다. '이 다음에 커서 가난하고 불쌍한 사람들을 도와줘라.' 부모가 자식에게 외진 곳을 외면하지 말라는 교육인 줄 알았다. 베풀면서 살라는 뜻이 담긴 그런 당연한 말씀인 줄 알았다. 그런데 그게 아니고 거기에는 첩보원 같은 비밀스런 부모의 염려가 숨겨져 있다. '너는 이 다음에 커서 가난하고 불쌍한 축에 끼지 말고 항상 도움을 주고 사는 여유로운 축에 들라'는 부모의 간곡한 부탁인 것이다.

한국에 있을 때. 호텔 식당 주방장이 이웃에 살고 있었다. 나보다 나이가 많아 형님이라고 부르곤 했다. 지금은 그럴싸한 요리학교를 나와서 음식 하는 것을 무슨 예술처럼 자부심을 가지고 있지만 예전만 해도 그렇지 못했다. 세상사 힘든 부모들이 먹을 것 풍부한 식당에서 일하면 그나마 배는 곪지 않겠다 싶어 억지로 자기 자식을 등 떠밀다시피 했다. 그 호텔 주방장인 이웃 형님도 겨우 중학교만 나온 뒤 부모님의 간곡한 부탁 "우짜든지 사장님 말씀 잘 듣고, 시키는 대로 하거라." 그 길로 들어선지 30여 년, 산전수전 다 겪은 끝에 호텔 주방장까지 되었다고 했다.

하루는 무슨 대단한 일이라도 있는 것처럼 "형님!" 불렀더니 말해 보란 듯 멀뚱하게 쳐다본다.

"형님, 형님이 내 처지 잘 알잖아요."

"그래서?"

"그런데 말입니다. 내 형편에 호텔 식당에 가서 식사는 할 수 없고… 형님 덕분에 호텔 주방 구경이라도 할 수 없겠습니까?" 말은 했지만 별 대수롭지 않는 일이라 잊어 먹고 있었는데, 하루는 호텔 종업원들만 통하는 뒷문을 가르쳐 주며 한 번 찾아 오라는 것이었다. 점심도 굶고 한가한 오후 시간에 찾아갔다. 뭘 먹고 싶으냐고 물었다. 내 입에서 대뜸 "된장찌개" 그 형님은 아무 말도 하지 않고 잠시 후 몇 가지 반찬과 된장찌개를 내왔다. 주방 식구들이 이용하는 식탁에서 먹은 그때 된장찌개 맛을 이날 이때까지 다시 한 번 맛보지 못했다. 다 먹고 나서 음식 만들 때 제일 중요한 것이 무엇이냐고 물

었다. 첫 째가 청결이지만 그 다음은 간이라고 했다. 먹기 싫어도 맛난 음식 매일 먹어서 좋겠다고 했더니

"맛보고 아는 것은 초짜, 냄새로 아는 것은 중간, 눈으로 아는 것은 대가, 경지에 도달하면 감으로 안다고 했다." 일일이 맛봐가며 언제 요리하느냐는 대가의 말. 장자가 도척의 입을 빌려 공자에게 도둑에게도 도가 있다고 설파한 것처럼 요리에도 도가 있다고 했다.

"어려운 일에 앞장 서는 것은 용이요, 맛있게 만드는 것은 지요, 여러 사람을 먹이는 것은 덕이요, 골고루 나누는 것은 선이요, 남의 입에 먼저 넣어주는 것은 성이다."

남편의 저녁 반찬 걱정하는 그 부인에게 호텔에서 먹고 오지 않느냐고 물었더니

"저녁은 꼭 집에서 먹어요, 내가 해주는 밥이 제일 맛있데나요, 어쨌다나요…."

집 상차림이 아무렴 호텔 식당만 하겠냐만, 호텔 주방장 앞에서 혹시 기죽고 있을 아내에 대한 배려 차원에서 최고라고 치켜세워주는…. 그 마음이 바로 부인에 대한 깊은 애정이었던 것이다. 맛있게 먹어주는 씀씀이가 사랑이라는 것을 그 주방장은 진즉 터득하고 있었던 것이다. 무슨 일이든지 간에 한군데 오래 집중하다 보면 그것으로부터 세상이 훤히 보이기 마련인지 모른다.

애정보다 맛있는 밥상은 없다.

자본주의 사장과 사회주의 종업원

역사서 한서(漢書) 76권에 실린 이야기다.

서한시대 때 경조윤(서울시장) 벼슬에 올랐던 장창(張敞)이라는 사람이 있었는데, 격이 없고 굳이 위엄을 부리지 않는 등 백성을 잘 다스려 도적이 없었다고 한다. 그 뒤 어떤 사건에 연루되어 관직에서 물러났는데 도적이 들끓자 다시 기용해 쓸 만큼 유능한 인재였다고 한다. 이런 장창이 아내를 끔찍이 사랑했는지 아내를 위해 눈썹을 그려 주곤 했다. 선제(宣帝, 기원전 90-49)가 이 소문을 듣고 장창에게 정말 그랬느냐고 물었다. 그러자 장창이

"아녀자들 방 안에서 일어나는 일이나 부부 사이에 일어나는 사사로운 일이 어디 눈썹 그려주는 정도에 그치겠습니까?"

임금은 그의 재주를 아끼어 더 이상 나무라지 않았다. 만약 당시 임금과 신하 사이에 체면만 내세웠더라면 무슨 말을 했어도 좋은 말이 오가지 않았을 것이고 장창은 분명 제 명에 죽지 못했을 것이다. 제 명에 죽는 일이 고대 임금과 신하 사이에서만 벌어진 일이 아니다.

어느 사람이 B식당에 점심 먹으러 갔다. 카운터도 보고 식당 홀에서 손님들 시중도 들어주는 주인 아주머니와 여자 종업원과 몇몇 손님이 식사를 하거나 시켜놓은 음식을 기다리고 있었다. 한 테이

블의 손님이 나간 뒤 종업원이 팁을 챙겨가지고 오더니 희색이 만면하더란다. 1불 짜리 팁 속에 20불짜리 지폐가 한 장 끼어 있었던 것이다. 그때 손님이 놓고 간 1불짜리 몇 장과 20불을 팁 따로 보관하는 통에 넣었으면 아무 문제가 없었을 텐데, 주인 아주머니에게 20불 더 온 것을 설명하더니 길거리에 떨어진 공돈 주운 것처럼 그 20불을 자기 주머니에 넣더란다. 그 광경을 보고 있던 주인 아주머니가 만감이 교차한 표정을 지었지만 아무 말 없이 자기 일을 하더란다. 주인 입장에서 보면 10불짜리 점심을 먹고 팁으로 10불을 놓고 갔든 100불을 놓고 갔든 그것은 손님의 재량이지 종업원이 자기 방식대로 계산할 성질의 돈이 아닌 것이다. 그 종업원의 말투로 봐서 사회주의 국가에서 온 것 같은데, 공동으로 생산하고(땀 흘리고) 공동으로 분배하자(함께 행복하자). 얼마나 훌륭한 사회주의 이념인가. 20불이라는 돈이 사회주의 돈으로 환산했을 때 큰 돈이었던지 아니면 빨리 모아서 어서 내 살던 곳으로 가고 싶었던 마음이 너무 간절하게 삶을 지탱하고 있었던 것일까. 제가 몸소 배우고 겪었던 사회주의 이념의 작은 실천장인 식당에서의 공동생활 방식을 깜박하는 모습을 보았다고 했다. 자본주의 사회의 질서를 먼저 배운 것이 아니라 자본주의의 자본을 먼저 배웠는지 모른다. 알게 모르게 어느새 왔는지 몇 년 전만 하더라도 호기심이 가도록 뜨문뜨문 눈에 띄었는데 이제는 완전히 교포 사회의 일원이 돼버렸다. 서로 협력하고 함께 살아가야 할 동포들인데 이해가 상충하다 보니 곳곳에서 거슬리는 일들이 일어나는 모양이다.

우리들이 선배님들을 존중하고 대우해 주어야 할 이유가 있다. 물 설고 낯선 땅에서 이나마 우리들이 쉽게 갈 수 있도록 맨땅에 헤딩하듯 길을 닦아 준 개척자들이기 때문이다. 함부로 대할 수 없으며 항상 존중한 마음으로 숙여야 한다는 것이 소신이다. 나와 직접 관계가 있든 없든.

얼마 뒤에 그 종업원이 없어서 주인 아주머니에게 어디 갔느냐고 물어보니

"어디 더 좋은 곳이 있어서 갔겠죠." 말은 그렇게 해도 어물어물 대답하는 모양으로 봐서 단칼에 친 것 같아 보였다고 했다.

뉴욕 종업원의 목숨이라는 것이 이렇다. 주인이 주급 봉투를 내밀면서

"다음에 필요하면 연락 드릴게요."

그래 내가 여기 아니면 밥 먹을 곳이 없냐! 어디 밥 잘하는 식당 없냐? 두리번거려 보지만 입맛 쓴 것이 문제가 아니라, 인생이 쓰다.

밥은 사랑이다

사람이 살아가는 중요한 삼대요소가 衣, 食, 住다. 누구나 다 아는 상식을 왜? 순서가 잘못됐다. 중요한 순서로 말하자면 食, 住, 衣가 되어야 한다. 번드레한 체면을 중시하다 보니 입성이 제일 앞 자리를 차지하지 않았나 싶다. 극단적으로 말해서 옷은 깨끗이 입으면 되고, 집은 비바람 피하면 생활하는데 하자 없지만 먹는 것은 아무렇게나 할 수 없다. 입으로 들어가는 것은 생명과 직접적인 관계가 있기 때문이다. 모든 동식물들의 행동과 행태는 생존을 위한 몸부림이다. 그 다음은 종족보존이다. 이 두 가지 생존권과 종족보존이라는 틀에서 한 치라도 벗어나면 천적에 의해서거나 자연환경에 밀려 도태되기 마련이다. 모든 수단을 강구해서라도 목숨은 부지해야 하고 종족보존을 유지시키기 위해 쾌락이라는 순간의 도구로 유인했을 것이다, 자연은.

오래 전에 일본에서 있었던 일이다. 어느 집에서 집 수리를 하게 되었다. 인부들이 벽 판자를 뜯고 있었다. 판자를 뜯고 있는 중에 도마뱀 한 마리가 도망가지 못한 것을 발견했다. 왜 도망가지 못하는가 자세히 살펴보니, 도마뱀 꼬리 부분에 못이 박혀 있는 것이다. 주인 이야기로는 십 년 전에 벽을 수리 한 적이 있었는데 그때 꼬리에 못이 박힌 것 같다고 했다. 그렇다면 도마뱀은 꼼짝 못하고 십여 년 동안 한 자리에 있었던 것이 아닌가? 무엇을 어떻게 구해서 먹고 살았을까, 이상하기도 하고 호기심도 일어 공사를 중단하고 지켜보기로 했다….

잘 아는 중국집이 있다. 아저씨가 주방을 책임지고 아주머니는 홀을 담당하는 작은 식당이지만 제법 운영이 잘 된 것 같다. 대개 동네 중국집이 그렇듯이 무슨 요란한 요리가 있는 것도 아니고 어디에 내놓을 만한 특별한 음식이 있는 것도 아닌데…. 관심 있게 보니 그 집 아주머니의 심성인 것 같았다. 40이 넘으면 자기 얼굴은 본인 책임이듯이 얼굴은 그 사람의 생이 문서처럼 고스란히 새겨지기 마련이다. 세상에 내놓기 위해 얼굴 자체를 가꾸는 것은 일시적인 눈가림이지만, 평생을 내놓을 만한 간판이라면 심성을 잘 다스려야 한다(알면서도 이게 정말 어렵다.). 아주머니 얼굴에 '착한 사람'이라 쓰여 있다. 직업으로서 친절은 아무리 자연스럽게 한다 해도 어느 순간에 꼭 드러나기 마련이다. 이 아주머니는 사람 대하는 자세가 한결같다. 어느 한 점도 꾸밈이 없다.

집사람과 짜장면 먹으러 갔다. 주문해 놓고 있는 사이 어느 허름한 차림의 중년 노인이 들어와 한 테이블 떨어진 건너편 자리에 앉았다. 주인 아주머니가 메뉴판도 갖다 주지 않고 그냥 물컵만 주고 주방 쪽으로 가더니 "짬뽕 곱빼기요!" 우리가 짜장면을 먹고 있는 중에, 짬뽕 곱빼기가 나오자 그는 허겁지겁 먹더니 아무 말 없이 더군

다나 밥값도 지불하지 않고 그냥 나가버린다.

손님이 들어오자 주문도 받지 않고, 곧바로 짬뽕 곱빼기에, 식대도 없이. 그 광경을 지켜보던 집 사람이 "아는 사람이에요?", "아니에요, 이 근방 어디 사시는데, 생활이 곤란한가 봐요. 먹고 싶을 때 아무 때나 오시라 했어요." 그 아주머니의 넉넉함이 포함된 다음 말이 걸작이었다. "그 아저씨는 꼭 짬뽕만 드세요."

… 한참을 지켜보고 있자니 도마뱀 한 마리가 먹이를 입에 물고 와서 못에 박힌 도마뱀에게 먹여 주는 것이었다. 하루에도 몇 번씩 들락거리며 먹이를 제공해 주는 것이다. 저 살기에 급급한 하찮은 미물에 지나지 않는 도마뱀이 다른 동료의 위급한 상황을 어떻게 알고 그를 구하려 했을까. 부모와 자식의 관계. 부부 관계. 사랑하는 연인 사이. 한 부모 밑에 태어난 형제. 함께 생활하던 친구 사이. 분명 우리가 알 수 없는 어떤 관계 아니면 사이였을 테지만, 여기서 그들이 맺어진 관계나 사이는 그다지 중요하지 않다. 위기에 처한 동료를 구하겠다는 정성이 눈물겨운 것이다. 십 년을 하루같이 베풀었던 것은 먹이가 아니다. 사랑이었다.

아무 이해 관계 없이 누구에게 밥 한 그릇 제공한 적이 있었던가. 곰곰이 생각해 보니 살아오면서 그 누구에게 밥 한 그릇 선뜻 내민 적이 없는 것 같다. 세상이 팍팍한 것이 아니라 내가 곧 걸어 다니는 사막이었지 않나 싶다.

진짜 서비스

삼도, 사꽁, 오농, 육숭, 칠갯, 팔광, 구전. 이렇게 늘여놓고 보니 투전 판 족보 같기도 하고 고스톱에서 낼 것 없을 때 파는 순서 같기도 하지만 삼도는 삼월의 도다리, 사월의 꽁치, 오월의 농어, 유월의 숭어, 칠월의 갯장어, 팔월의 광어, 구월의 전어라는 뜻이다. 그 달 그 달에 먹는 생선 중에 제일 맛있는 고기를 골라놓은 것이다. 구월 전어가 끝날 때 쯤 볼락을 위시해서 모든 생선이 맛있다고 한다.

삼도니 사꽁이니 오농… 이런 것들은 제철에 먹어야 좋다는 뜻이겠고 사실 모든 생선은 우리 입맛에 길들여진 음식이다. 어떤 요리를 어떻게 하느냐에 따라 차이가 나고 입맛 따라 다를 뿐 삼면이 바다로 둘러싸인 우리나라 사람들 대부분 생선을 좋아한다. 탕이면 탕, 찌개면 찌개, 구이면 구이, 날것이면 날것, 어떤 방식으로 해 먹든 우리 구미에 맞는 것이 생선이다. 전어 굽는 냄새에 집 나갔던 며느리도…. 얼마나 맛있으면 며느리 친정 간 사이 문 걸어 잠그고 먹는다 말까지 생겨 났겠는가.

잿불에 구운 노릇노릇한 갈치, 짭조름한 조기야 서민들 밥상에 흔하게 올리지 못한 귀족 고기지만 대신 짭짤한 간고등어 구이는 얼마나 많은 밥을 축내게 하는가. 꼬치에 낀 노가리 하나하나 빼서 도

라무통 연탄불에 구워 먹던 그 아삭아삭한 추억, 그런 낭만이 있었기에 생이 좀 고달프긴 해도 그럭저럭 버티는 것인지 모른다. 추억을 먹고 있는 모습보다 미래의 밥상을 요리하고 있는 풍요로운 자세가 우리가 그리고 싶은 풍경화이긴 해도.

어떤 선사가 제자와 함께 길을 가고 있었다. 음식점에서 맛있는 생선 냄새가 풍겨 나왔다. 그곳을 지나며 선사가 중얼거렸다. "거참, 맛있는 냄새로고… " 얼마를 가다가 제자가 선사께 말했다. "스님께서 아까 음식점 앞을 지나시다가 맛있는 생선 냄새라 하셨는데, 계율을 지켜야 할 사문께서 그래도 되는 겁니까?" 젊은 제자가 항의하자 선사 말했다. "너는 아직도 생선을 먹고 있느냐? 나는 아까 음식점 옆에 다 버리고 왔는데…"

부산 자갈치 시장 부근에 식당이 즐비하게 늘어 서 있는데 식당마다 문전에 연탄화덕을 꺼내놓고 생선을 굽는다. 그 앞을 지나가면서 누구든 군침을 안 흘릴 수가 없다. 도통한 선사야 그 옆에 그냥 버리고 갈런지 모르겠지만 수행이 아직 덜된 젊은 제자야 어디 몇 시간 지난 아직까지 이겠는가. "그래, 뭐든지 먹어봐야 맛을 아느니라… 너무 많이 먹지는 말아라."

생선 구이를 제대로 하려면 숯불에 굽거나 연탄불에 구워야 한다. 가스 불에 구우면 불꽃이 닿는 부위만 익거나 타버리기 때문에 주문한 손님의 맛에 못 미치지만 숯불이나 연탄불은 주위의 온도를 함께 높여주기 때문에 손님 기억 속에 간직한 노릇노릇 하고 아삭아삭한 추억을 살릴 수 있는 것이다. 식당이 신장개업을 하거나 주인이 바뀌면 손님에게 뭔가 색다른 서비스를 하기 위해 흔히 계란찜을 따로 내온다던가, 구운 꽁치를 한 마리 따로 내오며 "서비스입니다". 그런데 서비스로 내오는 이 꽁치를 대부분 손님들이 삼분의 일도 먹지 않고 그냥 두고 나오는 경우가 많다. 왜냐면 내장을 제거하지 않고(꽁치는 원래 내장을 제거하지 않고 굽는다), 빨리 굽다 보니 겉만 익거나 타버리고 속은 날것으로 그대로 있기 때문이다. 배 부분은 남은 내장으로 인해 인생보다 더 쓰고, 머리 목 부분은 갯물이 뚝뚝 흐르는 것이 어물전에서 생선 고르는 것 같은 데… 추가 요금 없이 거저 준들 어떻게 주인의 고마운 마음을 맛있게 먹겠는가. 서비스란 무엇인가, 아무 대가 없이 베푸는 인정이다. 굽는 담당자는 제 입으로 들어가지 않는 것이라 소홀히 다루웠는지 몰라도 먹는 손님은 항상 정성을 챙기고 싶은 것이다. 따로 내오는 서비스를 두고 '그야 그 식대에 다 포함된 것이지' 야박하게 생각하지도 말자. 팍팍한 삶에 운 좋게 얹어지는 덤이라 고맙게 생각한다면 이 또한 포도청이 즐겁지 않겠는가. 먹을 수 없는 것을 서비스하는 것보다 차라리 서비스하지 않는 것이 낫다.

최고의 서비스는 정성이다.

맛의 충돌

사람들이 가장 즐거움에 취할 수 있는 것이 무엇이냐? 섹스, 마약, 스포츠, 돈 쓰는 재미, 환락가 오락, 예술적인 성취도, 저마다 다르겠지만 일반적으로 행복감이 극대화될 수 있는 것이 종교라 한다. 한마디로 종교만큼 우리를 즐겁게 하는 것이 없다는 말이다. 목숨을 걸고서라도 지키려는 것이 종교인들의 신념이다 보니 곳곳에서 충돌이 일어날 수밖에 없다. 신이 있다 없다 만큼 복잡하고 영원히 풀리지 않는 것이 중동의 평화다. 옛날에도 그래 왔고 지금도 그렇고 어느 한 날인들 편한 날이 없는 게 세상이다. 그렇지 않으면 세상이 아니다. 세상은 어쨌든 굴러가기 마련이다. 밥만 잘 먹으면. 그런데 밥 잘 먹는 것이 쉬운 것 같지만 그리 간단한 것이 아니다.

결혼하고 나서 부부간에 한 번씩 충돌하는 이유 중에 하나가 바로 먹는 것 때문이다. 촉, 시, 청, 후, 미, 이 오각 중에 기억이 가장 오래가는 것이 미각이다 보니 새로운 환경에 적응하기가 가장 민감한 것이 먹는 문제다. 주방을 요리하는 아내들이야 제 방식대로 제 입에 맞는 것을 배워왔고 먹어왔으니 별 탈이 없겠지만 앉아서 받아먹기만 하는 남편의 입장에선 못마땅한 것이 한두 가지가 아니다. 어머니가 해주시던 맛이 아니라는 것이다. 모든 남편들은 제 어머니 음식 솜씨가 제일이라는 것이다. 맛집을 찾아간 피디들이 음식을 즐기고 있는 손님에게 마이크를 들이대면 모두가 한결같이 '어머니가 해주시던 바로 그맛! 끝내 줍니다!' 대한민국 모든 어머니들의 솜씨가 맛집 수준이라 착각하게 될 정도다. (만약 내 아들에게 마이크가 간다면, 집밥 어쩌고… 저도 제 어머니 찾을까? 공개적으로 새나가선 곤란한 가정사 일급 비밀이기에 혼자 웃고 만다. 평화를 위해서.) '한 달을 즐겁게 지내려면 미인과 결혼 하고 평생을 행복하려면 맛 솜씨 좋은 여자를 만나라!' 그럴듯한 이 말을 지인에게 전했더니, "금상첨화란 말 아세요?", "그야 비단… ", "미인에 요리 잘하는 부인!"

내 아들은 제 어머니가 최고, 나는 우리 어머니가 최고, 내 아버지는 할머니가 최고, 할아버지는 증조할머니가 최고… 이런 식으로 따져 올라가다 보면 단군 할아버지 어머니 음식 솜씨가 최고이시다.

백년해로한 어느 노부부를 취재하기 위해 찾아간 기자가 할머니에게 물었다."할머니, 이렇게 오랫동안 행복하게 사시게 된 비결이 무엇입니까?" , "행복은, 무슨 행복…. 다 내가 참고 살았지.", "살다 보면 속상할 때 바가지도 긁고 그랬을 텐데요?", "나는 평생 살아오면서 한 번도 바가지를 긁고 그런 적 없어", "할머니, 참 대단하시네요. 뭐 특별한 이유라도 있습니까?", 할머니가 한참 생각에 잠기더니 이야기를 꺼내는 것이었다.

"그러니까, 신랑하고 둘이서 낙타를 타고 사막으로 신혼여행을 갔었어. 한참 가고 있는데 갑자기 낙타가 모래 바닥에 주저앉더니 일어나지 않는 거야. 그러자 남편이 낙타를 향해 '하나' 하고 세는 거야, 그래도 낙타가 일어나지 않는 거야…" 기자가 할머니의 말을 가로 막으며 "할머니, 할머니의 신혼여행 얘기 말고요, 어떻게 해서 할머니께서 평생 동안 바가지 한 번 긁지 않고 살아 왔나 그 비결을 말씀해 주세요.", "그래, 들어봐, 남편이 화가 나서 낙타를 향해 '둘' 하는 거야, 그래도 낙타가 끔적 않자, 이번에는 단호한 어조로 '셋!' 그러는 거야, 그래도 낙타가 일어나지 않자 가지고 온 사냥총을 꺼내서 두 말 않고 방아쇠를 당기는 거야. 물론 낙타는 그 자리에서 즉사했지. 신혼여행서 돌아와 내가 언짢은 일로 바가지라도 긁을라치면 남편이 '하나' 하고 세기 시작해…. 어쩌겠어, 이날 이때꺼정 꾹 참고 살아온 거지."

어느 한 쪽이 참는 것만큼 간단한 평화가 없겠는데 그게 그리 간단치가 않다. 무슨 경전의 주문처럼 외워지는 부부학 고전, 서로가 다름을 인정하고 상대방을 배려해야…. 공자의 제자 자공은 아주 말을 잘 했다고 한다. "남이 저를 아무렇게 대하는 것을 바라지 않듯이 저도 사람들을 그렇게 대하지 않겠습니다.", 자 왈 "사(賜)야, (말은 쉽지만) 내가 보기에 네 능력 밖이다.",

아직도 우리 집에선 내 어머니 솜씨가 최고인데 아들은 제 어머니 솜씨가 최고라 우긴다. 그럴 때마다 당사자는 거 보란 듯이 "입에 들어가는 것만 좋은 것 찾지 말고 나오는 것도 좋게 하라."

가끔 가슴을 콕콕 찔러봐야 사람이 된다.

된장찌개와 미소

외국의 어느 사회학자는 한국 사람만큼 특이한 민족이 없다고 했다. 어느 민족이고 특이하기 때문에 민족이란 이름으로 존재하는 것인데, 달리 말해서 좀 유별나다는 것이다. 5,60도 뜨거운 열사의 나라 중동에서 일하다가도 그 다음날 영하 2, 30의 시베리아 벌판에 갖다 놔도 견딜 수 있는 사람이 한국 사람들이라지 않는가. 세계사적으로 보면 극동의 변방으로 보잘것없는 작은 나라. 뭔가 내놓을 것이 하나 없는 것 같은데 생각지도 못하게 세계의 이목을 끈다든지, 금방 쓰러질 것 같은데도 5천 년의 유구한 역사를 지닌 끈질긴 민족성이라든가, 뭐 시원스레 되는 것도 없고 그렇다고 맘먹은 대로 안 되는 것도 없는 나라, 더욱 불가사의한 것은 나라 크기에 비해 항공모함 같은 덩치의 재벌 기업을 실례로 들 수 있다고 한다. 다른 나라 기업들은 죽자 사자 돈을 벌어 기업에만 투자하고 주주들에게 이익 배당으로 투명경영을 하지만 힘드는데 반해 한국 기업들은 선거 때만 되면 차떼기니, 사과박스니 현금 뭉치를 정치권에 받치고, 기업주들이 알게 모르게 개인적으로 얼마나 착복하겠는가. 그런데도 세계로 뻗어나가는 것을 보면 신기하다 못해 존경스럽다고 한다.

더욱 웃기게 불가사의한 것은 세계 사람들이 아시아 하면 일본이 떠

오를 정도로 앞서 간 기술, 월등한 경제, 이색적인 문화, 대들다 깨지긴 했지만 최강 미국하고 맞짱 뜬 나라, 이런 것들로 일본을 함부로 대하지 못하는데 '세계에서 유일하게 일본을 우습게 보는 나라'가 한국이란다. 그럴 수밖에 없는 것이 국가 틀도 제대로 안 잡힌 나라에 문물을 전해준 고대 이야기야 너무 오래된 것이라 희미하다 우길런지 모르겠지만, 서민들이 아무렇게나 쓰던 그야말로 막사발을 제 나라 국보 몇 호니 하는 사람들, 임진왜란 때 뭔지 모르고 훔쳐간 요강단지를 좋다고 꿀단지로 쓰는 사람들을 어찌 우습게 보지 않고 배기겠는가.

2002년 월드컵만 해도 그렇다. 일본은 정부 차원에서 경제 원조를 무기로 각 나라에 벌써 추파를 던지고 있었는데, 한국은 뒷간에서 볼일 보고 핫바지 추스리며 나오는 사람 모양 어스렁어스렁 나오는 품이 되면 좋고 안 되면 말고 식이었다. 무슨 일이든지 시작하기가 어렵지 한 번 불 붙었다면 물불 안 가리는 것이 한국 사람 아닌가? 오죽하면 유수의 미국 신문 기사에서 '일본을 게으름뱅이로 만든 나라'로 칭했겠는가. 우여곡절 끝에 공동개최가 결정되고 나서도 항간에 우려하는 목소리가 많았다. 공동개최만 할 뿐이지 모든 것을 비교해 봤을 때 결국 빛은 일본이 보고 우리는 들러리만 선다는 것이다. 여러 염려들을 잠재우려는 듯, 경기에선 4강의 신화를 낳았고 온 국민이 한 마음된 길거리 응원은 세계적인 응원문화로 자리매김하지 않았는가. 힘주어 외쳤던 '대-한민국'. 우리가 한 민족임을 깨닿게 한 큰 울림이었음을 물론 우리에게 자긍심을 심어준 국제적 이름표다.

참으로 알 수 없는 것이 세상일, 꼭 상식만 가지고 해석이 안 된다는 것이다. 경제학자들이 경제적인 논리로 경제를 예측할 수 없는 것처럼, 증권 분석가들이 예상한 예측이 빗나가는 것처럼…. 사실 빗나가는 것이 아니라 신만이 아는 영역이 있다. 그 경지까지 도달하기 위해 부단히 노력하고 힘써 보지만… 끼어들 수가 없어서 그렇지 끼어들 수만 있다면 사는 것이 한결 수월해질 거라는 망상에 기대고 싶을 때가 있다.

된장찌개. 이것 하나 가지고 국민성을 이야기 한다는 것은 무엇하지만 삼천리 반도, 그 속에 어우러져 내려온 유구한 역사와 문화를 무엇으로 대변할 것인가? 육류, 해물, 야채, 무엇이 곁들어져도 제 본성을 잃지 않고 투박한 뚝배기 같은 은근한 맛을 내는 푸짐한 된장찌개, 이것을 사시사철 먹고 사는 우리가 저들이 세계에 내놓고 자랑한다지만… 매가리 없는 밍밍한 미소에 결코 뒤질 수 없는 것이다. 현실은 오기로 살 수 없는 노릇, 냉철한 이성과 지성으로 현실을 직시하라고 충고하는 사람도 있겠지만 오기라는 것이 그냥 오기가 아니고 유구한 역사와 문화로 다져진 민족 자산인 것 임이랴. '가위바위보'라도 꼭 이겨야 하고 극복해야 할 이웃이 있다는 것은 축복인 동시에 불행이다. 이웃 나라는 아직 이혼 안 한 부부다.

식당에서 제일 싼 음식 중에 하나가 된장찌개인 반면 다양하게 성의껏 내 놓을 수 있는 것 또한 된장찌개다. 메뉴 구색 갖추듯 대충대충 내놓으면 안 된다. 그 식당 수준은 된장찌개로 판가름 난다.

뭘 한 끼 가지고 그러세요

'남자들의 집은 세상이고 여자들 세상은 집이다.' 남자들에겐 명언 같은 이 말을 전제로 태초 이전의 혼돈보다 더 복잡한 세상 이야기를 풀어가야 할 것 같다.

"아부지, 세계적인 악처 세 명의 이름을 아세요?"

"악처 세 명? 그건 왜?"

"시험 문제로 악처 3명의 이름을 쓰라고 나와서 쏘크라테스의 크산페티와 톨스토이의 소피아는 썼는데, 한 명이 생각이 안나서요."

"이눔아, 너는 아직도 엄마 이름도 모르냐!"

거창하게 맹자, 순자의 성선설과 성악설로 남편의 입장에서 따져본 소위 악처라는 부인들, 결혼하기 전에는 모두 요조숙녀 착한 여자였는데 남편이 악처로 만들었다는 처선설과 당신들이 잘해봐라, 모난 성격의 여자라도 양처가 된다는 처악설. 신이 있냐? 없냐? 만큼 영원한 미제로 남을 논쟁거리다. 왜냐면, 세상의 남편과 아내의 수가 똑같기 때문에.

악처 얘기만 나오면 단골로 등장하는 소씨의 부인 크산페티, 억울하겠지만 자기 정도는 돼야지 괜히 별일도 아닌 거 가지고 집안 분란만 일으켜서야 되겠느냐, 지하에서 회심의 미소를 짓고 있는지 모르겠다. 사실 소크라테스 철학의 완성도는 그녀가 반은 책임졌다고 봐도 과언이 아니다. 오죽하면 소크라테스가 아내들의 바가지를 두고 그것을 견디면 이 세상에 두려울 것이 없다고 했겠는가. 아내는 야생마와 같아서 잘하면 애마가 될 수도 있고 까딱 잘못하면 뒷발에 채이는 신세를 면치 못할 것이라고 경고한 것이다. 고래고래 물바가지까지 덮어 씌었던 크산페티. 소크라테스가 사형언도를 받자 "아니, 영감이 무슨 죄가 있다고 사형당한단 말이오!" 억울해하자

"그럼, 당신은 내가 무슨 죄라도 저지르기를 바랐소."

극복이냐, 무시냐에 따라 링컨이 될 수도 있고 그가 해방시킨 노예로 전락된다는 얘기다. 링컨 대통령이 입지적인 인물이다 보니 그에 관한 일화는 많지만 그의 아내가 악처였다는 사실은 그다지 알려지지 않았다. 신문 배달하는 소년이 하루는 신문을 조금 늦게 배달하자 문에서 기다리고 있던 링컨 부인이 왜 이렇게 늦게 오느냐고 언짢은 소리를 했던 모양이다. 그다지 늦게 배달한 것도 아닌데 너무 한다 싶어 배달소년이 억울하다는 듯이 신문사 사장한테 일러바쳤다. 신문사 사장이 길가다 우연히 링컨을 만나서 그 소년의 억울한 이야기를 하자 링컨 왈 "그 소년에게 신경 쓰지 말라고 전해 주시오, 그 애야 하루에 1분이면 되지만 나는 12년 동안을 그러고 삽니다."

동서고금은 물론 범부에서 성인에 이르기까지 혼돈스러운 게 부인의 문제인 것만은 사실이다. 공자 같은 성인도 여자와 어린애는 다루기 어렵다. '가까이 해주면 방자해지고 멀리하면 원망한다'

그럼 무슨 뾰족한 해결책이 없겠는가? 제 집 안에서 일어나는 일을 가지고 이것이 정답이다 들이댈 수는 없지만 그래도 모범답안 같은 뭐 그런 얘기가 하나 있다.

어느 부부가 부부 싸움 한 번 없이 평생을 같이 했다는 소문을 듣고 하도 신기해서 기자가 찾아가서 남편에게 물었다.

"부부 싸움 한 번 하지 않고 평생을 평화롭게 지내셨다는데, 무슨 비결이라도 있습니까?"

"뭐, 특별한 것은 없고… 집안의 작은 일은 아내가 다 맡아서 결정하고 그 외에 큰일은 제가 도맡았지요."

"작은 일은 무엇입니까?"

"애들 교육 문제, 집을 사고 파는 경제 문제, 직장을 옮기고 사표 쓰는 문제… 대충 이런 것이죠." 기자가 가만히 생각해 보니 부인이 결정하고 책임졌다는 작은 일이 집안의 가장 중요한 일인 것 같아서

"그럼 남편 분께서 하신 큰일은 어떤 것입니까?"

"예를 들면 신이 있다, 없다. 우주의 나이라든가, 세계평화… 뭐 이런 것이죠."

어느 날 Q식당에서 점심을 먹고 나오며 몇 번인가 안면 있는 종업원에게 "오늘 음식은 별로야." 그러자 언제나 싹싹하고 명랑한 아가씨가 "뭐 한 끼 가지고 그러세요, 우리는 맨날 먹는데…." 우리는 웃고 말았다. 하기야 나도 집에서 맨날 그렇게 먹는다. 그래서 오늘은 잘 먹어보려 했던 거 아니냐.

아내들, 외식을 좋아하는 이유

내가 아는 사람은 아무리 돈을 많이 번다고 해도 식당만큼은 안 한다고 극단적인 말까지 한다. 아무렴 돈이 잘 벌린다는데 식당을 안 하겠느냐고 따지자, 절대로 안 하겠단다. 세상에서 제가 하고 싶은 일을 하고 사는 것만큼 행복한 인생도 없겠지만 반대로 제가 하기 싫은 일을 마지못해 하는 것만큼 불행한 삶도 없다. 어떤 사람이 세상에서 제일 행복하냐? 돈 많은 사람, 권력을 쥔 사람, 건강하게 오래 산 사람, 별의 별난 사람들을 내세우지만 '행복이란 이런 것이다' 딱 꼬집어서 장담할 성질의 것이 못 된다. 저마다 느끼는 정도에 따라 감이 달라지기 때문이다. 어떤 사람은 돈 백 불에 행복한 사람이 있는가 하면 누군 몇 만 불에도 시큰둥하지 않는가. 저마다 내세우는 중구난방 행복론 중에 내 맘에 꼭 드는 생각이 하나 있다.

'먹고 싶은 것 맘대로 먹을 수 있고, 자고 싶을 때 맘대로 잘 수 있고, 가고 싶은 곳 맘대로 갈 수 있으면 행복한 사람이다.'

어느 사람이 우스갯소리로 한 말인데 가만히 생각해 보니 정말 그런 것 같다. 먹고, 자고, 가고 싶은 곳, 맘대로 할 수 있다면… 누구든 한 번쯤 꿈꿔봤을 행복론이다. 거기다 한 가지 더 보태라면 건강이다.

제 인생에서 '건강'이란 단어가 빠지면 '행복어 사전'은 엉망이 돼버린다. 식당을 절대로 안 하겠다는 사람의 이유를 캐봤더니 다른 게 아니고 한 마디로 "다른 사람들이 먹다 남은 뒤치다꺼리가 싫다."는 거였다. 다 먹고 나서 내가 먹은 밥상을 보면 그야말로 한심하다. 뱉어놓은 찌꺼기며 여기저기 엎질러진 국물, 먹다 남은 반찬들의 후줄근함, 먹을 때는 모르는데 배부르니까 눈에 훤히 들어온다. 내 손을 거쳐간 뒤끝도 이럴진데 하물며 남의 것은 오죽하겠는가. 배고플 때는 배 채우는 일이 급선무라 웬만한 것은 눈에 들어오지 않다가도 배부르면 시시콜콜 눈에 띄는 것이다. 들 넓은 곳에서 예술이 발달하고 놀이문화가 풍성한 이유가 배부름에 있음이다.

연속극이라든가, 소설의 어떤 대목에서 사랑하는 연인들끼리 주고받는 대화 중에 꼭 끼는 얘기가 있다. 여자가 남편 될 남자에게 이다음 결혼 하고 나서 어떻게 해주겠느냐고 묻는 장면에서 남자가 다짐하는 말 "일주일에 한 번씩 외식!"

그 자신만만하고 씩씩한 다짐이 얼마나 지켜졌는지 모르겠지만, 좌우지간 여자들이 외식을 좋아한다는 것을 남자들은 알고 있었던 것이다. 낚시꾼들이 무슨 미끼를 써야 월척을 건질 수 있는 방법을 알고 있듯이. (덥석 물어주는 것 같지만 오래도록 울궈 먹을 저들만의 황홀한 계산법이 따로 있다.)

옛 로마시대 남자들은 그 음흉한(?) 계산법을 이미 알고 있었던 듯, 전쟁을 앞두고 신전에 나아가 무사히 살아 돌아올 수 있도록 한 번의 기도를 올렸고, 바다에 나가기 전에는 두 번, 결혼을 앞두고는 세 번씩이나 신전에 찾아가 간절히 기도를 올렸다고 한다. 전쟁에 나가는 것보다 바다에 나가는 것이 더 두려웠고 그보다 더욱 신중을 기해야 했던 것이 결혼이었다.

그럼 여자들이 왜 외식을 좋아하느냐? 외식을 시켜줄 만한 남편의 능력이 자랑스러워서? 연애할 때 약속이 아직까지 지켜지고 있다는 그 애정을 확인하는 것 같아서? 맛있는 것 먹는다는 충족감 때문에? 일상을 일탈하는 분위기 즐기려? 이런 것들이 조금씩 작용해서 외식하는 즐거운 이유가 되겠지만 진짜 이유는 다른 데 있다고 한다. 오늘은 무얼 해 먹을까? 고민에서 싹 벗어난다는 사실 하나만으로 외식이 그렇게 즐거울 수가 없단다. 거기다 보너스로 설거지까지 해결되니 얼마나 홀가분하겠는가. 아니? 세상에, 사랑하는 가족이 먹는 음식 장만하기 위해 고민하는 것을 싫어하는 그런 가정주부가 있느냐고 반문하겠지만, 그게 그렇다, 사랑하는 가족이 먹는 음식이기 때문에 더욱 고민스럽다는 말이다. 식탁을 맹숭맹숭한 벌판 그대로 놔둘 수 없는 노릇이기 때문이다.

'사랑한다'는 말보다 '오늘 저녁 먹고 들어가' 말을 남편으로부터 더 듣고 싶을 때가 있단다. 신기루 같은 겉치레 먼 사랑 놀음보다 가려운 곳 금방 해결해 주는 상대 손이 함께 살아가는 오늘을 확실히 각인시켜 주는 원리, 사랑은 이상이지만 저녁은 현실이기 때문인지 모른다. 폐일언, 주부들은 남이 만든 음식이면 무엇이든 다 맛있다고 한다.

칼보다 예리한 혀

唐宋 八大家의 한 사람인 蘇東波가 젊은 시절 어느 고을에서 벼슬살이 할 때 이야기이다. 자기가 관할하는 고을 뒷산 큰 절에 禪僧 한 분 왔다는 소식을 듣고, 禪問答이나 할까 하고 찾아갔다. 소동파는 방온거사와 함께 중국 二大居士에 손꼽히는 유명한 禪客이었다. 더구나 급제하기도 어려운 과거시험에 장원까지 하였으니 얼마나 오만하고 기고만장했겠는가. 山門에 들어서자 스님이 대뜸 소동파을 알아보고 선문답을 시작하는 것이다.

"성이 무엇입니까?"

"칭가입니다." 소동파 성이 소씨니까,

"소가입니다" 했으면 별로 문제가 없었을 텐데, 도대체 중국에는 없는 성을 말하니까 이상하다는 듯이 스님이 되물어 보았다.

"칭가라니요?"

"저는 中原天下를 돌아다니며 선지식의 예지를 달아보는 저울입니다" 칭이 저울 秤자였던 것이다. 얼마나 건방진 말이냐. 누구를, 더구나 선지식들의 예지를 달아본다는 것은 모든 선지식들의 정점에 위치한다는 뜻인데, 가만히 듣고 있던 스님이 갑자기 "악!" 소리를 지르더니

"그러면 이것은 몇 근이나 됩니까?" 하고 물었다. 도저히 「악」 소리를 달 수 없는 노릇이다. 소동파의 지혜란 한낱 지식에 불과했을 뿐, 아직 스님의 경지에 못 미쳤던 것이다. 저 스스로의 부끄러움을 스님께 백배 사죄 드리고 물러나 좀 더 겸양한 선비가 되었다고 한다. 사실 이 일화가 산중 절 쪽에서 나왔기 때문에 소동파가 망신당한 걸로 되었지만 동파 쪽에서 나왔으면 얘기가……

백인 코미디언들이 흑인 코미디언들이 부러울 때가 있다고 한다. 흑인 코미디언들은 백인 흑인 가릴 것 없이 코미디 소재로 활용할 수 있지만 백인 코미디언들은 흑인들을 놓고 함부로 코미디 소재로 삼았다간 여러 사단이 벌어질 수 있기 때문이다.

"할렘 사는 아이들이 가장 혼란스런 날이 언제인지 아십니까?" 청중들이 무슨 얘긴가 궁금해하면 "파더스 데이!" 잠시 생각 끝에 아하 그렇구나 웃음이 터진다. 이런 얘기를 흑인이 하면 아무 문제도 되지 않지만 백인 코미디언이 했다 하면 인종 차별이니 뭐니 난리가 난다. 흑인 저들끼리 '니거, 니거' 해도 괜찮지만 타인종이 '니거'라고 하면 흑형들 가만 있지 않는 것처럼.

청소년 시절에 교도소를 들락거리다 '이렇게 살아서는 안되겠다.' 굳게 맘 먹고 피나는 노력 끝에 미국 유수의 대학을 졸업하고 교수가 된 흑인 이야기를 지인을 통해 알게 되었다. 백인 부인과 무슨 댄스 경연대회에 나가 입상할 정도로 다재다능. 이 흑인 교수가 교도소에 있을 때 한국 청년과 공부를 같이 하면서 한국 문화를 알게 되었고 자연 좋아하게 되었다. 이 교수가 흑인인 친구와 한국 식당에서 밥을 먹고 있었다. 그 때 뒤쪽 식탁에서 한국 청년 둘이서 마주앉아 식사를 하고 있었는데 자기들 쪽으로 향한 청년이 손가락질을 하면서 '니거! 니거!'. 그 반대 편 청년도 손가락질을 하면서 '니거! 니거!'. 한 두 번은 참을 수 있었는데, 몇 번인가 계속되니 참을 수가 없어서 벌떡 일어나서 "느그들 지금 뭐라고 했어!" 한 번 요절 낼 기세로 달려 들었다. 한국에서 여행 온 듯 영어도 짧은 데다 말만 들었던 흑형들이 죽일 기세로 달려들자 어찌할 바를 모르고 있는데, 달려온 매니저의 자초지종을 듣고 실소를 금할 수 없었다 한다. 백배 사죄는 물론 미안한 마음에 두 사람의 밥값까지 지불했다고 한다. 흑형들이 들었던 "니거"는 흑인을 비하하는 니그로의 준말 "니거"가 아니라 우리나라 말 너를 가르키는 "니가"였다.

… 달라 졌을 것이다. 소동파 쪽에서 나온 일화로 재구성해 보았다.

"선지식들의 지혜를 달아보는 저울, 칭가입니다."

"악! 이거는 몇 근이나 되겠습니까?"

"소리의 전생이 오락가락합니다!" 손바닥을 스님 턱 밑에 디민다.

선문답에선 허우적대면 안 된다. 바로 정곡을 찔러 단번에 쓸어뜨려야 한다. 우물쭈물하다간 무식 낭자한 시체가 된다. 고도의 수행 끝에 행해지는 법거량은 설명이 필요 없다. 굳이 군소리하자면 이렇다.

'악' 소리가 스님의 혀에서 비롯되었으니 가벼운 혀라면 가벼울 것이고 무거운 혀라면 무거울 것이다. 더 정확한 무게를 알고 싶으면 혀를 내 손바닥에 올려 놓으라는 으름짱이다. 뻔한 얘기하지 말라는 뜻으로 자기가 갈고 닦은 창을 들이 밀어야 했다. 일반적인 상식으론 도저히 '악!' 소리를 달 수 없지만 禪門에선 상식이 무상식이고 무상식이 상식으로 통한다. 공감하고 납득이 되는 무데뽀, 그런데 그게 무지하게 어렵다.

인도와 카레와 3센트

세계 3대 상권 하면 '화교상권', '인도상권', '유대상권'을 꼽고 있다. 화교들은 전세계에 깔려 있으면서 본토 시장과 연계해서 거대한 상권을 형성하게 되었고, 유대인들은 현금의 유동성을 활용해서 이룩한 상권. 뉴욕에서 인도인 하면 사탕을 팔아 쩐띠기 장사나 하는 것 같지만 영국 같은 곳에선 전자제품 유통은 거의 인도인들이 장악하고 있을 정도다. 중국, 인도의 거대 상권이 형성된 바탕은 단일시장 넓은 것이 첫째 요건이지 않나 싶다. 거대한 상권이 형성된 배경인지 몰라도 개인적으로는 아주 치사하리만치 인색하다.

아는 사람과 둘이서 잭슨 하이 74가 부근의 인도 거리로 카레를 먹으러 갔다. 자기가 원하는 양만큼 쌀밥에 자기 원하는 카레를 종류별로 얹어가지고 가서 저울에 단 다음 식비를 선불하는 집이었다. 두 사람 식비가 20불 3센트가 나왔다. 친구가 마침 20불짜리가 있어 캐셔에게 건네주고 호주머니를 뒤져 3센트를 찾고 있었다….

인도를 여행하면 인생이 보인다. 인도를 다녀 온 사람들이면 한결같이 하는 이야기다. 오지 여행가 한비야가 인도를 여행 중에 기차를 타고 가다 어떤 종교적인 행사를 보고 앞에 앉은 어느 시골 아줌마에게 "인도는 종교가 참 많네요." 그러자 그 아줌마 왈 "모든 종교는 다 좋지요." 한참 가다 거울을 보며 여행 중에 거칠어진 얼굴을 속상해하자 또 그 아줌마가 "아가씨, 그 나이 정도면 입, 코, 눈이 잘 생겼나, 못생겼나, 신경 쓸 때가 아니지요. 내 얼굴이 어떻게 평온해져 가는가, 신경 써야 할 나이입니다." 이렇게 한 방씩 먹고 나면 '아, 인도 사람들은 다 명상가구나.' 감탄하게 된다. 깊은 산중에서 만난 명상가가 그랬으면 당연히 그러려니 하겠지만 자기보다 못나 보이는 허름한 사람들에게서 고대 희랍 철학자 입에서 나올 법한 이야기라니…. 인도 사람들은 다 명상가요, 그들의 말은 다 진리라 착각하게 된다. 명상가가 많다 보니 우리 귀에 쏙쏙 들어오는 진리의 말씀들이 널리 퍼져 그들의 일상의 언어가 된 것이다.

가령 어느 외국인이 한국의 시골 여행 중에 개울을 건너다 다리가 무너져 물에 빠졌다고 하자. 그리고 일어나서 "다리가 튼튼한 줄 알았는데…" 변명 삼아 멋쩍어 하자, 그 광경을 옆에서 지켜보고 있던 시골 할머니가 "쯔쯔, 그래서 돌다리도 두들겨 보고 건너라지 않던가." 그 여행자는 감탄할 수밖에 없는 것이다. 하나 더 예를 들어 보자. 외국 여행자가 한국 네다바이 사기꾼에게 걸려 여행 경비를 벌려고 욕심 부리다 가진 것 마저 잃고 어쩔 줄 몰라 하자, 옆에 있던 어느 허름한 아줌마가 "황금 보기를 돌같이 하라." 헛된 것에 욕심 부려서는 안 된다는 것을 그 여행자는 크게 뉘우쳤을 것이다.

그런데 왜 하필 인도냐? 식민지 유산이다. 영국의 지배를 오랫 동안 받아온 결과, 언어가 된다는 것이다. 세계 공통 언어인 영어를 쓸

줄 알기 때문에 외국인이 모르는 자기들의 살아있는 속담이나 격언을 그때그때 적절하게 사용하는 것이다. 외국 여행자들이 감탄해 마지않는 그들 입에서 나오는 철학적인 말이 명상과 수양에서 나오는 것이라면 그들의 생활양식이라든가 행동거지도 그와 합당해야 한다. 인도를 직접 가보지 못했지만 뉴욕에서 그들의 진면목을 대할 수가 있다. 가게에 들어와서 2불짜리 물건을 1불에 달라는 철면피, 물건 하나를 손에 쥐고 살 것처럼 이 물건 저 물건 뒤적거리다 사지도 않고 나가면서 아무 곳에나 툭 던져버리는 심통, 가게에서 일하다 보면 인도 사람뿐만 아니라 별의별 사람들이 있지만 특히 인도 사람들은 그들의 민족성이 드러나는 상식 밖의 행동을 많이 한다. 여행 가서 경험한 몇 가지 일화 가지고 혹 하거나 과대평가 해서는 안된다. 일상생활에서 지켜야 할 도덕이나 상대방을 배려할 줄 모르는 사람들의 철학적인 명언, 그야말로 말놀이인 것이다.

… 옆에 있던 나도 호주머니를 뒤졌지만 그날따라 25전, 10전, 5전짜리가 동전이 하나도 없었다. 이 정도 되면 손님 배려 차원에서 20불 3센트에서 3센트 모자란 20불을 받고 손님에게 됐다고 하며 "땡큐" 한다. 그런데 이 인도 친구는 손에 20불을 계속 들고 있으면서 아직 계산이 안 끝났다는 듯이 3센트 더 내라는 표정을 지었다. 할 수 없이 10불 짜리를 더 건네자 거스름 9불 97센트 건네며 인도 특유의 발음으로 "댕-큐". 그날 카레를 먹었는지 뭘 먹었는지 모르게 좌우지간 먹고 나왔다.

천기누설 '삼 세요.'

신라 홍덕왕은 왕비 만월부인과 사이에 자식이 없었다. 후사를 보기 위해 백방으로 노력했지만 모두가 허사였다. 표훈대사를 궁으로 초대한 자리에서 홍덕왕은 대사에게 간곡한 부탁을 드렸다.

"대사님, 후사가 없어 걱정이온데 오늘 밤 옥황상제님을 한 번 만나 뵙고 후사를 점지해 주시기를 부탁드립니다.", "그야 어려울 것이 없지요." 하루 밤이 지나고 난 뒤 홍덕왕은 대사님 처소로 갔다. "대사님, 옥황상제께 부탁드려 봤습니까?", "네. 대왕님의 소원이 하도 간절하여 하나 점지해 주시긴 주시겠다는데…", "주시긴 주시는데, 무슨 다른 이유라도 있습니까?", "그렇사옵니다.", "어서 말해 주시오. 대사님", "아들이 아니고 딸이라 합니다.", "딸이란 말입니까. 이왕에 점지해 주시는 거. 후사 이을 아들로 보내 주시라 오늘밤 다시 한 번 상제님을 만나 보시지요.", "네, 그러도록 하지요." 다음 날 홍덕왕은 대사를 찾았다. "그래 부탁드려 봤습니까?", "아들로 해주시긴 주겠다는데… 딸 같은 아들이랍니다.", "뭐요, 딸같은 아들이라… 이 나라를 제대로 이끌 훌륭한 아들로 보내 주십사 다시 부탁드립니다. 대사님.", "대왕님. 상제님께서 이제 그만 오라고 그럽디다. 하늘도 너무 자주 들락거리면 천기가 누설 된다고…" 대사는 그 길로 궁을 떠나고 말았다.

아닌 게 아니라 만월부인이 태기가 있어 그로부터 열 달 후에 왕자님을 분만했다. 이 분이 신라 36대 혜공왕이다. 이 왕은 대사님 예언대로 어릴 적 여자 아이들과 소꿉장난 같은 것을 즐기는 등 나약한 면이 있었다고 한다.

이 이야기는 단순히 왕과 대사와 그 당시 주술적인 대화가 아니다. 왕과 대사와 처음 주고 받은 대화를 현실로 풀이해 보자. 왕은 후사가 없는 것이 자신의 신체적 결함이라는 것을 이미 알고 자기 대신 왕비에게 회임시켜 줄 사람이 필요했던 것이다. 그래서 택한 것이 덕망 높고 뒤탈이 없을 표훈대사였다. 아무리 절박한 상황이라지만 어떻게 대놓고 왕비와 하룻밤 동침을 부탁할 수 있었겠는가. 옥황상제를 끌어들여 서로 마음을 주고 받았던 것이다. 상제를 만나 달라는 것은 왕비와 동침 하라는 말. 대사는 왜 단번에 아들이라지 않고 딸이라 했는가. 아들 아니면 딸인데… 이 다음 아들이면 두말없이 좋고, 딸이면 자기 예언이 적중, 대사의 복선이다. 또 딸이라고 하면 왕이 분명 아들을 원하리라는 계산에 하룻밤 더 즐기려는 했는지? 아니면 임신이라는 것이 단번에 되지 않은 것임을 알고 확실한 처방을 해 두고자 함이었는지 모르겠지만, 대사가 성에 탐닉하지 않았다는 사실이 두 번째 대화에서 증명이 된다. 왕이 훌륭한 아들을 원하자 하룻밤 왕비와 더 즐길 수 있었는데도 천기누설을 들먹거리고 궁을 떠나고 말았다. 천기누설이라는 말은 왕비 만월부인의 염려였다. 이틀 밤이면 충분하고 또 왕비 처소에 외간 남자가 너무 자주 들락거리면 소문나기 쉬우니 그만 오라는 암시였다.

위, 장내시경 받아 본 사람들은 안다. 내시경을 위해 위, 장을 완전 비우고 깨끗한 상태로 의사 앞에 가야 한다. 그렇다 보니 본의 아니게 내 인생에서 가장 깨끗한 날일 수밖에…. 단식 경험자들 충고, 단번에 평소대로 음식을 섭취하면 안된다는 말이 언뜻 떠올랐다. 두리번거려 보니 마침 본국에서 유명짜한 B죽집이 있었다. 홀에는 아무도 없었다. 몇 걸음 들어서는데 저 안쪽에서 무얼하고 있던 아주머니가 힐긋 보더니

"어떻게 왔어요?" (오셨어요 도 아니고)

식당에 들어오는 사람더러 어떻게 왔냐니? 이정도 되면 할 말이 없어진다. 다른 볼일 보러 왔던 사람도 한 그릇 맛있게 먹고 갈수 있도록 해야함에도 불구하고 제 발로 들어오는 손님을 내치다니. 종업원이 문제가 아니라, 사장님이 종업원의 기본기 교육을 깜빡하지 않았나 싶다. 채용한 종업원의 기본 소양을 간파하고 대처해야 할 의무가 사장 몫이다.

쉿! 일급비밀. 식당이 잘 되는 천기누설 하나 해야겠다. '안녕하세요. 어서 오세요. 여기 앉으세요.'

셋, 귀찮으면 둘 무방하다. 둘도 많다, 하나도 괜찮다. 셋 중에 하나도 안 하면 증말 서로가 곤란하다.

예언, 통신원 이야기

뉴욕 풋볼팀, 자이언트가 보스턴 패트리어스를 극적으로 물리치고 슈퍼볼 챔피언이 될 때. 자이언트는 내셔널 리그 우승으로 슈퍼볼 결승전에 이미 진출해 있었고, 슈퍼볼 결승 진출을 위한 아메리칸리그 우승 팀을 가리는 날. 지인의 집에 가서 경기를 보게 되었다. 강팀 보스톤 패트리어스보다 약체 마이애미 돌핀스를 상대해야 자이언트가 우승할 확률이 높기 때문에 돌핀스를 응원했다. 특히 그 지인의 어린 아들이 돌핀스가 이기기를 열렬히 응원했다. 돌핀스가 점수 먹을 때면 바닥을 쳐가며 아쉬워 하고 반대로 점수를 올리면 제 일인 양 그야말로 열광적으로 힘을 보탰다.

"… 아하, 돌핀스가 이겨야 하는데! 이겨야 하는데!" 손님인 우리를 위해 이것저것 챙겨주며 딴 일을 하던 그 집 아주머니가 지나가던 말로 슬쩍 그 아들에게

"아니야, 보스턴이 이겨야 해."

"아니, 엄마는 보스턴을 응원하는 거예요?"

"그게 아니고, 보스톤이 이겨야 자이언트가 우승해."

그 말을 듣고 있던 나는 그게 무슨 이야기인가? 싶었다. 평소에 그 부인은 풋볼뿐만 아니라 스포츠에 별로 관심이 없는 걸로 알고

있는데, 아무런 근거도 없이 보스톤이 이겨야 자이언트가 슈퍼볼 챔피언이 된다니…. 우리 모두 그 반대로 돌핀스와 결승전을 염두에 두고 자이언트의 우승을 바라고 있었다. 누가 봐도 자이언트 입장에서 돌핀스가 쉬운 상대였다. 그 아들의 열렬한 응원에도 불구하고 아쉽게도 라이벌 패트리어스와 자이언트가 슈퍼볼에서 맞붙게 되었다. 라이벌답게 막상막하 손에 땀을 쥐게하는 경기였다. 경기가 거의 끝날 무렵, 4점 차로 페트리어스가 앞서고 있었다. 1분도 안 남긴 시점에서 자이언트 공격, 3점짜리 필드 골로는 이길 수도 없고 최소한 동점으로 연장전도 바라볼 수 없다. 꼭 터치 다운을 해야할 상황이다. 그때 지인의 부인 얘기가 떠올랐다. '보스턴이 이겨야 자이언트가 우승해.' 지나가던 말로 슬쩍 던진 예언같은…. 나도 믿고 싶었다. 인생과 스포츠는 끝날 때까지 알 수 없다던가. 30여 초 남겨놓고 자이언트가 터치다운! 극적인 우승으로 뉴욕 팬들을 열광의 도가니로 몰아넣었다.

얼마 후 지인을 만나 그때 부인의 흥미로운 이야기를 새삼 꺼냈더니, 별로 대수롭지 않은 듯

"… 음, 가끔 신통해요. 그때 보스톤이 결승에 올라와야 자이언트가 우승한다는 말을 듣고 경기를 편안하게 봤지요."

"그렇게 확신합니까?"

"가끔 흘리듯 슬쩍 해주는 말을 귀담아 둘 때가 있어요."

자기 부인의 일이라 자세한 이야기는 않지만, 자신도 깜짝 놀랄

때가 있을 정도로 신통할 때가 있다고 한다.

신통이란 말을 우리 일상생활에서 아무렇지 않게 자주 쓰지만 사실 신통(神通)이란 말을 함부로 쓸 말이 아니다. 신과 통한다. 그런데 어쩌랴, 깜깜한 우리에게 앞날을 미리 알려주는… 인간과 신의 경계를 넘나드는 통신원이 있는 것을. 토속신앙으로 행해지는 무당들의 접신, 그쪽 방면으로 관계가 깊은 승려들의 육통 중 타심통 혹은 천안통, 기독교인들의 하나님으로부터 은사, 특히 신흥 교주들이 교세 확장을 위해 일반인들의 시선을 잡아 끌 신비 하나둘쯤 발휘하곤 한다. 근자의 일로 S교회 C목사, T교 M목사. 이런 분들이 초기 교세를 넓힐 때 전설 같은 신통력을 발휘했다. 일반인들로는 상상이 안 되고, 쉽게 납득할 수 없고, 믿으려 들지 않지만, 한두 번의 신비에 맞닥뜨리게 되면… 한 방에 간다. 뭔가 붙들고 싶을 때 불쑥 내민 신비 앞에 이성은 허물어지기 마련이다. 사회 혼란을 가중시킬 신비를 경계하기 위해 체계적인 종교가 절실한데 오히려 그 신비를 종교라는 이름의 사이비가 삿되게 이용하고 있는 현실이기도 하다.

혹세무민 혹은 미신이라 치부해 버리지만 아직은 과학적으로 밝혀지지 않은 신비한 세계가 있긴 있다.

다가올 환란?

정감록에 실린 환란에 대한 예언이다.

殺我者: 女人戴禾. 나를 죽이는 자는 여인 대화요.

生我者: 十八加公. 나를 살리는 자는 십팔가공이다.

여인대화를 그대로 풀이하면 여자가 벼를 이고 간다가 되고, 十八加公은 十八에 公을 더하라다. 十八은 木이고, 公을 더하면 소나무 松자가 된다. 나를 살리는 자가 소나무? 예언이란 비기(秘記)이기 때문에 쉽게 뜻이 드러나지 않는다.

殺我者, 나를 죽이는 자의 女人戴禾란 여인이 벼를 이고 간다 했으니 즉「倭」자가 된다. 왜놈이 쳐들어와 많은 사람을 죽인다는 뜻으로 임진왜란을 예언한 것이다.

生我者, 나를 살리는 자는 소나무 松? 明나라 군사를 이끌고 조선을 도우러 왔던 李如松 형제를 가리킨다. 즉 임진왜란의 상황을 예언한 것이다.

殺我者: 雨下横山. 나를 죽이는 것은 우하횡산.

生我者: 浮土가 溫土이니 從土하라. 나를 살리는 것은 떠 있는 흙이 뜨뜻한 흙이니 그 흙을 따르라.

나를 죽이는 것은 雨下横山, 雨자 아래 山자를 가로로 눕히면 눈

雪자가 된다.

병자호란. 이번에는 북쪽 오랑캐가 가장 추운 겨울에 쳐들어왔다. 내가 살 수 있는 길은 浮土, 떠있는 흙? 즉 온돌이다. 뜨뜻한 방(온돌)에 가만히 있으면 산다고 미리 알려 준 것이지만, 난리를 하도 많이 겪은 백성인지라 그저 도망가기에 급급, 붙잡히는 날에는 죽고 겁탈당하니 줄행랑이 최고라 산과 들로 내빼기 바빴다. 그런데 동지섣달 추위에 집 나간 사람들은 다 얼어 죽었다. 얼어 죽지 않고 사는 방법을 예언했던 것이다. 浮土라? 떠 있는 흙? 도대체 알 수 없었다. 지나고 보니 아하, 그것이 온돌방이었구나, 깨달은 것이다.

다가 올 환란?

殺我者: 小頭無足. 나를 죽이는 자는 머리가 작고 발이 없다.

生我者: 浮金이 冷金이니 從金하라. 나를 살리는 것은 떠있는 쇠가 차가운 쇠니 그 쇠를 따르라.

임란과 병란을 치른 사람들이 지나고 보니 예언이란 그다지 헛된 것만은 아니구나 알게 됐다. 이리하여 관심 있는 사람들은 예언을 예사롭게 여기지 않았다. 해방 전후로 북쪽에서 많는 사람들이 집단으로 남쪽으로 이주해서 살았다. 앞으로 북쪽은 사람 살곳이 못되리라… 순전히 비기를 믿고 환란 피난처 십승지를 찾아 떠난 것이다. 풍기에 가면 그때 이주했던 사람들이 정착해 사는 마을이 있다. 사백 년 전 서산대사도 자기 의발을 아무 연고가 없는 해남 대흥사로 보냈다. 북쪽의 불교 쇠퇴를 예고한 것이다.

소두무족(小頭無足), 부금(浮金). 이것이 다가올 어떤 환란을 예언한 것이라 생각했다.

소두무족이 나를 죽인다. 머리가 작고 발이 없는 것? 모르겠고. 生我者, 내가 살 수 있는 길이 浮金, 떠있는 차가운 쇠라 했으니 떠있는 쇠를 찾았지만 비행기도 없던 옛날인지라 찾기가 그리 쉽지 않았다. 그래서 임기응변으로 떠있는 쇠를 만들기로 했다. 떠있는 쇠라면 떡 찔 때 쓰는 시루가 떠있는 쇤데? 무거운 시루를 뒤집어쓰고 있을 수 없고, 생각해 낸 것이 전라도 금산사(金山寺)에서 불사(佛事)를 했다. 땅에 시루를 묻고 그 위에 미륵불(미래에 나타나 모든 중생을 구제한다는 부처)을 조성했다. 이 금산사 미륵불에 불공을 드리면 다가올 환란에 무사히 지날 수 있다 하여 지금도 떠있는 쇠(시루)에 많은 사람들이 치성을 올리고 있다고 한다.

소두무족(小頭無足)을 두고 문화콘텐츠 학자 조용헌은 C 일보 칼럼에서 정신없이 꽝꽝 쏘아대는 북한의 미사일을 들먹이며 다가올 환란임을 은근히(확신 서지 않는 듯) 비추지만, 이 예언이 다가올 우리나라의 어떤 환란이 아니라 이미 지나갔다. 6·25 전쟁이다.

나를 죽이는 것은 소두무족이라 했다. 머리가 작고 발이 없는 것은 총알이나 대포알이다. 6·25 때 총알, 대포가 얼마나 많은 인명을 앗아갔나 상기해 보라. 生我者, 浮金이 冷金이니 從金하라. 나를 살리는 것은 떠있는 쇠가 차가운 쇠니 그 쇠를 따르라. 떠있는 쇠란 기차다. 겨울에 차가운 기차(냉금)을 타고 피난 간 사람은 살았다. 떠

있는 쇠가 또 있다. 釜山이 떠있는 쇠다. 부산의 「釜」자가 가마 부자다, 가마솥이란 공중에 떠있는 쇠인 것이다. 또 부산은 바닷가에 위치해 있기 때문에 찰 수밖에 없다. 떠있는 쇠(기차)를 타고 떠있는 쇠(부산)에 간 사람은 모두 살았다.

소두무족(小頭無足). 그에 대한 염려, 이미 지나갔으니 당분간 안심해도 괜찮다.

뉴욕 風水 한반도 풍수

어느 학자의 말을 빌리자면 '한의학은 이미 제도권으로 들어와 있고, 사주는 제도권 언저리에 머물러 있는데, 풍수는 아직….' 최근에 들어서 학문적으로 논의 되고 있지만 피부에 직접적으로 와닿지 않은 일이다 보니 전설에 가까운 일들이 인구에 회자되고 있다. 세 번 낙방한 대권 주자는 선녀하강형 자리에 조상 음택을 이장한 다음 대권을 거머쥐었다는 아직도 생생한 전설이 있고, 대원군이 후손 대대로 발복 터를 버리고 2대 천자 터를 취하므로 고종, 순종을 기필코 탄생시킨 충남 예산에 있는 남연군묘가 그 예다.

한의학이나 사주는 모든 사람들에게 적용되고 필요에 의해서 대부분의 사람들이 관심을 갖고 기대는 게 현실이다. 반면 풍수는 당대의 발복이나 후손들을 위해 절실하지만 서민들이 함부로 시도해 볼 수가 없다. 조상을 모시는 일에 비용이 만만치 않기 때문이다. 고관대작, 부자들의 전유물이 된 풍수. 사실 그들은 풍수가 필요없을 만큼 이미 누릴걸 누리고 있는데…. 무엇이 더 필요하단 말인가. 정작 조상의 음덕이 절실한 서민들은 근처도 어스렁거릴 수 없다. 조상 음택 숙고에서 누군들 대원군, 대권주자이고 싶지 않겠는가마는… 부익부, 빈익빈. 타파하고 함께 잘 살아보자는 의미에서, 고달픈 오늘을 달래고 먼 장래에 대한 희망을 주기 위한 동네, 국토 풍수가 있다.

「뉴욕 풍수」

뉴욕의 지하철 지도를 펴 놓고 보면 왜 뉴욕이 세계 경제의 중심지요, 문화도시로 오랫동안 명성을 누려왔는지 알 수 있다. 맨하탄을 중심으로 서쪽에 허드슨강이 흐르고 동쪽엔 이스트강이 흐른다. 강 양옆으로 각각 뉴저지와 뉴욕시 브롱스, 브루클린이 자리하고, 앞엔 드넓은 바다가 있다. 대륙에서 돌출한 맨하탄, 꼭 성난 남성과 같다. 지하철이 혈관처럼 시내 곳곳으로 연결되어 더욱 힘차 보인다. 이 거대한 남성이 여성 깊숙이… 음·양 조화를 이룬 극치의 형상이다. 항구의 선박들은 수시로 들락거려 정충 역할을 하니 어찌 활력이 넘치지 않으랴. 볼일이 끝난 남성은 쉬이 수그러들기 마련인데, 맨하탄 바로 앞 바다에 위치한 자유의 여신상이 이를 보완해 주고 있다. 요염한 교태 앞에 그 누군들 화담선생이겠는가, 힘이 솟구칠 수밖에. 자유의 여신(자유부인)상을 풍수의 원리를 따져 세웠는지? 우연의 일치였는지 모르지만 참으로 절묘한 뉴욕의 풍수다.

「한반도 風水」

대륙에서 쭉 뻗어 나온 한반도의 기상 또한 거대한 남성과 흡사하다. 삼면의 바다에 푹 빠져 있는 것이 마치 행사를 치르는 형상이다. 헌데 애석한 것은 운우의 행위가 끝나고 휴식 중인 것이다. 코 풀어 놓은 듯한 일본이 그것 끝의 후물이다. 그들이 인정하고 싶지 않겠지만 고대로부터 문물, 인적인 한국의 씨가 널리 퍼져 형성된 일본 열도다. 한 번 끝났으니 잠시 쉬어야할 판, 음양의 조화가 자주 벌어져야 좋을 법인데… 그나마 한반도가 여러 가지 악조건에서도 버틸 수 있는 것은 제주도 한라산의 분화구가 여성성을 나타내고, 남자보다 여자가 제주에 많이 살고 있는 것이 다행이다. 한라산 분화구에 백두산 천지처럼 물이 항상 고여 있으면 금상첨화일 텐데… 메말라 있는 것이 아쉽다. 한반도가 강력하게 일어서기 위해서 먼저 가운데 묶인 철조망을 속히 거두어 내는 일이다. 그것을 고무줄로 묶어 났다고 가정해 보라. 누군들 어떻게 힘을 제대로 쓰겠는가. 한반도가 대륙의 충만한 정기를 제대로 받아 세계로 뻗어나가기 위해 속히 통일을 이뤄야 한다. 백두산 천지가 남성 정기 생산공장이다.

음택을 잡을 때, 혹은 동네 터가 풍수적으로 그만인데… 뭔가 한 줌 부족하면 나무 한 그루, 돌멩이 하나 얹져서라도 균형을 잡고 인위적으로 보완해 주는 작업이 비보풍수다. 아주 빼어난 한국의 미인상을 제주에 세워야한다. 한반도를 바라보게. 절세의 미인을 항상 대하고 있는 거대한 남성 한반도는 크게 융성해질 수밖에 없다. 미신이라 일축하지 말라. 긍정적인 마인드, 개인에게만 적용되는 것이 아니다. 나라의 국운도 미신처럼 믿고 있는 국민들의 힘에 의해서 뻗어나갈 수도 쇠락의 길로 접어들 수도 있다.

굳게 믿는 힘이 발복이다.

광희문과 닉슨 대통령

개인에 해당한 예언들이란 당연히 알아듣기 쉽게 전달되지만 특히 국가 환란, 실로 중차대한 예언들은 비기(秘記)로 유포될 수밖에 없다. 미리 알려졌을 때 예언의 역기능으로 벌어질 상황이 예측할 수 없는 혼란을 야기할 수 있기 때문이다. 사건이 지난 후에 밝혀진들 그게 무슨 소용이냐? 하지만 눈밝은 사람들은 알아채고 대처하는 수가 허다하다. 예언이라는 것이 백발백중 아니니다. 그쪽 사람들의 이야기로 십발일중(十發一中)이면 대단한 내공자로 인정한다. 근간의 예로 김일성 사망일을 예언한 어느 무속인, 당시 세상을 떠들썩하게 했지만 그 후의 예언들은 실없는 소리로 흐지부지되지 않았는가. '용하다'는 말이 체험에서 나온 무시할 수 없는 일상임을 인정해야 하면서 혹자는 미신이라 치부한다. 해당 무, 제 삼자라도 그 쪽을 기웃거리다 보면 흥미롭다. 무엇이 알 수 없는 내일을 미리 땡겨오는가? 고도의 정신세계인가, 신의 계시인가? 무엇보다 맞혀지는 것이 신기하다. 그것이 긍정이거나 희망이면 더없이 좋겠지만 안 좋으면 안 좋은 대로 대처할 여지를 안겨준다. 알고 모르는 것은 각자의 소관이다.

세계문화 유산(遺產)으로 지정 된 종묘. 조선(朝鮮) 역대 왕들의 위패를 모신 곳으로 이곳에서 매년 종묘대제(宗廟大祭)가 열리고 있다. 조선 역대 제왕께 그 후손들이 제를 올리는 행사다.

정문 현판이 창엽문이다. 「蒼葉門」 글자를 파자(破字)해 보면 조선 5백년의 종말이 예견되어 있다.

蒼을 파자해 보면 艹은 二十이요, 人은 八이고 君은 임금 군. 葉도 마찬가지 艹, 世, 十, 八. 二十八 世다. 즉 朝鮮은 28대 임금으로 끝난다는 예언이다.

개인적으로도 내일 벌어질 상황이 꿈을 통해서 어렴풋이 짐작되거나 예견되는데… 하물며 국가의 종말이 언제일 거라는 것을 몰랐다면 당시 국가에 지혜로운 자가 없다는 수치와 같다. 대개 국사(國師)로 추앙받던 인물들은 그 당시 왕의 영적 자문 역할을 했다고 봐도 무방하다. 한마디로 영적 코치였다.

창엽문을 三峯 鄭道傳이 지었다, 無學대사가 지었다는 말도 있지만 확실치가 않다. 대개 비기란 지난 사건을 그럴싸하게 꾸며 놓았다지만 종묘 현판에서 보았듯이 옛 선현들의 지혜란 우리가 감히 뛰어 넘을 수 없는 것이다. 종묘 현판과 마찬가지로 조선의 國運이 언제 쇠할 거라는 예언이 또 있다. 서울 도성을 축성한 뒤 4대문을 세웠고 그 사이사이에 작은 문을 각각 하나씩 두었다. 그중 하나가 광희문이다. 지금 서울의 광희동이 바로 그곳이다. 일명 水口門이라 했고, 시체가 나가는 곳이라 시구문이라고도 했다. 도성 안에서 죽은 시체들은 함부로 아무 문으로 나갈 수 없고 꼭 이 광희문을 통해

장지로 가게 했다. 시체는 생명이 다한 것. 수구란 물줄기가 끝나는 곳. 생명이 끝나고, 물줄기가 끝나고… 왕조의 끝이 광, 희에서 종지부를 찍는다는 뜻이다.

光武, 隆熙. 조선 마지막 임금인 고종, 순종 때 사용한 우리나라 최초의 연호(年號)이다. 시체가 나가고, 물줄기가 끝나는 「光熙門」. 광무의 광, 융희의 희 자에서 따온 것이 아니라, 광무를 지나 융희 연호 때 조선이 망할 거라는 섬짓한 예언이다.

이 광희문(光熙門) 예언의 역사를 미국의 닉슨이 알았더라면 대통령직에서 사임하지 않았어도 될 뻔했다. 닉슨 대통령을 도중에 하차시킨 전말이 바로 「워터 게이트」 사건이 아닌가? 「water gate」란 우리말로 하면 수문(水門). 조선왕조가 광희(시구문) 즉 광무, 융희 때 망할 거라는 예언을 앞에서 언급했듯이 수문이란 왕조의 끝을 나타내기도 한다. 닉슨의 「워터 게이트」 사건을 두고 꼭 대통령직을 사임할 만한 직접적인 사유가 못 된다고 주장하는 사람들도 있었다. 그 사건을 은폐시키려는 대통령의 진실성이 문제였던 것이다. 예언적으로 볼 때 「워터 게이트」란 이름을 가진 건물을 잘못 선택한 결과였다.

水門. 한 번 열리면 겁잡을 수 없는 소용돌이를 몰고 온다. 봇물처럼 터진 여론에 밀려 결국 사임하지 않았는가. 똑같은 일이었더라도 「워터 게이트」 건물이 아니었더라면 충분히 피해 갈 수 있는 상황이 전개되었을 수도 있었다. 무사히 대통령직을 마칠 수 있었는데 순전히 건물을 잘못 선택했다. '워터 게이트' 예언적 작명이다.

파랑새와 전두환

갑오농민 혁명의 선봉장이었던 전봉준을 상징한 민요가 「파랑새」다. '새야 새야 파랑새야 녹두밭에 앉지 마라. 녹두꽃이 떨어지면 청포장수 울고 간다.'

전봉준의 키가 녹두알처럼 작고 땅딸막하다 해서 「녹두장군」이라 불렀다. 그 당시 파랑새를 민가에 유포시키면서 은근히 전봉준의 동학군이 혁명에 성공하리라 믿게 했다. 「새야 새야 파랑새야」가 아니라 실지로 노래 부를 땐 「새야 새야 팔왕새야」 팔왕새로 부르게 했다. 요즈음 같으면 여론몰이다. 옛시대 혁명가들이 도참설을 들먹이고 전설 같은 신비를 은근히 흘리는 이유가 추종자들은 물론 긴가민가 갸웃둥거리는 민초들에게 확신을 심어주기 위한 술수였다. 목숨이 걸린 역모에 누군들 함부로 나서겠는가. 돌아온 몫이 대단한 만큼 담보도 묵직할 수밖에. 국조 탄생 설화 혹은 역성 혁명에 얽힌 신비한 일화들, 꿈을 현실화로 둔갑시켰거나 지도자를 옹립하기 위한 통치 수단으로 각색했을 것이다. 현대과학으론 어림없는 현상이지만 그땐 그것이 몽매를 현혹시킬 고도의 지능과학이었다.

천여 명의 목숨을 앗아간 기축옥사의 단초가 된 정여립. 역모 사건으로 처형당했지만 실은 정치적인 동기로 인해 한때 같은 당이었던 반대파에 의해 몰렸다고 봐야 한다. 벼슬을 버리고 향리에 머물며 대동계를 조직하여 동조세력을 규합할 때 근동의 명망가들을 조치한 잔치에서 뒤뜰의 버드나무에 말털이 자라는 것을 보여주었다. 나무에서 동물 털이 자라고 있으니 상서로운 조짐임을 내세우고 싶었을 것이다. 실은 자연적으로 말털이 자라는 것이 아니라 예리한 칼로 나무에 흠집을 낸 거기에 말총을 심은 다음 봉합해 두었던 것. 일반인이 봤을 때 혹 안 할 수가 없다. 소문은 말보다 빠르다.

서북 지역 차별에 반기를 들고 난을 일으켰던 홍경래 역시 동조세력을 규합하기 위해 재력가인 우군칙 등 여러 재사들이 모인 자리에서 술수를 부렸다. 백여 보 전방에 가마솥을 놓고 염력으로 움직여 보였던 것이다. 잠복한 심복으로 하여금 신호와 동시에 움직이게 했다. 따져볼 게제도 없이 추종하기 마련이다.

근자 일로 김영삼 대통령 후보 때, 김영삼 후보에 대한 좋은 기사가 신문지상에 '확실히' 부각되었다. 그 당시 김영삼 후보를 담당했던 기자들을 김영삼 장학생이라 했다. 김영삼 쪽에서 땡겼다. 없는 일을 신비로 꾸며낸 것이 아니라 있는 사실을 그럴싸하게 디자인해서 소비자로 하여금 내용물을 믿고 사게했던 정치상술이었다. 당시만 해도 한국 사람들은 신문 기사에 약했다. 오죽하면 말다툼 끝에 '신문에 났다.'면 그것으로 결론 지어지지 않았는가. 박정희시대 때 인구에 회자되었던 정치술수 하나. 김대중의 색깔, 김영삼의 도련님상을 빗대어 '김대중은 과격하고 김영삼은 나약하다.' 양김이 집

권했을 경우 기득권자들이 겪을 고초를 들먹이며 양김의 약점을 어용학자들로 하여금 퍼뜨리게 했다. 대학생들을 세뇌해서 이용했다. 진실이 아닌 것은 다른 쪽 귀로 바로 빠져나가게 마련이지만 현실에 안주하고 싶던 사람들이 '그럴싸함'에 흘려 보낼 귀를 닫기도 했다. 과격함으로 여러 사람을 골로 가게 할 거라던 김대중 대통령은 반대쪽 지역 사람을 비서실장에 앉히는 등 지역감정을 없애기 위해 노력했고, 나약할 거라던 김영삼 대통령은 전직 두 대통령을 시쳇말로 감옥 처넣지 않았는가. 동서양을 막론하고 대권을 쥐기 위해 권모술수가 난무하고 비기로 혹세무민은 물론 갖은 수단을 동원하는게 권력노름이다. 확실한 패를 쥐기 위해서 부자도 없고 형제도 없다.

'팔왕새'를 한자로 풀이하면 「八王」 즉 「全」씨가 왕이 된다는 비기(秘記)이다. 「全」씨 성을 가진 사람이, 즉 '전봉준이 왕이 된다'고 동학혁명군 측에서 이용했을 뿐. 사실은 팔왕(八王) 「全」씨가 왕이 된다는 예언이 전봉준 이전부터 전해져 왔다. 전봉준 측에서 아전인수한 것이다. 시기만 몰랐을 뿐이다.

1989년 10월 26일 독재 18년 만에 부하 김재규 총에 의해 박정희 대통령이 시해되고 「全」씨 성을 가진 全斗煥이 대통령이 되지 않았는가. 시기가 너무 멀어서 억지 같지만, 원래 비기란 것이 갸웃거리게 한다.

언제 오는가? 통일

내노라하는 예언가들 중에 노스트라다무스는 너무 유명하다 보니 말할 것도 없고, 미국의 잠자는 예언가 에드가 케이시, 자는 듯 꿈꾸는 듯 중얼거리는 말이 곧 예언이었다고 한다. 아무나 예언가 반열에 올라설 수 없다. 그래도 여러 사람들 입에서 '용하다' 입소문이 어느 정도 무성해야 한다.

케이시의 예언이 적중한 것 중에 몇 가지. 2차대전 종전일, 케네디 암살, 체르노빌 원전 사고, 베트남 참전과 패배, 소련 연방해체 등이 있다. 아직 실현되지 않은 것 중에 3차대전, 미국 중서부 침몰이 있지만 우리에게 가장 관심을 끄는 것이 일본열도 침몰설이다. '일본 대부분이 바다 속으로 반드시 침몰한다(The grater portion of Japan must go into the sea).' 대부분 예언가들이 확신에 찬 예언을 하기란 망설여지는 일이다. 신의 계시, 고도의 정신 능력으로 예언을 한다지만… 무언가 여지를 남겨두기 마련인데, 케이시가 일본열도 침몰을 두고 확신에 찬 'must' 쓴 것을 두고 그쪽 방면에 관심있는 사람들은 예언이 어떻게 전개되나? 지켜봤다. 90년대라 했다. 30년 주기설, 일본지진 휴면기가 끝나고 새로운 활동기가 시작하는 때가 마침 90년대였다. 빗나갔다. 케이시 예언이 시기적으로 빗나갔지만 그래도 대예언가 확신인데… 언제가는…. 엄청난 자연재해를 두고 심뽀부려서는 안 되겠지만… 일본임에랴. 사석에서 우리끼리 하는 말을 공개적으로 외치고 싶은 게 솔직한 심정이다.

일본열도 침몰설 못지않게 관심 끄는 것이 '우리의 소원' 통일이다. 서로가 완강하게 대치하다 보니 앞날이 불안하기도 하고, 어서 통일이 되어야 그동안 쌓였던 회포도 풀고…. 분단이라는 약점으로 이리저리 치이지도 않을 텐데…. 억울한 것이 한두 가지가 아니다. 하느님께 일러바쳐서라도 이루고 싶은 통일. 과연 언제 올 것인가? 답답한 마음에 비기를 통해서라도 엿보고 싶은 게 나뿐이 아니리라.

한국 분단과 통일에 관한 예언이 비결서 格庵遺錄에 '三八歌'로 실려있다. 격암유록을 남긴 南師古선생은 조선 명종 때 학자다. 어렸을 때 신동으로 소문이 자자했으며 종6품인 관상감(觀象監)을 지냈다. 경북 울진 사람으로 불영사 계곡을 지나다 어떤 노승을 만나 비기(秘記)를 전수받고 홀연히 깨달았다 한다. 역학(易學), 풍수(風水), 천문(天文), 복서(卜筮), 관상(觀相)의 비결에 도통하여 예언이 잘 맞았다고 한다. 벌써 4백여 년 전「앞 두 눈에 불을 켜고 굴러다니는 괴물이 출현하리라」즉 자동차가 등장할 것을 미리 안 것이다.

정감록에도 실려있는 三八歌. (비기. 출전(出典)이 불분명한 것이 많다. 같은 것이 여기저기 실려있다.)

'十線反八三八이요 兩戶亦是三八이며 無主酒店三八이니 三字各八三八이라.'

위도(緯度)와 경도(經度)가 생기기 전, 38도 線上에 판문점이라는 지명이 생겨 민족의 비극을 상징할 것이라는 예언이다. 十線反八은 판(板)을 풀어 쓴 것이다. 兩戶는 양쪽에 戶가 있으면 문(門)자가 된다. 주인 없는 술집(酒店)은 점(店). 모두 합치면「板門店」이라는 이름이 된다.

三字亦是三八은 板. 門. 店 3자 모두 한자 획수로 8획이란 뜻이다. 38도 선이 그어지고 그 지점에 판문점이라는 주인 없는 술집(회담장소)이 들어선다는 예언인 것이다.

龍蛇相鬪敗龍下吟龍一起無三八 玉燈秋夜三八日.

'용과 뱀이 서로 싸우다 진 용이 신음 끝에 다시 일어나 無三八, 삼팔선을 없앤다'는 뜻 같은데— 玉燈秋夜三八日은 무슨 뜻인지 모르겠다.「玉燈秋夜三八日」이것을 해석하면 통일이 언제 될 것인지 알 수 있을 것이다. 옥등추야(玉燈秋夜). 무슨 뜻인지 현재는 확실하지 않지만 삼팔일(三八日)은 삼월 팔일 날짜를 알려준 것이 아니라, 봄 춘(春)자를 파자해 논 것으로 짐작된다.

내노라는 역학자들, 용한 점술사들, 자칭 예언가들, 얼마나 많은가. '통일'이 중차대하고 온 국민이 염원하고 있는데…. 왜 어느 누구 하나 시원스레 들이대지 못하는가? 몇몇은 그럴싸하게 '통일' 언제? 운운했지만 섭섭하게 빗나가고 말았다. '어떤 방법으로 어떻게 이루겠다', '통일해법' 입안자께서 느닷없이 밑도 끝도 없는 '통일은 대박' 구호나 외치는 한심한…. 그래, 그도 막연할 수밖에 없었을 것이다.

('월악산 영봉에 달이 뜨고 달빛이 물에 비치면 30년 후에 여자 임금 나오고 3, 4년 뒤에 통일.' 탄허스님의 이 예언을 근거로 '통일은 대박' 외쳤을 것이다.) 아, 남북통일! 정확하게 맞혀 보겠다.

'통일되는 그날에 통일이 된다.' 어느 쪽으로? '힘센 쪽으로'. 답답한 마음에 억지 한 번 부려봤다.

에선
앞　자
거울　서전

한권으로도 모자랄 낡은 생애　헝크러
진 청춘 가지런히 빗질 하고 부연 과거
도 말갛게 닦아 곧추 세워봤다 사용 설
명서도 없이 잘 버텨 왔다 혹여 건질 추
억이라도 있나 뒤돌아 보니　삐딱한 왼
쪽 어깨, 오른 어깨가 제 품으로 당기느
라 안그래도 시원찮은 척추에 신세졌는
지 곧아야 할 체면 말이 아니다 몇몇 남
은 낱장 어찌 안될까 안타까운 필사, 이
마저 아무나 베끼는 것이 아니다 철솔도
무시하는 뻔뻔한 땟국에 절어 이번 생의
문서 제대로 읽을수 없으니 단아한 궁체
이미 글렀다 휘갈긴 필체 본인 책임이다

관상, 생의 문서 읽기

내 생이 어떻게 전개될 것인가? 술(術)로 알아보는 순서로 보면-사주보다 점, 점보다 관상, 관상보다 태몽이란다.

『四柱八字』

年月日時 4기둥. 몇 년, 몇 월, 며칠 무슨 시, 8자. 사주팔자가 된다. 서기 몇 년처럼 예수 탄생을 기점으로 무작정 연월일시를 정한 것이 아니다. 거창한 것 같지만 인간은 물론 하찮은 미물까지 우주의 소속으로… 알게 모르게 우주의 운행에 영향을 받지 않을 수 없다는 논리로 사주의 기점을 정했다. 태양의 위성이 일렬(一列)일 때를 四柱의 元年으로 삼았다. 이나마 과학성 없이 임의로 누구의 탄생, 중원의 태동을 원년으로 정했다면 여러가지로 헷갈릴 수밖에 없을 것이다.

딸만 셋 낳은 어느 부인이 꼭 아들을 낳아야 할 사정이 있는 관계로 넷째를 임신했다. 답답한 마음에 용하다는 철학관을 찾아갔다. 이번에는 틀림없이 아들이라는 말을 듣고 '드디어 가문의 소원을!" 출산 때까지 행복한 마음으로 지냈는데…. 또 딸. 부아가 치밀어 철학원을 찾아가 왜 엉터리 상담을 해줘서 사람 골탕 먹이느냐, 거칠게 항의했다. 도사께서 상담했던 날과 이름을 묻더니 공책을 하나 꺼내는 것이었다. 공책을 들추니 자기 이름과 생년월일시가 있고 그 밑에 「딸」이라 분명히 적혀 있었다. 그때 딸이라는 것을 알았지만 딸이라 하면 아까운 생명 하나 없앨 것 같아 본의 아니게 거짓말을 했노라고 고백하는 것이었다. 아들? 딸? 입으로는 확실히 아들! 상담 일지에 내담자 모두 딸이라 적어 두었다. 아들 낳으면 두말 없고, 딸이라 항의하려 오면 딸이라 적힌 공책만 보여주면 '용하다!' 딸 낳은 것은 섭섭했지만 용한 도사 한 사람 알게 된 것을 다행으로 생각했다. '쪽집게' 소문이 쫙— 철학관은 그야말로 문전성시.

『占』

대표적으로 작두 타는 굿무당이 있고 무신이 되었지만 굿은 하지 않고 길흉화복을 미리 알려주는 점집 도사가 있다. 정신이 맑아 가장 신통할 때가 바로 내림굿 직후라 한다. 차츰 돈을 밝히다 보면 정신이 흐려져서 별로… 그 후로는 관록이나 다른 방법을 써서 연명할 수밖에 없다.

어느 용한 점집 풍경 하나. 대기실에 들어서면 다음 차례를 기다리던 여자 A가 점보러 오는 다음 사람 B에게 "아주머니는 무슨 일로…?" 슬슬 말을 걸면서 점보러 온 내막을 캐낸다. 앞서 점보러 온 사람이 나가고 다음 차례 A가 들어가서 B에게서 캐낸 정보를 점쟁이에게. B의 속사정을 묻지도 않고 술술 풀어 헤치니 B는 그야말로 뿅 갈 수밖에 없다. 여자 A는 점쟁이 끄나풀이다.

『觀相』

얼굴은 그 사람의 일생이 새겨진 문서 아닌가. 하늘 천, 따 지… 열심히 한 자는 어려운 한문도 술술 잘 읽고, 공부 시간에 게으름이나 피우고 엉뚱한 생각에 세롱(歲弄)한 자는 잘 못 읽듯 그쪽으로 공부한 사람들도 구체적으로 몇 천, 몇 만, 실전으로 구르지 않으면 망신당한다고 한다. 책상머리 공부는 기본. 수만 번의 실전을 통해서 쌓은 내공으로 영적 공간을 넓혀야 '도사' 소리 듣는다.

여름방학 여행 중에 도사를 만났다. 대뜸 "역마살 끼었어.", "어떻게 아세요?", "보면 알아." 그 도사 말대로였는지 숱하게 돌아 다녔고 결국 이역만리 미국까지. 그때 생각하면 '과연 도사는 도사' 혼자 씁쓸하게 웃곤 한다. 도사께서 이 다음 살아가면서 필요할 거라며 相을 觀할 術을 알려주어 가끔 재미로 실전 풀이해 보면 대충 맞는 것 같기도…. 통계학적으로 그렇다는 얘기지 꼭 맞는 것은 아니다.

· 이마는 부모 덕. 바가지 엎어놓은 듯 훤해야 좋다.

· 이마에 굵은 주름. 권력 운

· 눈썹은 형제 덕. 눈썹 끝이 매끈하게 끝나야 좋다. 퍼지면 형제 덕 약, 무.

· 미간(眉間)은 자식팔자. 홈이 깊게 파이면 자식이 속 썩이거나 일. … (사회자ㅅㅎ 희극ㅈㅇ(이미 증명), 방송진행자 '입' 머시기(아직은…누설)

· 눈이 튀어 나오면 팔자가 세다. (여우ㅈㅁ)

· 눈이 작은 사람. 겁이 없다. 심성은 눈에서 읽힌다.

· 눈을 똑바로 못 뜨고 희뜩번뜩 곁눈질. 사기꾼, 숨기는 게 많다. (ㄱㅎ)

· 삼만삼각비(三灣三角鼻). 코가 굴곡지면 배우자 사별, 별거 수, 만혼 수, 만혼은 땜.

· 코 선, 망울이 얇고 콧구멍이 보이면 박복, 재물이 샌다. (의ㅇㅂ부)

· 귀. 커야 덕이 많다. 참을성 좋다, 고로 장수. 작으면 고집이 세고 다혈질. 재물과도 연관.

· 인중(人中). 길고 깊으면 장수. 짧으면 조실부모.

· 입술 선이 뚜렷하면 입 명령이 쎄다. (ㅈㅇ, ㅈㅇ, ㅅㅈㅍ.)

· 아랫 입술이 나오면 모질지 않고, 앙다문 입술은 속에 주먹이 도사리고 있다.(ㅂㅈㅎ)

· 턱이 뾰죽하면 의리가 없다. 배신형. (후보ㅎㅊ)

· 턱은 만년 운, 턱볼살 두터워야 좋다.(ㄱㅂㅅ)

· 여자 얼굴이 매끈하고 빛나면 끼가 많다.

· 남녀 공히 얼굴에 상처가 있으면 신경질성 짙다. 상대방을 피곤하게 한다.

· 여자는 손이 두툼해야 살림 잘하고, 남자는 손이 곱고 매끄러워야 대충 팔자가 좋다.

「얼굴 전체로 보는 동물상이 있다. 범, 원숭이, 곰, 두꺼비… 원숭이(부시), 매(레이건). 두꺼비(이건희), 고릴라(트럼프), 근자 미국 대통령 중에 상이 제일 좋은 사람은 클린턴이다. 코에 기가 꽉 뭉쳐 있고 자신만만함이 얼굴 가득하다. 공인 중에 관상이 좋았던 사람을 꼽으라면 ㅈㅍ. 젊어선 재기, 노년엔 후덕. 총리까지… 하관이 좀 아쉬웠다.」

위의 것보다 더 확실한 것은 일찍 죽으면 단명(短命)하고, 오래 살면 장수(長壽)할 것이고, 돈 없으면 빈자(貧者)로 살고, 돈 많으면 부자(富者)로 산다는 사실이다. 어떤 길이든 그것이 내 인생이다. 쎄 라 비!

짐승 이야기, 빛을 달다

어느 엄마가 십대 딸하고 응접실에 앉아 대화를 나누고 있었다. 대화를 나눈다기보다 엄마가 일방적으로 딸에게 여자로서 몸가짐을 신신당부하고 있었다.

"… 남자들은 다 늑대야, 명심하고…. 알았지." 그 때 마침 퇴근하는 남편이 현관문을 열고 들어오고 있었다.

"엄마, 저기 늑대 한 마리 온다.", "… 근데, 엄마는 왜 늑대하고 결혼했어?"

아무리 늑대니 여우니 해도 '너와 나' 함께 살아갈 수밖에 없는 음양 세상이다. 지금도 진행 중인 것도 있지만 한때 무슨 유행처럼 여성들의 성희롱 고발이 봇물처럼 터져 그에 해당되는 양자(陽子)들을 곤혹스럽게 하거나 스스로 목숨을 끊게하는…. 우르르 몰려가는 세상 몰매 앞에, 울먹이는 마이크로 세상을 내 편으로 만들어버리는 일방 앞에, 어느 장사인들 베겨내겠는가… 이성은 마비가 될 수밖에 없다. 어느 유력한 대권 주자는 진위가 석연찮은 희롱에 휘말려 꿈을 접어야 했다.

성희롱 주범으로 망가질 대로 망가진 EN 시인. 성희롱 유무를 떠나서 그가 살아온 행적이나 행동으로 봐서, 결코 지위나 권위를 이용해서 저질렀다고 생각하지 않는다. 고상한 잣대의 눈높이에서 조금 벗어난 기행이었을 것이다. 고발한 최영미 시인 그도 참 이상하다. 추악하다, 더럽다, 성녀의 이성이 눈부라릴 그때, 집적거리는 성희롱이라 판단했다면 따귀라도…. 그 자리에서 발끈했어야지 모든 것이 희미해진 지금, 왜 나발 불고 있는가? 최 시인, 그가 누구인가. 몇 푼 안되는 알량한 유명세로 호텔 공짜 셋방 요구한 치사한 짓이며 '컴퓨터와 ○ 하고 싶다.' 저도 문학적으로 파격을 저지르지 않았는가. 그렇듯 어느 세상이든 탈속한 기인들 한두 명쯤 품고 있다, 가면 벗어 던지고 인간 본성으로 살아가는… 그 행위가 세속의 잣대에 부합되지 않을 때 세상은 뭇매를 가한다.

부산에 살 때 이야기다. 아는 사람 몇 명과 식당에서 저녁을 먹고 있었다. 건너편 식탁에서 스님 한 분과 일반인 한 분이 마주보고 앉아 술잔을 기울이고 있었다. 그 스님을 자세히 보니 선서화로 알려진 유명한 중광 스님이었다. 중광 스님은 부산 경남을 근거로 활동하는 괴승(일반인이 볼 때)이었다. 파격적인 선서화(남성성 주제) 전시회로 때로는 수행자의 범위를 벗어난 파행으로 유명했다. 일면식은 없었지만 지상을 통해서 잘 알고 있었다. 함께 간 지인들은 그가 누군지 잘 모르는 듯, '스님이 저래도 되나?' 못마땅한 표정을 짓고 있었다. 그때 무슨 객기가 발동했는지 내가 나섰다. 술에 얼굴이 불콰한 것을 두고

"스님, 단청 불사를 절에서 하시지 저자에서 하십니까?" 그가 힐

끗 보더니 시비거는 줄 알고 대뜸 "두두물물 부처 아닌 것이 없는데… 어딘들 절간 아닌가." 여기서 그냥 물러서면 먼저 시비건 내가 무안을 당할 수밖에 없는 처지. 그에게 다가가서 그의 겨드랑이에 내 두 손을 넣어 약간 들었다 놓으며

"중광, 중광해서 꽤 무게가 나갈 줄 알았는데…. 별룹니다?" 그의 법명이 무거울 중(重) 빛 광(光), 중광에 빗대어 물러서지 않았다. 그래도 유명한 스님인데 속인한테 당할 순 없다는 듯

"내 속물은 달 수 있지만 마음은 어림 없지?"

"어디 마음을 내놓아 보세요." 어떤 형태로 마음을 내놓을 것인가, 궁금했다. 잠시 멈칫하더니

"탁!" 손바닥을 식탁에 마주쳐 마음을 건내 주며 어디 달아봐! 이제 항복하라는 듯 회심의 미소. 여기서 항복할 수 없는 노릇, 두 마음이 함께 납득이 되는 합의점까지 도달해야지 안그러면 둘 중 하나는 스스로 무식(無識)의 무덤을 파야 한다. 그의 기행과 수행자로써의 몸가짐에 빗대어

"그 문중 소식은 왜 그렇게 시끄럽습니까?"

"원래 세상이 시끄러운 게야." 함께 웃고 말았다. 그가 본 세상이 우리 눈과 달랐을 뿐, 틀려다고는 단정지울 수 없다. 수행자로서의 내공이 든든했음을 외람되게 짐작했다. 파격. 거긴엔 인간 본성을 꿰뚫는 칼 한 자루씩 들려 있다고 봐도 무방하다. 각박한 세상, 마음 한쪽 슬그머니 내주듯 빙그레 웃는 여유의 사족이었으면… 인간사

를 꽉 짜인 틀 속에 가두다 보면 세상이 너무 삭막해진다.

미국에 온 뒤, 스님이 열반했다는 소식을 신문을 통해서 접했다. 옛 인연을 떠올려보니 그때 객기부렸던 게 부끄럽기도 하고 시덥지 않은 대화로 풀었던 인연이 조금 소중한 것 같기도 했다. 그쪽의 기본 소양과 계율로 봐서 극락에 갈 자격이 될는지 모르겠지만, 내가 뭐 끗발이 있는 것도 아니고 소원한다고 이루어지는 것도 아니지만 부주 요량으로 왕생극락을 염원해 주었다. 뒷사람의 도리인 것 같아서.

마음에 점 찍다

미국에 막 온 사람은 배 든든하게 아침을 꼭 챙겨 먹고, 3, 4년차는 빵 하나에 커피 한 잔, 5, 6년차는 그냥 커피 한 잔으로 아침을 때운다고 한다. 그러면 10여 년이 넘은 고참은 어떠냐? 아침 든든하게 채워본 적이 언제인지 기억이 가물가물…. 그러면 빵이나 커피로 대충 해결하느냐? 건너뛰고 아침 겸 점심으로 대신 한단다. 이런 사람들을 붙잡기 위해 브런치, 런치 스페셜이 등장한 것이다.

옛날 한 스님이 금강경을 공부하기 위해 금강경에 관한 주석들을 한 바랑 걸어매고 깊은 산 속으로 들어갔다. 무아의 경지에서 10년을 하루같이 금강경에 매달렸다. 어느 날, 이쯤이면 내 공부도 충분하다 싶어 중생을 제도하기 위해 저자 거리로 나서게 되었다. 제 아무리 날고 뛰는 도사도 내공이 든든한 스님도 배고픈 허기는 어쩔 수 없는 모양, 점심 요기를 할까 하고 어느 떡집으로 들어가니 주인 노파가 말을 건네는 것이다.

"스님, 어디서 오시는 길입니까?"

"산 속에서 공부하다 하산하는 길입니다."

"그래요, 무슨 공부 하셨습니까?"

"금강경을 한 10년 공부했지요." 스님이 말을 마치고 배가 고프다

면서

"주인, 점심(點心) 좀 합시다."

"스님, 금강경에 보면 과거심(過去心)도 없고 현재심(現在心)도 없고 미래심(未來心)도 없다 했는데, 도대체 어느 마음에 점을 찍으려 합니까?"

"……"

금강경을 10년을 넘게 공부했다는 스님이 아무 대답도 못하고 다시 산 속으로 들어가 공부에 더욱 정진했단다. 스님이 간단히 배 채우고자 했던 점심을 노파는 마음(心)에 점(點)을 찍는다는 뜻으로 해석했던 것이다. 보살이 노파로 현신하여 스님을 깨우치게 했던 것이다. 중생구제 하려 나타난다는 미륵불, 기독교의 메시아. 고달픈 중생들이 기대고 싶은 허구일지라도 없는 것보다 낫다, 희망이니까.

사실 우리가 매일 먹는 점심도 마음에 점 하나 슬쩍 찍듯이 간단하게 먹는 음식이다. 농경사회 때 들일 하러 가거나 산업사회에 와서도 회사로 출근하는 사람들이 집에서 먹는 밥처럼 일일이 푸짐하게 싸들고 다닐 수 없는 노릇, 집에서 아침 든든히, 중간은 간단히, 저녁에 잘 먹었다. 궁중에서도 조석 두 끼였다. 중간이 너무 길고 지루한 상감님의 뱃속을 달래려 간단히 떡 다과를 올렸다. 영양학자들은 아침을 꼭 챙겨 먹으라고 권한다. 특히 학교에 가서 공부하는 학생들은 배가 비어 있으면 머리도 덩달아 텅 비어버린다고 한다. 기름칠이 충분해야 기계가 잘 돌아간다는 뜻일 게다.

외국의 식당은 그날그날 말 그대로 스페셜 메뉴를 준비한다. 각 식당마다 계절 따라 혹은 무슨 기념이라든가 갖가지 핑계를 대가며 스페셜을 준비하기 때문에 골라가며 음식을 즐길 수 있다고 한다. 그런데 한국 식당은 특별한 요리로 그날의 스페셜을 정하는 것이 아니라 가격이 좀 싸다는 조건으로 런치 스페셜이라고 한 것 같다.

R 식당에 가서 오늘 스페셜은 무어냐고 물었다. 여자 종업원이 런치 스페셜 메뉴를 가리키며 "이게 다 스페셜이예요." 스페셜이란 말이 무색하게 열 댓 가지 메뉴가 자기를 뽑아 달라고 서로 얼굴을 내밀고 있었다.

…「과거심도 '없다' 현재심도 '없다' 미래심도 '없다' 했는데, 어느 마음에 점을 찍으려 합니까?」「……」

없다! 없다! 없다!에 현혹 내지 집착하다보니, 금강경 10년 공부도 '도로아미타불' 꼴이 돼버렸다. '조사 만나면 조사를 죽이고 부처 만나면 부처 죽이라' 듯, 없긴? 뭐가 없어! 여기 있지 않는가. 「떡 한 점 꿀꺽!」노파로 현신한 보살을 실신이라도 시켜야 했다.

富者의 點心

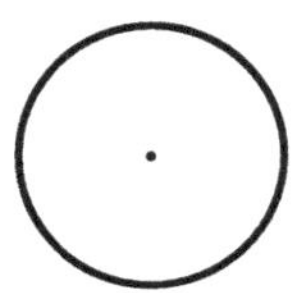

貧者의 點心

잣나무 베다

‘기적은 하늘을 날거나 물 위를 걷는 것이 아니다. 땅 위를 걷는 것이다.’

조주종심(趙洲從諗778-897). 120년을 살다 보니 늘그막에 걷는 것이 힘들었을까? 도처에 덫인 세상, 용케 헤쳐온 행적을 기적이라 느꼈을까? 문밖에 나서면 흉기 아닌 것이 없으며, 명줄 단축시키는 병이 기하인 현대인에게 딱들어 맞는 얘기인 것 같지만…. ‘흐트러짐 없이 올곧게 살자’ 다짐해 온 자신에 대한 회한의 토로라 짐작된다. 조주선사는 육조혜능 이래로 걸출한 선사들이 활거한 ‘선학의 황금시대’ 때 남전보원(南泉普願)의 제자다. 스승의 입종 후 60이 되어서 여러 사찰을 돌아다니며 선승들과 법거량과 담론으로 20여 년을 보낸 후 80세에 이르러 대중들의 간청으로 하북성 조주 관음전(현 백림선사)에서 40여 년을 주석하다 세수 120세에 열반했다. 이때 대중들을 교화시키며 명명한 공안을 쏟아냈다. 그 가운데 구자무불성(狗子無佛性)과 정전백수자(庭前栢樹子)는 고려, 조선, 현대 한국불교 선승들이 비중있게 널리 참구하는 간화선 화두가 되었다. 그는 임제의 고함(喝), 덕산의 몽둥이(棒) 같은 거친 교화수단을 사용하지 않고 입으로 불법을 자유롭게 지도했다.

제자가 조주선사께 물었다.

“개도 불성이 있습니까?”, “무!”

열반경에 중생일체, 위로는 부처로부터 아래로 미생물까지 모든 생명체는 깨우칠 수 있는 불성이 있다, 했는데 ‘개는 없다니?’ 이게 조주 구자무불성(狗子無佛性) 화두다.

“서쪽에서 온 뜻이 무엇 입니까?”(西來意) 달마가 서쪽에서 온 뜻을 묻자 “뜰 앞의 잣나무!”(庭前柏樹子).

어느 스님이 ‘한소식’ 할 요량으로 불철주야 화두 ‘잣나무’에 매달렸던 모양이다. 한중 수교가 되자 조주선사가 주석했던 백림선사로 달려갔다. 확인해보니 은산철벽을 뚫을 기세로 매달렸던 ‘잣나무’가 아니고 엉뚱한 ‘측백나무’가 우뚝 서 있는 게 아닌가. 이런, 얼마나 억울했던지, 아니면 대단한 것을 발견한 듯 ‘잣나무’가 아니고 ‘측백나무’다! 세상에 대고 외쳐대는 것이다.

알만 한 사람은 시시하게 알고, 웃을 사람도 있을 것 같아 망설임 끝에 덧붙인다. “서래의?” 묻자, 마침 뜰에 있는 ‘잣나무’가 조주 눈에 띄기에 ‘잣나무’ 했다. 만약 ‘개똥’이 눈에 보였으면 ‘개똥!’ 했을 것이다. 조주선사가 내민 화두를 참구하는데 ‘잣나무’건 ‘측배나무’건 하등의 이유가 필요없는 시비일 뿐이다. 그야말로 보라는 달은 못 보고 가르키는 손가락 끝에 매달리는 꼴이다. 한술 더 떠서 어느 유식한 스님께서 ‘백’자를 두고 중국에서 측백나무 가르킬 때 ‘栢’으로 쓰는데 번역의 오류로 잣나무 ‘백’자로 둔갑했다, 친절을 베푸신다. 같은 '栢'을 두고 중국에서 측백나무, 한국에서 잣나무, 일본에서 떡갈나무로 쓴다.

저승이 가까운 노인들께서 살아오면서 알게 모르게 저지른 자잘한 부끄럼들 깨끗이 씻고 극락 근방에 셋방이라도 얻어볼 요량으로 부처님께 받친 꼬깃꼬깃 쌈짓돈, 그 간절한 마음을 모아 명찰 순례에 나섰으면 '영감탱이, 정말 이려기십니까!' 멱살은 못잡을 망정 세상이 비웃는 시비만 던져 놓다니…

"西來意?", "庭前栢樹子!"

'서쪽에서 온 뜻이 겨우 이 따위 나무 한 그루란 말입니까?'

一刀 싹!

이거다 저거다 남이 가르쳐준 분별심을 버리듯, 망상을 끊어 버리듯 밑둥을 싹둑 잘라버리라는 뜻이 있지 않았을까. 성성한 나무를 잘랐을 땐 당연히 납득할 만한 싱싱 한 그루는 심어 놓아야 한다. 선사의 팔 정도는 비틀어 놓을 만한 성찰은 있어야 했다. 뒷 감당은 각자의 몫이다, 그 자리에서 깨지든 일갈하든. 明鏡埃泰山

한 손바닥이 내는 소리

전남 장성 백양사. 고승대법회 국제학술회의 무차선회(無遮禪會: 권력, 귀천, 상하에 관계없는 선법회)가 열렸다. 국제학술대회 마지막날 종합평가 시간에 희안한 사건이 발생했다. 국내외 학자와 선승, 일반신도 사이에 자유로운 질의 응답 시간이 거의 마무리되어 갈 무렵이었다. 한 여신도가 갑자기 일어나 마이크를 잡더니 "내가 한 손바닥이 내는 소리를 보여 드리겠습니다." [한 손바닥이 내는 소리는 무엇인가?] 일본의 선승 하쿠인 에카쿠(1685-1768)가 만들어낸 독창적인 일본의 화두(話頭)다. 최씨 성을 가진 이 여신도가 두세 걸음 앞에 앉아있던 지선스님(백양사 주지) 앞으로 걸어가더니 스님의 뺨을 한 대 후려 갈긴 것이다. 이를 지켜본 스님과 신자들 중에는 과연 「한 손바닥이 내는 소리」임을 인정한다는 의미로 박수를 치는 사람도 있었다. 이 최보살의 일격을 「허를 찌르고 상식을 깨뜨리는 선문답」이라 할 수 있을까? 아니면 「선무당의 행패였을까?」 거기에 참석했던 정신문화 연구원 김지견 교수가 순식간에 벌어진 이 돌발 사태를 수습하고자 발제자로 참석한 일본의 선승에게 물었다. "방금 전에 한 손바닥으로 뺨을 때린 것이 에카쿠 선사가 남긴 화두 「한 손바닥이 내는 소리」로 인정해야 합니까?" 부인과 함께 참석한 일본 선승은 한 마디로 일축 "빰과 부딪쳐 소리가 났으니 두 손바닥으로 친 것과 마찬가지죠." 여기저기서 빰을 쳤을 때보다 더 큰 박수소리가 울려 퍼졌다.

월간「말(誌)」에 난 기사가 생각이 나서 어느날 아침 초등생 6학년인 아들에게 백양사 법회의 일화를 들려주고「한 손바닥이 내는 소리가 무엇인가?」그야말로 아무런 생각없이 물어 보았다.

그러자 아들 녀석이 대뜸 "한 손바닥이 내는 소리가 있지요."

집안의 일이라, 특히 자식과의 일이라 공개적으로 밝히기도 뭐하고…. 그렇다고 문제의 본질을 뚫은 당사자를 놔두고 남의 일처럼 에둘러 이야기 하기도…. 좌우지간 재미있는 이야기로 읽어주길 바라며. 과연「한 손바닥이 내는 소리」가 어떤 것인가? 여기서 한 번쯤 생각하길 바란다. 이백여 년이 넘게 전해 오는 동안 누구도 그 話頭—선문(禪問)에 답(答)한 사람이 아직까지 없는 줄로 안다.「한 손바닥이 내는 소리」에 대한 대답이 단발성 우연이 아니었음을— 이해를 돕기 위해 아래 이야기를 먼저 해야겠다. 이은윤 중앙일보 종교전문위원이 해운대 정사로 진제선사(종정)을 찾아가서 물었다.「어느 큰 부자집에 쇠솥이 하나 있는데 그 솥의 밥은 세 사람이 먹어도 모자란 반면 천명이 먹어도 남습니다. 왜 그렇습니까?」묻자, 선승 왈 "쟁즉부족(爭則不足) 양즉유여(讓則有餘)"「다투면 모자라고 양보하면 남는다.」세상 사람들은 얼마나 귀담아 들었을랑가…. 기자가 선승에게 했던 질문을 중1 아들에게 똑같이 물어 보았다.

「세 사람은 서로 많이 먹겠다 싸우니까 모자라고, 천명은 서로 먼저 먹으라 양보하니까 남지요.」

어느 날 중3 아들에게 불끈 쥔 주먹을 내밀며 "이것이 무엇인가?" 물었다. "어거지!" 주먹을 두고 '어거지'로 설파한 대목에서 아들의 대답이 없을거란 전제로 코미디 '엿'을 준비해 두었던 내 속물은 숨이 딱 멈춰버렸다. "남산의 바위가 네 마음 안에 있느냐? 밖에 있느냐?" 밖에 있다, 하면 아직도… 면박을 주고, 뭔가 깨달은 듯 안에 있다, 하면 그 무거운 것을 들고 있느냐? 어서 내려 놓아라, 면박을 준다. 뒷감당할 자신이 없는 수행자라면 침묵할 수밖에 없다. 천년을 써먹은 조사님들의 양날 검을 들이밀어 선사의 흉내를 대학생 아들에게 던졌다. "남산의 바위가 네 마음 안에 있느냐? 밖에 있느냐?", "그야, 남산에 있지요." 태고 이래로 남산에 있는 바위를 괜히 들었다, 놨다, 조사님네들 헛수고만 했다. 아악, 발등을 찍하고 말았다. 다시 「한 손바닥이 내는 소리」 관한 아들과의 대화로 돌아가 보자.

"그래, 한 손바닥이 내는 소리가 무엇인가?"

"비틀즈 웃고 히틀러 울다." 수수께끼 풀 듯 슬쩍 풀었는지, 전생에 어떤 가르침의 전수자로서의 작은 깨우침이었는지, 나는 아직까지도 분간하지 못하고 있지만 큰 것 한 방에 체면이 말이 아니다.

왜 웃고? 울었는지? 자세한 설명은 독자에 대한 모독이다. 정진하길 바란다.

무엇이 허물인가.

산중 스님들끼리 토론이 벌어졌다. 알고 저지른 죄와 모르고 저지른 죄, 둘 중 어느 죄가 더 크냐? 두 패로로 갈라서서 몇 시간 동안 토론을 벌렸지만 결론이 나지 않았다. 주지 스님께 현답을 구했다. "알고 저지른 죄는 아는 만큼 크고, 모르고 저지른 죄는 모른 만큼 크다." 죄란 크고 작음으로 구분할 수 없을 만큼 엄중한 것이니 경중을 따지지 말라는 주지 스님의 경고다. 모르고 저지른 죄인들 함부로 다룰 수 없거늘 알고 저지른 죄야 오죽하게는가? 수행 사문으로서 딜레마에 빠진 문제가 바로 살생이다. 저지르게 될 살생이야 자기 억제력으로 극복할 수 있지만 길 가다 자기도 모르게 벌레들을 밟아 죽일 수도 있고, 빨래를 삶다 옷에 붙은 작은 벌레를 본의 아니게 죽일 수도 있는데 모르고 저지른 이런 살생을 어찌할 것인가? 어리둥절해하자 문수보살이 나섰다. "모르고 저지른 살생은 내가 다 안고 가겠다. 대신 스스로 살생은 하지 마라."

스님들이 모여 공부하고 있었다. 이때 바람이 불어 사찰 깃발이 흔들렸다. 이를 본 한 스님이 "바람이 흔들리는 것이냐? 깃발이 흔들리는 것이냐?" 스님들끼리 논쟁이 붙었다. 한참 논쟁이 벌어지고 있는 중에 육조혜능 스님이 왔다. "스님, 바람이 흔들리는 것입니까? 깃발이 흔들리는 것입니까?", "바람이 흔들리는 것도 아니요, 깃발이 흔들리는 것도 아니고, 네 마음이 흔들리는 것이니라." 과학적으로는 도저히 납득되지 않는 스님의 답변이 그럴싸한 설득력으로 둔갑한 것은 산문의 특수성 때문이다. 반박할 자루가 없어 칼을 못 휘두르는 것과 마찬가지다.

어느날 20여 년을 스님으로 지냈던 지인과 대화를 나누던 중에 아들의 답변을 듣고 싶다며 문제 하나를 건네 주었다.

"두 도사가 길을 가고 있었다. 갑자기 소낙비가 쏟아지자 한 도사는 언른 남의 집 처마밑으로 들어갔고, 다른 도사는 빗속을 바삐 뛰어갔다. 무엇이 허물인가?"

상반되는 두 도사를 대비시켜 착각으로 유도한다. 누구의 허물이 더 큰가?까지 발전해서 옳고, 그름으로 몰고간다. 이런 문제가 또 있다. 아버지, 어머니, 아들, 며느리 네명이 산길을 가다 시체를 만났다. 아버지 "그냥 어서 가자." 어머니 "묻어주고 가자." 아들 "다른 길로 가자." 며느리 "되돌아 가자.", "무엇이 허물인가?"

국문학자, 영문학자, 한문에 조예가 깊었던, 향가 연구에 독보적이었던 자칭 국보였던 양주동박사가 시인이며 승려인 유엽으로부터 엽서를 받았다. "길 가다 호랑이를 만나면 어떻게 하겠는가?", "호랑이처럼 납작 엎드려 '어홍!' 虎不喫虎(호불끽호. 호랑이는 호랑이를 잡아먹지 않는다.)" 유엽이 난세를 만나면 어떻게 하겠느냐?는 질문에 양주동박사의 난세에 대한 처세를 말한 것이다.

두 도사, 네명의 산길, 두 이야기가 난세를 만나면 어떻게 하겠느냐?는 물음 같지만 아니다. 언뜻 들으면 '누구의 허물이 더 크냐?' 싶지만 아니다. 이런 류의 이야기 물음에 대한 산문(山問)의 혼답(混答)은 「이 이야기 자체가 허물이다.」 빗속을 뛰어가든, 처마밑으로 들어가든, 그냥 가든, 묻고 가든, 다른 길로 가든, 되돌아가든, 그것은 '각자의 생각이지 무엇이 허물일 수 없다.'는 산중 사람들 사고는 '그 문제 내지 문제를 내는 그 자체가 허물이다.'로 뭉개버린다. 산중에서 내려오는 낡은 검으로 속세를 제단하려는 무시 아닌가 싶다. 20여 년 선방순례 지인의 '두 도사' 이야기를 들고 가서 고3 아들에게 건넸다. "무엇이 허물인가?", "그야…."

며칠후 다시 만났다. 아들에 대해 조금 알고 있는 그가 '두 도사' 이야기 물음에 대한 아들의 대답이 궁금했던 모양이다. 본인이 쥐고 있는 패(그 이야기 자체가 허물이다.)로 낭자한 선혈을 빨리 보고 싶었던지 재촉한다. "무엇이 허물인가?"

"그야, 우산을 준비하지 않은 것이 허물이죠." (사족으로 애비에게 친절을 베푼다. 우산. 다른 뜻으로 해석해 보세요.) 여태 써먹던 산중 보검을 슬그머니 내려 놓으며 말을 못하고 눈이 휘둥그래지는 것을 느꼈다.

두 주먹

조주선사가 만행길에 한 암자에 들러서 '누구 있는가?' 물었다. 안에서 주먹이 나왔다. 그러자 조주선사가 '물이 얕아서 배를 댈 수가 없구나.' 다른 암자에 가서 '누구 있는가?' 물었다. 먼저 암자에서와 같이 주먹이 나왔다. 이번에는 '잡을 수도 있고 놓을 수도 있고, 죽일 수도 있고 살릴 줄도 아는구나.' 그리고 그 암주에게 큰절을 하고 갔다.

불교 조계종 종정 법전 스님이 하안거(2005년) 해제 법어를 발표하며 "조주선사께서 두 암주에게 누구 있느냐? 고 물었고 두 암주 모두 주먹을 내밀었습니다. '있느냐?' 는 말은 문안의 인사말이 아니라 본래 모습인 주인공을 상실하지 않고 자유자재한 경지에서 살고 있는가? 묻는 말입니다. 두 암주가 주먹을 드러낸 것은 불법의 경지에 대한 자기의 안목을 드러내 보인 것입니다. 그러데 두 암주가 똑같이 주먹을 내밀었는데, 선사께서는 한쪽은 인정하고 다른 한쪽은 인정하지 않았습니다. 똑같은 질문에 똑같은 대답을 하였는데 도대체 무엇 때문에 이렇게 된 것입니까? 만약 해제 납자들이 두 암주의 우열이 있다고 생각한다면 아직 참선수행의 안목이 없는 것입니다. 그렇다고 두 암주의 우열이 동등하다고 할지라도 그 역시 참선수행의 안목이 없는 것입니다. 따라서 이 화두에 대하여 꼭 들어맞는 올바른 한마디 할 수 있는 사람이라면 곧바로 조주선사의 자유자재한 법문을 체득하여 지혜의 작용을 일으키기도 하고 번뇌 망념을 떨쳐 버릴 수 있는 대자유를 얻을 것입니다." 아래 해제 법어를 남겼다.

불조명맥(佛祖命脈) 불조의 명맥이요

열성겸추(列聖鉗鎚) 많은 선지식들의 쇠망치질이로다.

환두이성(換斗移星) 북두가 바뀌고 별자리마저 옮겨가니

경천위지(經天緯地) 하늘을 거머쥐고 땅을 주름잡는구나.

같은 광경을 두고 옳지도 그르지도 않다면 고개를 갸우뚱거리지 않을 수 없다. 육안으로 식별하지 못할 거리에선 비슷한 모양은 그냥 한통속으로 어우러질 수밖에 없다. 같은 거리에서 같은 상황을 관찰했을 때, 볼 수 있는 사람과 볼 수 없는 사람의 차이는 혜안의 분별력이 시비를 가른다. 같은 거리에서 육안으로 봤을 때와 고성능 카메라로 최대한 줌으로 봤을 때의 차이와 같은 것이다.

1. '있는냐?'에 '같은 주먹'이 나왔다는 조주선사의 혜안을 조계종 종정 법전 스님이 고성능 카메라로 세세히 들여다봤다.

2. '같은 주먹' 두고 '물이 얕아 배를 댈 수 없다.'는 암주와 '잡을 수도 놓을 수도, 죽일 수도 살릴 수도 있다.'는 다른 암주의 차이를 법전 스님이 세상에 던진 1차 화두다. 수수께끼 같은 이 문제를 식별하지 않고는 다음 단계로 넘어가지 못한다.

3. '두 암주의 우열이 있다.' 해도 그르고 '우열이 동등하다.'해도 옳지 못하다. '기다'. '아니다'. '이거다', '저거다'. 이분법이 습관화된

세속의 판단으로 도저히 납득할 수 없는 혼란만 가중시킨다.

1, 2, 3을 두고 '왠 횡수설이냐?' 싶어- 법전 스님이 간파한 1차 화두, 조주선사가가 '있느냐?' 했을 때, 두 암주의 같고 다름은 이렇다.

· 암주- 불끈 쥔 주먹이 창문 맨 위쪽을 뚫고 나왔다.

· 암주- 불끈 쥔 주먹이 창문 아래쪽을 뚫고 나온 다음 손바닥을 펴 보였다.

창 위쪽 주먹, 창 아래쪽 손바닥을 두고 법전 스님이 '우열이 없다.', '우열이 있다. '해도 그르다 했는데, 왜 조주선사는 '옳고', '그름'을 구분 지었을까? (아하, 그래 아래쪽(겸손) 손바닥(○)에 큰절을 했을 거야! 거기까지가 한계다. 어느 쪽에 절했는지 모른다. 인간의 본모습을 단순논리로 해석하지 말라, 뒷짐지고 있다.)

'네가 알고 있는 것은 이미 내가 알고, 내가 알고 있는 것을 네 스스로 알라' 일부러 비틀어 놓았다. 조주선사가 법전 스님의 귀를 쥐고 비틀자 법전이 '아야야! 이거 놓으세요.', '이놈아 뭐가 같고, 뭐가 틀려! 어서 말 봐!' 心外虛相 是非論兮 起滅埃世 山淸雲閑

무문관 나오다

뉴욕문인협회 소속 회원이다. 문인들께서 열심히 쓰고 있지만 발표 지면이 한정되다 보니 활동폭이 제한적일 수밖에 없다. 본국 계간지에서 해외 특집 편으로 뉴욕이 선정되면 가끔 발표하지만 그것도 극소수에 불과하다. 특별한 경우를 제외하고는 원고청탁이 전무에 가깝다. 본국에서도 웬만한 작가들을 제외하고 출판비를 본인이 부담하듯 뉴욕 작가들 또한 거의 자비출판이다. 각자 생업에 종사하며 취미 정도로 작품활동을 하는 걸로 보면 그다지 틀리지 않다. 조사해보지 않았지만 별별 직종에 종사하는 줄 안다. 의사, 변호사, 교수 등 고직종에서부터 도둑 지키는 워치맨까지 다양하다. 행사로는 일년에 한번씩 여는 출판 모임이 있다. [뉴욕문학] 한 해도 거르지 않고 30여 년을 꾸준히 명맥을 지켜온 것이 그나마 다행이다. 뉴욕 문학 단체로써는 유일하지 않나 싶다. 회장 임기는 2년 단임제다. 신년하례 겸 연말 총회를 열어 그해 결산과 신년계획을 세운다. 그때마다 회장님의 직업에 따라 그 계통의 전문가를 초청해서 강연을 듣는 자리를 마련한다. 어느 해 불교계에서 일하고 계시는 회장님이 그날 연사로 스님을 초청했다. 강연이 끝나고 질문을 받겠다 하자 한 회원이 사후세계인 천당과 지옥에 대해 질문, 그 스님이 불계의 사후

세계관을 피력했다. 다음 질문이 없으면…. 끝내려하자 내가 질문을 했다. 강연 전에 배포한 팸플릿을 보니 스님의 이력이 대단했다. 어디 어디서 하, 동안거. 어느 어느 스승으로부터 사사 그야말로 수행 행적이 거창했다. 특히 눈에 띄는 것이 '무문관' 참구수행이었다. 무문관(無門關). 말 그대로 문이 없는 수행처를 말한다. 스님들이 독한 맘을 먹고 '한 깨우침 없이는 죽어서 나가리라' 서원하고 들어가 목숨 걸고 용맹정진 하는 곳이다. 밥그릇 하나 들일 만한 구멍만 남기고 문을 패쇄해 버린 방이다. 겨우 생명 유지될 곡기만 제공되고 전날 제공된 밥의 유무로 수행자의 생사를 확인할 정도로 처절하다. 곡기까지 잊어버릴 정도로 무아지경 참선수행을 목도할 때도 있다. 어떤 스님은 한 소식한 벅찬 감격에 온몸으로 벽을 허물고 그대로 뛰쳐나오는 희열을 느낀다고 한다. 몇 생을 뒹굴어도 도달하기 힘든 그 감격을 느끼기 위해 목숨을 걸고 용맹 정진 뛰어드는 것인지 모른다. 그런 무문관을 열고 스님을 모아 참선수행 결사를 주도했던 그날 강연자 ○학 스님에게 "깨우치지 않고는 무문관을 나오지 못한다는데, 스님은 무엇을 깨우치고 나왔습니까?"

"……" 설령 무엇을 깨닫고 무문관을 나왔다한들 어떻게 본인 입으로 '무엇을 깨우쳤다.' 외장치겠는가. 하지만 우문이 있기에 현답이 있다.

"있지요!" 아하, 뭔가 대단한 답이 나오리라 기대할 때 "나는 도저히 깨닫지 못할거란 걸 깨닫고 나왔습니다." 우문에 이 정도 답으로 현답을 대신했으면 좋았지 않았을까. 뭔가 아쉬웠고 스님의 한 말씀을 듣고 싶었다. 스님 앞으로 나아가서 '뒷 걸음'으로 서너 발작 걸었다.

"스님 , 전진입니까? 후퇴입니까?" , "……"

뒤로 갔으니, 후퇴인가? 나아갔으니, 전진인가? 헷갈렸던 모양이다. 묵묵부답이다. 뒷걸음질했건, 앞으로 나아갔건, 걷는 행위의 본질은 변하지 않는다.

"전진입니까? 후퇴입니까?"

"기러기에게 남북이 어디 있겠습니까. 인간의 괜한 헛튼 소리죠." 탁자에 책이 있으면 한번 뒤집어 놓거나, 볼펜이 있으면 바닥에 떨어뜨린다. 어떤 물건을 뒤집거나, 떨어뜨린다 해도 그 본질은 변하지 않는 것을 보여주어야 했다. 건방진 얘기 같지만, 실체가 없는 마음도 그렇지 않는가 싶다. 행사가 끝나고 나가려는데 초청된 스님과 함께 왔던 다른 스님이 나에게 "절에 한 번 놀러오세요."

"놀러가서야 되겠습니까? 공부하러 가야지요.", "노는 것도 공붑니다."

몇 학년 몇 반? 알아야 공부하러 갈 것 아니냐?는 뜻으로 물으려다, 아차 이거 보통 오만한 행동이 아니구나 싶어 웃고 말았다.

막가파 스님 이야기

한때, 불교계 신문보다 세속의 언론에 더 자주 오르내렸던 스님이 있다. 득도, 한 소식으로 몽매를 깨우치게 할 요량에 사자후를 토했다면…. 청정비구로 사바세계에 깊이 새겨졌을 것이로되 여로모로 소란이 되고 말았다. 서울 삼성동 봉은사 선원장, 주지를 역임한 명진 스님이다. '믿음보다 행위로 내 삶을 결정해야 한다' 표방하며 과격한 행동을 서슴치 않았던 그는 '막가파스님'으로 불리기를 좋아했다. 세칭 운동권 내지 좌파 스님이었다. 그가 몸사리는 부자 동네 강남 땅에 자리잡고 있는 봉은사 주지로 부임하자 신도들부터 냉대를 많이 받았다. 운동권 막가파 스님이라는 거부감을 무릅쓰고 사찰의 재정을 투명하게 함으로써 두터운 신임을 얻게 되었다. 탐욕을 버리는 수칙이 수행자들의 덕목임에도 교계가 얼마나 타락했으면 당연사에 박수 보내나 싶었다. 이명박 정권 때 대통령의 종교 편향성을 규탄하다 정보부에 끌려가 곤욕을 치르기도 했고, 그 당시 조계종 총무원장 자승 스님과 불화, 불교계의 만연한 비리를 폭로하다 승적을 박탈당하기도 했다. 훗날 정보부와 총무원의 공작으로 승적을 박탈당했다는 이유을 들어 10억 손배 소송을 걸기도 했다. 핏대 세워 비리를 지적한 그도 룸쌀롱 가서 양주 마시며 꽃들을 옆에 끼고 띵까땡까한 놀음이 세상에 들통나 질타를 받았다. '중생이 아프면 부처도 아프다.' 외치던 그가 중생(꽂)들의 고달픔을 잠시나마 매상으로 위로해 주기 위한 일탈이었던가? 지적 당한 ○, 지적한 ○, 무엇이 옳고 그른가? 사회적 비판 기준을 어디에 두어야 하는지 중생은 헷갈린다. 지금은 프리랜서 스님으로 지내며 쓴 책 제목이 '힘 좀 빼고 삽시다.' 신앙생활 중심으로 만난 인연들과 일화를 소개하고 있다.

#어느 처사가 맥주가 가득 찬 잔을 들어보이며

처사 "생이냐? 사냐?"

명진 "……."

#어느 스승님께 한 말씀 얻고자 암자에 도착했다.

스승 "어떤 길로 오셨소?

명진 "……."

#해인사에서 행자 생활을 할 때 사부대중을 향한 성철스님의 설법이 끝나자 명진이 벌떡 일어나 물었다.

명진 "어떻게 하면 무명번뇌 자를 보검을 구할 수 있겠습니까?"

성철 "屍體連山이로고!"

명진 "……."

성철스님의 '시체연산'에 대꾸 한 마디 못 한 자책 내지 부끄럼으로 수계도 받지 않고 해인사를 떠났다고. 그때 도반들이 '자책 마라, 그만한 질문을 할 수 있는 게 어디냐?' 위로의 말을 전하며 자랑한다. 처사, 스승, 성철스님에 대한 대꾸를 두고 '그때는 미처 깨우치지 못했지만…. 몇 십 년 지난 오늘 내 대답은 이렇다.' 수행정진 결과를 보여 주어야 했다. 즉답할 수 있는 역량이란 대단한 내공이 수반되어야 한다. 몇 십 년은 말할 것도 없고 내 생에서 숙제를 푼들 무어라 말할 사람이 없다. 내내내생이라도 좋다.

남악회양이 육조혜능을 참례했다. "어느 곳에서 왔는가?", "숭산에서 왔습니다.", "무슨 물건이 왔는가?" 이 물음에 회양의 말문이 딱 멈춰버렸다. 숭산으로 돌아가 '무슨 물건'을 놓고 8년 동안 참구한 끝에 혜능을 다시 찾아갔다. "설사 한 물건이라해도 옳지 않습니다." 8년을 정진한 끝에 막힌 말문을 옳게 뚫었는데, 몇십년이 지난 오늘이겠는가. 명진의 문답을 재미로 재구성해 보겠다.

처사 "생이냐? 사냐?"

○○(맥주를 쭉 들킨 다음 빈잔을 땅바닥에 떨어뜨려 깨버린다.) "捨生取死"

스승 "어떤 길로 왔는가?"

○○ 발로 쿵! (이미 여기(목적지) 왔는데 과정이 무슨 소용)

스승 " 그래 땅밑이 어떻소"

○○ "深處老香"

명진 "어떻게 하면 무명번뇌 자를 보검을 구할 수 있습니까?"

성철 "屍體連山이로고!"

○○ "淸天鐵雨瀑何紙傘, 그쪽 우산장수는 시원찮은 모양입니다."

아직

산행을 마치고 하산하던 길에 암자가 보였다. 배도 고프고 피곤한 다리도 쉴 겸 경내로 들어가 서성이고 있는 중에 노스님과 마주쳤다. 그다지 유명한 관광지도 아니고 이름 있는 암자도 아닌데… 등산복 차림의 나를 보고 어쩐 일인가 싶었는지

스님: 어디서 오시었소

ㅇㅇ: 전생에서 왔습니다

스님: 밥 자시고 가시게

ㅇㅇ: 배야 고픕니다만 아직 갈 때가 아닙니다

ㅇㅇ: 스님, 밥 잘 먹었습니다

스님: …. (손가락으로 법당을 가리키고 방으로 들어가버린다)

부처님께 '감사'하라는 건지, 부처님 '밥'을 잘 먹으라는 건지, 아직도 손가락이 가리키는 뜻을 파악하지 못한 아둔함에 허덕이고 있다.

철학을 파는 식당과 달리기 선수들

어떤 사람이 인도를 여행하게 되었다.

어느 허름한 식당에 들어가서 음식을 시키기 위해 메뉴를 들어다 보고 있자 식당 주인이 다가와 "아무리 메뉴를 들어다 보고 있어도 배가 부를 리 없소, 세상의 책이 다 그런 것처럼." 네팔에서 맛있게 먹은 생각이 나서 그런 거 없느냐고 묻자

"네팔에서 네팔만 생각하고 인도에서 인도만 생각할 것. 진리란 단순한 것이오, 빵을 먹을 땐 빵만 생각하고 야채를 먹을 땐 야채만 생각하시오, 그렇게만 된다면 당신은 어디서 무엇을 먹든 행복할 것이오." 메뉴에 비슷한 것이 있어서 물어보았다.

"베지터블 브리아니는 무엇이고, 베지터블 플라오는 무엇이오?"

"약간은 같고 약간은 다르오." 무엇이 같고 무엇이 다르냐고 다시 물어보자

"둘 다 먹어 보시오, 무엇이 다르고 무엇이 같은지 알게 될 것이오. 지식은 돈 주고 살 수 있지만 경험은 살 수 없는 것이오." 다음 날 다시 그 식당에서 식사를 하는데 어제 먹은 것과 다르다고 주인에게 말하자

"메뉴판과 음식이 다를 땐 음식을 믿을 것." 한 마디만 하고 돌아

서는 거였다. 어떤 음식은 너무 짜서 먹을 수 없다고 얼굴을 찌푸리며 주인에게 항의하자

"음식에 소금을 적당히 넣으면 맛있게 먹을 수 있지만 소금에 음식을 넣으면 먹을 수 없소. 인간의 욕망도 마찬가지, 삶 속에 욕망을 넣어야지 욕망 속에 삶을 넣으면 엉망이 되는 법이오."

음식을 먹었는지 철학을 먹었는지 모를 정도로 그 인도 식당 주인과 나눈 대화는 밥값 이상으로 값진 거였다. 그곳 여행을 마치고 떠나는 날 그 인도 식당 주인에게 음식과 철학을 잘 먹었노라, 작별인사를 하자 마지막으로 여행 보따리에 명언 하나를 넣어주는 것이었다.

"어디를 가든 당신은 항상 '그곳'에 있을 것이오." - 지구별 여행자 류시화

그럼 우리의 그곳은 어떤가? 인도 식당의 그 주인처럼 철학적인 말이나 명상적인 대화를 나눌 순 없겠지만, 또 그럴 수도 없는 것이 식당 분위기다. 식당에 들어서면 왁자지껄한 소음으로 바로 앞에 사람의 말을 알아들을 수 없을 정도다. 그래서 목소리를 높이게 되고, 더욱 소란해지고…. 손님들 스스로가 만들어내는 소란스런 분위기를 누굴 탓할 수 없지만, 종업원까지 덩달아 합세해서 분위기를 어수선하게 하지 말았으면 한다. 식당 홀에서 달리기를 자제했으면 좋을까 싶다. 종업원이 음식을 들고 혹은 빈 그릇을 한 아름 안고 뛰어다니는 것을 옆에서 보고 있으면 곡예사들의 묘기를 보는 것 같아

아슬아슬하다. 종업원의 입장에서야 빨리빨리 일 처리를 해야 하고 열심히 일하는 모습을 보여야 하기 때문인지 몰라도 손님 입장에서는 못마땅할 수밖에 없다. 홀에서 걷는 것과 뛰는 것, 거기서 거기다. 손님은 밀리고, 일손은 부족하고, 주인은 재촉하고, 자연히 발걸음이 빨라지리라 이해할 수 있지만 손님이 별로 없는 한가한 시간에도 백 미터 선수처럼 뛰어 다니는 것을 보면 아무래도 습관성인 것 같다. 빨리빨리 문화, 좋고 나쁨을 떠나서 먹고 즐기는 시간만큼은 여유롭게 누려보면 어떨까? 말은 이래도 솔직히 말하면 나 또한 식당에 가면 먹기 바쁘다 보니 맛을 제대로 느끼지 못한다. 모르면 몰라도 오천 년 동안 내려온 유구한 전통성 습관인 것 같다. 사계절이 있는 나라일수록 사람들의 행동이 민첩하다. 다음 계절에 맞춰 이 계절의 일을 마무리해야 모든 일이 순조롭게 진행되기 때문이다. 도시 산업시대가 진행된지 언젯적인데…. 아직도 농경문화 DNA로 살것이냐. 그렇다 물 위에 떠 있는 오리처럼 부분별로 완급 조절이 필요한 시대여야 한다.

주인이 바쁘면 자연 종업원도 바쁘고 주인이 느긋하면 시키지 않아도 종업원은 여유를 가진다. 다른 나라엔 없는 우리만의 독특한 문화, 눈치가 있지 않는가. 주인의 눈치를 보게 하지 말고 손님의 눈치를 살피게 해야 한다.

습관보다 무서운 병은 없다.

인생은 타이밍

중국 슈퍼마켓에 갈 일이 있었다. 오전이라 손님이 뜸했다. 필요한 물건 하나를 들고 계산대에 가니 인도 여자가 계산하고 있었다. 40불 1전이 나오자 20불짜리 두 장을 계산원에게 건넸다. 계산원 중국 여자. 1전 더 내라고 했다. 지갑을 뒤져도 1전이 나오지 않자, '40불이면 됐지, 뭐 1전 가지고 그러느냐'고 빈정거리는 투로 말한 다음 봉투를 들고 가려 하자, 중국 여자 계산원이 봉투를 붙잡고 계산기 화면을 가르키며 안 된다는 듯 고개를 가로로 젓는다. 인도 여자는 유창한 영어로 말을 건네고 중국 여자는 영어가 서툴렀는지 계속 No, No…. 내가 대신 1전을 내주고 다음 차례인 내 계산을 마치고 싶었지만, 만만찮은 두 나라 여인들이 저들 국가 자존심을 걸고 벌이는 '1전 결투'가 어떻게 끝나나 싶어 흥미롭게 지켜봤다. 1전에도 절대 물러설 수 없는 자존심이 있는가 하면 황금 몇 만 냥에도 끄덕없는 배포가 있다.

漢나라 高祖 유방이 楚나라 항우를 물리치고 천하를 통일하기 前, 벼슬의 말단인 정장(亭長, 지금의 파출소장)으로 태어난 고장에서 그럭저럭 지내던 젊은 시절의 이야기다.

고을에 새로운 태수가 부임해 오면 고을의 유지들을 초청해 한 자리에 모이게 했다. 명목상으론 수인사를 한다는 구실이지만 고을 유지들로부터 고을 경비를 염출하려는 속셈이 따로 있었던 것이다. 경비는 물론 착복이 목적이었을 것이다. 착복이 없으면 고을 태수가 아닌 시절이었다. 고을 행정은 물론 사법권까지 거머쥐고 백성의 생사여탈권을 행사하는 고을 최고 실력자를 처음 예방하는 자리에 소위 고을 유지들이 빈손으로 갈 수 없는 노릇, 앞다투어 돈 보따리며 진귀한 선물들을 속셈껏 들고갔다.

어느 날 새로 부임한 태수가 고을 유지들을 초청한 자리, 맨 말석에 앉아있던 유방에게도 수인사 할 차례가 왔었다. 집이 빈한하여 빈손으로 찾아갔던 유방은 인사만 하고 그냥 물러날 수 없던 처지라 몸에 지니고 있던 지필묵을 꺼내 백지 위에 "祝 부임 태수"라 적고 그 밑에 "黃金一萬倆也" 적어 건내고 물러났다. 지금은 비록 가진 것이 없어 빈손으로 왔지만, 이 다음 좋은 세상 만나면 황금 만 냥 정도는 축의금으로 내놓겠다는 유방의 배포인 것이다. 황금일만 냥이라 적힌 종이를 받아 쥔 태수가 유방의 상을 찬찬히 살펴보니 과연 천하를 호령할 만한 당당한 기백과 배포가 마음에 들어 몇 가지 말을 건넨 후 자기의 과년한 딸을 주어 사위로 삼았다. 그때 태수가 여공이다. 여공은 관상에 조예가 깊었다. 황금일만 냥 어음과 맞바꾼 딸이 나중에 황후가 된 여태후, 여치다. 여치 또한 관상이 범상치 않아 자기 딸임에도 함부로 대하지 않고 귀하게 여겼다. 동네 구멍가게 하나라도 제대로 운영하려면 논두렁 정기라도 타고나야 하는데,

혹여 천하통일이겠는가. 패현에서 유태공의 셋째 아들로 태어난 유방. 어머니가 어느 날 연못가에서 깜박 잠이 들었는데 몸 위로 붉은 용이 올라오는 꿈을 꾸고 유방을 낳았다고 한다. 할 일 없이 동네 건달로 지내던 시절, 술집에서 술에 취해 잠들어 있는데 붉은 용이 감싸고 있는 것을 주모가 보고 그 다음부터는 술값을 받지 않았다고 한다. 유방이 술집에 나타나면 술꾼들이 모여드니 유방 한 사람 술값은 문제가 안되는 것은 당연하다. 사람을 끌어모으는 인복이 타고난 것이다. 천하를 도모할 때 항우에게는 강동 유수 집안의 자제 팔천 공자가 있었지만, 유방에겐 변변한 부하가 없었다. 그 중에 소하, 조참 정도가 쓸만했고 개 도축업자이며 동서인 번쾌, 어릴적 친구이자 같은 날에 태어난 노관, 마구간지기 하후영, 방직업자 주발 등 그야말로 '삶의 현장' 사람들, 성공하면 대박이고 패해도 밑질 것 없는 겁없는 사람들이었다. 손해에 대한 실망보다 이익에 대한 기대가 몇 백배 높았다.

인도 여자가 물건이 든 백을 들고 나가려 하자 중국 여자도 백을 움켜쥐고 1전을 내놓지 않으면 안된다고 계속 No. No를 외치자, 인도 여자가 쥐고있던 백을 툭 놓아버린다. 중국 여자는 자기 장사가 아니라 물건을 사도 그만 안 사도 그만이라 끝까지 자존심을 놓지 않았고, 인도 여자는 1전이라도 당연히 지불해야 할 몫이었기에 물러설 수밖에 없었다.

어떻게 결론이 나나 지켜보던 내가 나섰다. 무슨 큰 인심을 쓰는 듯, 황금 일만 냥 내놓은 듯 1전을 대신 내주었다. 인도 여자가 나를 향해 '탱큐' 하더니 중국 여자 계산원 손에 아직 들려있는 40불을 획 낚아채더니 나가버린다.

아, 진작에 1전 대신 내주고 해결할걸, 후회스러웠다. 황금 일만 냥이든 1전이든 쓰는 타이밍이 중요하다.

아버지 노릇

가게 안으로 들어온 서너 살 먹은 스페니쉬 사내아이가 장난감 있는 곳으로 다가오더니 미니 자동차를 만지작거리는 것이었다. 금방 뒤따라오던 그의 아버지가 사줄 테니 하나 골라보라 하자, 말이 끝나기가 무섭게 12개가 들어있는 한 박스를 통째로 들고 저의 아버지를 쳐다보는 것이었다. 대부분 애들이 한 손에 하나씩, 욕심이 조금 많으면 두 손에 움켜쥘 정도로 저의 부모를 졸라대기 마련인데 통째로 들고 사달라는 것은 처음 보았다. 그 나이에 그야말로 배포가 대단했다. 소름이 끼칠 정도로 그의 눈빛이 강렬했다. 과연 그 아버지가 아이의 배포대로 한 박스 몽땅 사 줄 것인가? 아니면 호주머니 사정으로 아이를 달래고 말 것인가? 유심히 지켜봤다.

만약 당신에게 그런 기회(상황이 아니라 이건 기회다. 그런 아들을 만난다는 것은 보통 인연이 아니다.)가 왔다면 어떻게 하겠는가? 잘 생각해 보라. 사람은 주어진 밑바탕에 의해 성장한다. 16살에 황소 팔아먹는 정주영 배포로 키우겠는가? 정주영네 농장 소몰이꾼으로 만들겠는가?

해군참모총장이 된 어느 사람의 어릴적 회고. 초등학교 시절, 시골 자기 동네에 무슨 좋은 일이 있어 잔치 끝에 아이들에게 과자를 나누어 주었다. 서로 많이 빨리 받아먹겠다고 아이들이 아우성을 치자 일렬로 줄을 서게 한 다음 차례대로 과자를 나누어 주었는데, 마침 과자를 나누어 주는 사람이 바로 자기 아버지였는지라 중간쯤에 서서 느긋하게 다른 애들보다 많이 받을 수 있겠구나 생각하고 있었다. 어느새 자기 차례가 되어 눈빛으로 아버지를 부른 다음 두 손을 크게 벌리고 내밀자 아들임을 확인한 아버지가 과자는커녕 그 큰 손바닥으로 귀싸대기를 냅다 내리치더니 줄 밖으로 밀쳐버리는 것이었다. 그리고 아무 일 없었다는 듯이 다음 차례의 아이들에게 과자를 나누어 주는 아버지를 한없이 원망하면서 집으로 뛰어갔단다.

몇 년후 고등학생이 되자 없는 살림에 도시로 유학을 보내주었는데, 부모의 간섭없이 혼자하는 생활이 되자 학업은 뒷전, 놀기 바쁜 와중에 점검차 아버지가 자취방을 찾아와 하룻 저녁을 함께 보내게 되었다. 이번이 기회다 싶어 늘 가슴에 품고 있던 의문점을 아버지에게 물어보았다. "아버지, 그때 다른 애들보다 과자를 많이는 못 줄망정 왜 뺨을 때리셨어요?", "나는 네가 다른 애들하고 뭔가 다른 줄 알았는데… 평범한 애들 틈에 끼어서 똑같이 행동하는 게 싫었다.", '아버지가 나를 다른 사람과 다르게 특별히 생각하고 있구나.' 생각이 미치자 열심히 노력할 수밖에 없었다고 했다. 이런 아버지와의 따귀 추억은 열 번이라도 좋다.

식당은 차려 놓기만 하면 다 되는 것이 아니라고 한다. 뭔가 기존의 식당하고 차별이 나야지 그렇지 못하는 경우, 십중팔구 문 닫는 일이 벌어진다. 밑반찬을 보면 손님에게 어떻게 신경을 쓰고 있는지 표시가 금방 난다. 콩자반, 멸치볶음, 무말랭이무침, 김치 두서너 가지, 이런 반찬을 늘어놓는 집은 대개 한꺼번에 반찬을 해놓고 오랫동안 쓰려는 식당이다. 그날그날 새로운 반찬을 준비하기가 싫을 뿐더러 재사용하려는 의도가 엿보인다. 한국에서도 요즈음 반찬 재사용 문제가 종종 불거지곤 하는데, 하물며 미국에서이겠는가. 실지로 LA쪽에서는 어느 식당 종업원의 양심선언으로 밑반찬 재사용하는 식당이 문제가 되고 있는 모양이다. 젓가락 한 번 걸치지 않은 듯 테이블에 나갔던 그대로 반찬을 버리기 아까울지라도 당연히 버려야 한다. 아까움과 미련을 가지게 되면 우리가 모르는 위생문제가 발생한다. 손님에 대한 식당의 성의는 손님이 주인보다 더 잘 안다. 이런 식당은 개업축하 화분의 꽃과 더불어 시들어 가기 마련이다. 꽃나무 하나 키우기가 그리 쉬운 일이 아니다. 물도 자주 주어야 하고 거름도 주어야 하고 햇빛도 쬐주어야… 겨우 열매가 열릴까 말까다. 어느 부모인들 제 자식을 알차게 키우고 싶지 않으랴만 열매의 유무엔 전환의 대목이 있고 성장의 과정이 필수적으로 따르게 마련이다.

장난감 차, 박스째 들고 사달라고 저의 아버지를 쳐다보는 아들과 눈이 마주친 그 아버지가 허허 웃더니… 내가 그 아버지였다면? 나는 다 사 주었을 것이다. 나는 한두 개로 달랬을 것이다.

아버지 노릇이 참으로 어려울 때가 있다.

원숭이가 옳다

중국. 하도 크다 보니 그중에 도도 나오고 윷도 나오는 역사며 현실이다. 무시할 수도 없고 그렇다고 무작정 따르자니 자존심 문제고. 정치, 경제, 문화. 전 분야에 걸쳐 중국을 대하는 각 나라의 자세가 어정쩡하다. 트럼프 정도가 그놈에 표 때문에 삿대질하지만 그들도 쥐고 있는 패가 있는데… 호락호락 하지 않을 것이다. 대들 정도로 이미 커버렸다.

키신저 전 국무장관. 외교의 달인이니 뭐니 해도 그가 단추를 잘못 끼웠다. 중국과 수교하지 말았어야 했다. 정치가들이 팔 걷어붙여 두 주먹 불끈 쥐고 '국가의 장래을 위해!', '다음 세대를 위하여!' 목에 힘주어 핏대 세우지만 그것 다 '표 놀음'이다. 말뚝에 매인 염소처럼 '표'란 말뚝의 범주 내에서 한 치도 벗어날 수 없는 게 정치인들의 노예근성이다. 안 그러면 정치인이 아니다. 공맹이다.

미·중 수교. 대단한 업적인 것 같았지만 응큼한 중국의 속내를 들여다보지 못하고 국내 정치, 경제적 이득을 우선시했다. 월등한 기술, 자본, 문화로 예속시키려는 원대한 미국적 플랜을 가지고 손내밀어 덥석 잡았지만, 발톱 숨긴 곰 한 마리만 키웠다. 그대로 두어야 했다. 대약진이다 뭐다 하며 동네 대장간에서 녹슬은 낫, 괭이 등 고

물을 녹여 철강제나 만들게 하고, 문화혁명을 들먹이며 저들끼리 광기를 부리도록 '죽의 장막'에 그대로 가두어야 했다. 하루 한 입에 콜라 한 병씩만 팔아도 우하! 10억 병. 수지 맞는 장사라 계산기 두들겼을 것이다. 착각이다. 인해전술로 각종 상품을 쏟아부어 국내 생산시설을 초토화 시킬거란 염려는 접어두고 싶었을 것이다. 애국이니 뭐니 해도 사업가들은 이익을 좇는 불나방이다. 이익 발생에는 물불 안 가린다. 생산비 싼 쪽으로 뛰어가기 마련이다. 국가보다 내가 먼저 살아야 한다.

소련만해도 그렇다. 소련 연방이 해체되고 공산주의가 몰락하는 과정에서 민주주의 승리라 은근히 뻐겼지만, 미국의 입장에서 보면 고만고만한 똘마니들 몇몇 거느리고 살도록 '철의 장막' 안에 소련을 가두어 두어야 수하의 나라들을 다루기가 훨씬 수월하다. 산 넘어 늑대가 사라지니 늑대 막아줄 울타리가 필요 없는데, 누가 고분고분 하겠는가.

이제는 어쩔 도리가 없다. 하나하나 녹아들게 마련이다. 중원의 혼란을 틈타 어떤 외세가 침입해 국토를 유린하고 장악하더라도 시간이 지나면서 차츰차츰 중화에 물들어 고유의 정체성을 잊어버리고 중화 늪에 빠져버린다. 역사가 증명한다. 청나라를 세운 만주족. 저들의 고유의 민족성, 문화, 하물며 언어 문자까지 잊어버리고 이제는 중국의 변방으로 살아가고 있지 않는가.

중원이 혼란스러우면 주변국이 편하고, 중원이 잠잠하면 주변국이 괴롭다. 대국이 대국다워야지 큰형님 노릇하려 들면 곤란한 일이 한 두가지가 아니다. 오죽하면 大明으로 떠 받들었는가.

大明天地.

우월한 문화, 사상, 생활 등 문자까지 빌려 사용하다 보니 흠모하게 되고 사대하기에 이르렀던 조선 오백년에 생겨난 말이다. 조선시대 때 사대성 구호를 현재에도 쓰고 있는 것을 종종 볼 수가 있다. 무슨 큰일이 본인에게 혹은 주위에서 벌어졌을 때 「어쩐일로, 이 대명천지에!」 한탄을 한다. '明' 자가 밝을 명자이다 보니, 사람들이 '대명천지'를 「아이구, 이 밝은 세상에」로 착각한 것이다. '대명천지'는 스스로 '小明'을 자처한 조선이 「明나라 세상에서 이런 일이!」 (미국에서 이런 일이!) 대명사로 쓰였던 것을 明나라가 사라진지 언제적인데 아직까지 생각없이 쓰고 있다.

朝三暮四.

[열자] 황제편, [장자] 제물편에 나오는 고사성어다. 춘추전국시대에 저공이라는 사람이 원숭이를 길렀다. 식량을 줄여 도토리를 아침에 3개, 저녁에 4개 준다고 하자 원숭이들이 일제히 반발하며 화를 내자, 그러면 아침에 4개 저녁에 3개 주겠다 하자, 원숭이들이 매우 만족해했다고 한다.

이를 두고 미련한 원숭이들이라 손가락질했다. 아침에 3개든 4개든 하등의 이유없이 하루 7개 먹는 것은 같은데… 원숭이를 빗대어 어리석은 인간을 조롱한 것이다. 원숭이 입장에서는 아침에 3개 먹는 것보다 4개를 먼저 먹어야 한다. 아침에 3개 먹은 다음 4개가 주어지는 저녁까지 무슨 일이 일어날지 아무도 모르는 일 아닌가. 주인 마음이 어떻게 변할지… 어떤 변동 상황으로 그날 저녁은 취소될지도…. 원숭이 입장에선 우선 많이 먹고 봐야 한다. 원숭이에겐 생존권 문제다. 원숭이가 어리석은 것이 아니라 몇 천 년을 원숭이의 생존 계산을 간파하지 못한 인간이 어리석었다. 원숭이가 옳다.

무엇이 한없이 붙드는 저녁에

어느 낚시꾼이 호머(고대 그리스 시인: 일리아드, 오디세이 저자)에게 문제를 냈다. 「우리가 잡은 것은 우리가 버리고, 우리가 못 잡은 것은 우리가 가진다.」, 「 ? 」. 낚시꾼의 질문을 받은 대시인 호머는 이 문제를 풀기 위해 죽는 것까지 미루고(?) 미뤘지만 끝내는 풀지 못하고 죽었다.

'아무도 울지 않는 밤은 없다' 어느 시인이 괴로운 사회의 한 단면을 지적한 것처럼 어느 세상, 어느 길목인들 괴롭고 쓸쓸히 서 있는 사람들이 없겠는가. 밝은 눈이 아니더라도 쓸쓸히 서 있는 사람들을 어떤 인연처럼 만날 때가 있다. 낮과 밤이 교대하는 어둑어둑해지는 저녁 때면 실루엣처럼 가끔 떠오르는 두 풍경에 있다.

도니니칸들이 많이 거주하는 만하탄 업타운에서 일할 때. 우연히 창 밖을 내다보게 되었는데, 버스 정거장 근방에 40대 가까이 돼 보이는 여자가 딸인 듯한 서너 살 정도 아이와 함께 서 있었다. 어딜 가기 위해 버스를 기다리는 것도 아니고 만나는 사람이 있어서 기다리고 있는 것 같지도 않았다.

아이들은 제가 붙들고 있는 부모의 삶에 따라 표정이 밝아지기도 하고 어두워지기 마련이다. 제 엄마의 옷자락을 힘없이 붙들고 있는 모습이 갈 곳 몰라 무작정 서 있는 제 엄마 모습을 대변해 주고 있었다.

제 갈 길이 괴롭고 고달픈 길이지라도 어둠을 뚫고 어디론가 가긴 갔겠지만 어둑어둑해지는 거리에서 만감이 교차하는 심정으로 서 있어야 할 사정, 오죽했을까.

남미 안데스 산맥의 고산지대에 비큐나라는 야생 동물이 서식하고 있다. 낙타과 속하는 이 초식 동물은 토끼보다 약간 크고 마치 푸들 강아지처럼 생겼다. 이 동물의 털이 워낙 부드럽고 좋아서 오바를 만들면 따뜻하고 가볍기가 그만이란다. 이 털로 짠 오바 하나가 겨우 셔츠 하나 입은 것 같은 무게라니 얼마나 착용감이 좋겠는가. 입었다는 의식과 몸이 느끼는 무게 중량이 잠시 혼동을 일으키며 입지 않은 것보다 더 가볍게 느껴진다고 한다. 잉카제국 시절에도 왕만 입을 수 있을 정도로 애초에 고급품이었다. 반면에 물량이 한정돼 있는 사정이라서 자연히 비쌀 수밖에. 한 벌에 수천만 원이 호가하니 웬만한 사람은 꿈도 꿀 수 없고 주로 돈 많은 영국의 귀족이나 각국 왕족들만 걸친다.

야생으로 자란 이 비큐나는 성질이 워낙 급하다 보니 가두어 놓으면 금방 죽고 말기 때문에 가축으로는 키울 수가 없다. 그렇다고 금싸라기나 마찬가지인 이 동물을 어찌 사람들이 가만히 내버려 두겠는가. 너도나도 마구 잡다 보니 멸종 위기에 처한 신세. 유엔산하 「세계멸종위기야생동물보호협회」에서 회원을 파견하여 잡지 못하도록 강력하게 단속하고 있다. 그래도 워낙 털이 비싸다 보니 원주민들이 털을 채취하는데, 채취하는 방법이 눈물겹기 그지없다. 평소에는 3, 4천 미터의 고산지대에서 풀을 뜯어먹고 살다가 목이 마려우면 무리 지어 산 아래 호수로 내려와 물을 먹는다. 그때 주민들이 갑자기 소리를 지르면 물을 먹던 비큐나들이 깜짝 놀라 숲속으로 도망가는데, 뛰어가다 몸이 나뭇가지를 스치게 되고 그 나뭇가지에 어쩌다 털이 몇 가닥씩 묻어 있으면 그야말로 그것을 소중히 채취하여 호구를 연명한단다. 이런 애절한 사연이 깃든 오바를 입고도 없는 자들에게 눈 돌릴 줄 모르는 가진 자들의 배부름을 항상 경계해야 한다, 사회는.

퇴근하면서 가끔 들르는 한국 빵집이 있었다. 아침에 출근하는 사람들에게 커피와 빵을 팔기도 하고 한국 사람들을 상대로 본점에서 빵을 갖다 팔기도 했는데, 한국 사람들이 동네에서 줄어들고 근방에 싼 중국 빵집이 들어서면서 고전을 면치 못하는 것 같았다. 주인이 두 번째 바뀌고 얼마 있다가 퇴근 길에 빵을 사러 갔다. 불이 켜져 있어야 할 상점이 어두컴컴했다. 안을 들여다보니 주인 아주머니가 초점 없이 밖을 바라보고 있었다. 그날이 가게 문닫는 마지막 날, 뻔한 가게를 속고 산 자신을 자책하고 있는 것인지… 그동안 차곡차곡 모은 삶을 한 번에 날려버린 억울함에서인지…. 맥이 빠져 서 있기도 힘들었는지, 망연자실 의자에 앉아 있는 창 밖으로 어둠이 몰려오고 있었다.

그도 어둠을 뚫고 새로운 길을 걸어 갔으리라. 숨 가쁘게 올라야 할 가파른 길일지라도 우리에게 가야 할 길이 있다는 것이 얼마나 다행인지 모른다.

그때 로또라도 한 장 사서 꼭 쥐어주고 싶었다. 「희망」 몇 억 분의 일일지라도.

작고 하찮은 것에 대하여

우리가 사는 것은 결국 사람과 사람의 만남이다.

부모와 자식, 스승과 제자, 부부, 친구…. 이 땅에 홀로 태어나서 한 사람, 한 사람, 때로는 단체로 사람들을 만나며 사는 것이다. 누구와 어떻게 만남이 이루어지느냐에 의해서 인생의 幸과 不이 결정지어진다고 해도 과언이 아니다. 그래서 불교에서는 길가다 소매 끝만 스쳐도 벌써 삼백 세 전에 이루어진 인연이라고 만남의 소중함을 일깨워 주고 있지 않는가.

맨해튼에 있는 「뉴욕 현대 미술관」을 관람하기 위해 봄방학인 6학년인 아들과 함께 찾아 나섰다. 지하철을 타고 가서 미술관 근방에 내렸지만 처음 가는 길이라 어느 쪽으로 가야 제대로 가는지… 여기저기를 한참을 두리번거리다가 어느 가게 앞에 서 있는 키가 건장하고 머리가 약간 벗겨진 점잖은 백인에게 다가갔다. 그는 가게 입구에 서서 손님을 안내하기도 하고 문도 열어주는 것 같아 근방 지리에 밝으리라 짐작하고 아들더러 물어보라 했다. 열두 살 먹은 아들이 한참을 올려다보고 그에게 물었다.

"아저씨, 길 좀 물어보고 싶은데… 괜찮아요?"

"예, 썰. 무엇이든지."

“현대미술관을 찾고 있는 중인데, 잘 몰라서요.”

“저 쪽으로 곧장 두 블록을 간 다음, 왼쪽으로 길을 건너, 다시 한 블록을 내려가면 거기가 현대미술관이지.”

“예, 알겠습니다. 정말 고맙습니다.”

“천만에요. 그럼 잘 가요.”

현대미술관이 있는 맨해튼 50가 근방은 세계 유수한 회사들의 본부가 있고 유명한 록펠러센터 등 여러가지 볼거리들이 즐비한 관계로 무척 많은 사람들이 항상 붐비는 곳이다. 도도한 물결처럼 흐르는 사람들 틈에 끼어 한 블록을 지나 횡단보도를 막 건너 왔는데 누가 등 뒤에서 “여보세요, 여보세요.” 부르기에 가던 걸음을 멈추고 돌아보니 조금 전에 길을 가르쳐 주던 그 백인 남자가 헐레벌떡 뛰어온 것이다. 언뜻 생각이 스쳤다「아, 이 사람이 아까 길을 잘못 가르쳐 주어서 미안한 마음으로 뛰어 왔구나.」그래 다시 가르쳐 주라는 듯이 잠자코 있으니 가쁜 숨을 가다듬고 말하는 것이다.

“다른게 아니라, 오늘은 미술관 휴일이다. 매주 수요일이 현대미술관 휴일이라는 걸 깜박 잊어먹고 알려주지 못했다. 미안하다.”

고맙다는 인사도 하기 전에 그는 자기가 있어야 할 자리로 바삐 뛰어가는 것이다. 물어오는 것이 아닐지라도 그것과 관련이 있으면 자기가 알고 있는 것을 응당 가르쳐 주어야 했는데도, 그 의무를 소홀히 해서 아주 미안하다는 표정을 남기고.

우리가 물었던 것에 대한 대답을 잘못해 준 것도 아니고, 자기가 근무한 가게의 손님도 아니었을 뿐더러, 외모가 그럴싸한 주류사회의 상류층 인사는 더더욱 아니었다. 일 년 넘게 쓴 야구 모자에 허름한 잠바, 청바지, 땟국이 조금 흐른 운동화. 그날 내 차림새가 이렇다 보면 미국을 찾아온 관광객도 아님이 분명하고 뉴욕 어디서나 흔히 볼 수 있는 그야말로 아무렇지 않은 동양인 우리에게 베푼 친절을 곰곰이 생각해 봤다. 그것은 가진 자가 없는 자에게 베푸는 선심성 아량도 아니며, 우월한 자들이 아랫것들에게 감탄과 존경으로 되돌려 받으려는 은연중 계산된 모범도 결코 아니었다.

한없이 낮게 엎드리려는 한 인간의 참모습을, 평생을 수도한 수도승의 진면목을 발견했다면 나만의 억지일까? 과연 어느 스승이 그보다 더한 감동의 가르침을 주겠는가.

어떤 위대한 성직자가 있어 그 작고 하찮은 것을 실천에 옮길 수 있겠는가. 크고 높은 것만이 위대한 것이 아니다. 작고 하찮은 것의 대한 감동이 많은 사회가 건강한 사회다. 그의 행동을 감히 聖이라 말하고 싶다. 과연 몇 생을 더 뒹굴어야 그 작고 하찮은 경지에 도달할 수 있을까. 다짐이 헛되지 않도록…. 새해에는 작고 하찮은 것이라도 꼭 실천하는 사회의 일원이 되었으면 싶다.

아름다운 원칙

습관처럼 재미있는 것이 없다. 퇴근길에 집으로 가면서 길가에 있는 집을 올려다보면 겨울인데도 베란다에 나와서 덜덜 떨며 담배 피는 사람들을 종종 볼 수가 있다. 집 안의 금연 수칙을 지키려는 애연가들의 못 말리는 끽연 풍경이다. 부끄러운 이야기지만 '내 인생에서 가장 잘한 것은 금연' 자랑 삼아 이야기했더니 '그 인생도 한심하군, 참….' 얼마나 내세울 것이 없으면 겨우 '금연?' 금연이 얼마나 내 건강에 도움이 되었는지 모르겠지만 거두절미하고 '뚝' 한 것만은 잘한 결심임을 내세우고 싶다.

공공장소에서 금연법이 시행되기 얼마 전까지만 하더라도 식당에 식사를 하러 온 것인지 담배 연기 마시러 온지 모를 정도로 연기 자욱했지만, 금연 후로 식당 앞을 지나가다 보면 몇몇 사람들이 식당 문 앞에서 옹기종기 모여 '식후불연 소화불량' 금세를 못 참고 하나씩 꼬나물고 있는 풍경으로 금세 바뀌는 것을 보고 제도란 것을 새삼 생각하게 되었다.

클린턴이 대통령 재임 시절, 부인 힐러리 여사가 어느 단체의 초청을 받고 뉴욕을 방문했다. 맨해튼에 있는 그 단체에서 연설이 끝난 다음 친구와 함께 근방에 있는 컬럼비아대학 졸업생들이 만든 아주 오래된 레스토랑인 어느 클럽에 들어갔다. 오랜만에 만난 친구와 수다라도 실컷 떨며 점심 식사를 하기 위해 자리를 잡고 앉은 5분쯤 후에 웨이터가 다가와서 정중하게 "손님들 이 클럽에서 나가 주셔야겠습니다." 하는 것이다. 의아하게 생각한 힐러리 여사의 친구가 무슨 이유로 그러느냐고 물으니까, 이 클럽의 규정을 위반했다는 것이다.

"이 클럽에서는 셀폰을 사용할 수가 없습니다. 그런데 손님께서 조금 전에 셀폰을 사용하셨으니 미안하지만 나가 주셔야겠습니다."

클럽에 들어와서 힐러리의 친구가 어디에 연락할 일이 있어서 잠깐 셀폰을 사용했던 것이다. 대통령의 부인인 친구에게 미안하기도 하고 이왕에 들어왔으니 식사라도 하고 가고 싶어서 웨이터에게 사정조로 "클럽 안에서 셀폰을 사용할 수 없다는 규정을 몰랐을 뿐만 아니라… 이분은 대통령 영부인이신데…." 은근하게 압력을 넣었다. "규정을 몰랐던 것은 댁의 사정이고, 아무튼 나가 주셔야겠습니다." 재차 나가주기를 요구하자 잠잠히 듣고 있던 힐러리 여사가 벌떡 일어나 총총 걸음으로 두말없이 나가더란 것이다. 대통령 부인일지라도 규정을 위반했을 때 점심 한 끼 마음대로 할 수 없는 원칙이 지켜지는 사회, 화가 났지만 원칙에 굴복하는 대통령의 부인, 이 모든 것들이 미국 사회를 지켜주는 버팀목이지 아닌가 싶다.

공공장소인 식당에서 한국 사람들의 매너 중에 꼭 걸고 넘어지는 이야기가 데리고 온 어린애들이 뛰어노는 것을 방치하는 부모들을 나무라는 것이다. 부모의 말귀를 못 알아 듣고 막무가내 떼쓰는 어린애들을 식당에 잘 데려가지도 않을뿐더러 좁은 식당에서 애들이 마구 뛰어다니도록 풀어 놓지도 않는다. 다른 손님들 방해에 앞서 내 자식의 안전 문제가 우선이기 때문이다. 다른 손님들 눈살을 찌프리게 할 만큼 무례한…. 뉴욕 식당에서 그런 장면을 목격한 기억이 별로 없다. 가끔 담배 때문에 시비가 벌어지는 경우를 본 적은 있지만.

식당에서 금연법이 시행되던 초기. 어느 저녁 시간에 친구들인 듯한 손님 몇이서 저녁과 함께 술을 마시는 중에 한 사람이 담배를 피우자 종업원이 가서 "아저씨, 이곳에서 담배 피시면 안 됩니다." 그러자 거나하게 취한 그 손님이 "뭐야? 담배 한 대 가지고!" 종업원이 재차 "아저씨, 피고 싶으면 나가서 피시던지… 그만 피세요." 그래도 담배를 피면서 "사장 나오라고 그래!" 종업원이 안 되겠던지 사장을 데리고 왔다. 사장 "손님, 다른 손님도 생각하셔야지요. 여러 사람이 불편해하시잖습니까." 점잖게 타이르자 담배 피던 손님이 담배를 비며 끄며 "안 피면 될 거 아니야…." 사장의 요구가 주효했던 것이 아니라 여러 사람의 시선이 무서웠던 것이다. 그렇다, 공공의 질서란 내가 여러 사람을 의식해서 지키는 것 같지만 사실 여러 사람이 나를 지켜주는 편한 제도인 것이다. 질서가 잘 지켜지는 사회보다 더 좋은 곳은 지켜야 할 제도가 아예 없는 곳이다. 그곳이 유토피아(어디에도 없는 곳)다.

대원군의 奇智

홍선군 이하응만큼 파란만장한 삶을 산 사람도 드물 것이다. 안동 김씨 세도정치에 살아남기 위해 파락호로 지내는가 하면 왕족이란 체통도 던져버리고 잔술이나 구걸하며 미친척…. 김씨들의 '똑똑한 왕족 제거' 순위 밖으로 밀려나 생명유지. 생계를 위해 난을 쳐서 연명하기도 했다. 절치부심, 결국엔 어린 아들을 왕으로 앉혀놓고 대원위 대감으로 삼천리 강토를 호령하는 위세는 나는 새도 떨어뜨릴만 했다. (말년에 중국에 끌려가선 조선의 흉악한 폭군이라는 뜻으로 兇鮮君, 그의 반대파들로 하여금 兇宣君이라 불리며 조롱당했다.)

외척 세도에 지긋지긋했던 터라 며느리는 일가친척 없는 민씨 집안 여식을 택했지만 오히려 자기가 고르고 고른 명성황후에게 되치기 당하고 말았다. 이를 두고 사람 보는 눈이 남달랐던 대원군이 뒷날 자기에게 비수를 들이댈 相을 어쩐 일로 간과했는지…. 의문점이라고 호사가들은 여담으로 남겼다. 大院君이 어린 아들에게 임금 이름표만 달아주고 운현궁에서 섭정할 때. 경상도 땅 어느 시골 선비가 대원군에 밀붙어 말단 벼슬자리라도 하나 얻어 볼 요량으로 운현궁을 찾아갔다. 얼마되지 않는 전답 조치랑 전부 팔아 가지고 서울에 올라온 시골 선비, 가져온 재산 전부를 챙지기며 집사에게 뇌물을 줘 가며 이제나 저제나 벼슬자리 하나 떨어지기를 아무리 기다려도 꿩꿩 무소식. 시골 재산 정도로는 벼슬 사기가 하늘에 별따기였던 것이다. 가져온 노자도 다 떨어져 마당 청소나 해주며 근근히 식객 노릇을 몇 달 해온 터라, 이제 더 기다려도 벼슬은커녕 밥 얻어먹기도 민망한 처지가 되었다. 목 빠지게 기다리고 있을 처자식이 그립기도 하여 귀향하기로 작정하고 하직 인사하러 대원위 대감께 찾아갔다.

"대감님, 소인 오늘 낙향할까 하옵니다." 대원군이 힐끗 보니 안면부지의 꾀죄죄한 시골 선비가 언제 온지도 모르는데 낙향하겠다고 인사하는 행색을 보니, 분명 벼슬 자리 하나 해 보겠다고 전답전지 팔아 올라와서 벼슬도 못하고 돈 다 떨어져 이제 시골로 내려가겠다는 꼴인 것이다. 안동 김씨 세도 그늘에 초라했던 제 과거가 문득 떠올라 안 되었던 모양이다. "음… 그래, 오늘은 이미 늦었으니 내일 내려 가게나" 이 시골 선비, 나는 새도 떨어뜨린다는 대원위 대감의 얼굴 보기도 힘든 판에 내일 가라고 하는걸 보면 작은 벼슬이라도 하나 마련해 줄라는가 생각했다. 다음날 아침 일찍 대원군 앞에 가니, 조금 있으면 대청에서 국사를 논하는 문무백관 회의가 있으니 그때 자기 옆자리에 와서 앉으라고 하는 것이 아닌가. 누군가에게 시켜 자기 벼슬자리를 틀림없이 확정지어 주리라 생각하고 문무백관 대신들이 도열한 대청, 대원군 옆에 얼른 앉아 있었다.

여러 대신들이 보니, 대원군 옆자리에 보도 듣도 못한 시골 선비가 앉아 있는 것도 이상하거니와 회의 도중에 대원군이 갑자기 선비 귀에 대고 다른 사람이 알아듣지 못하도록 무어라 속닥속닥…. 그러면 이 시골 선비가 정색을 하며「아니 되옵니다, 대감!」국사를 논하는 중에 또 귀에 대고 속닥속닥….「진정코 아니 대옵니다, 대감!」대신들이 생각하기를 도대체 저 선비가 누구길래 대원군 의견에 감히 안 된다고 말할 수 있는가 의아하게 여겼다.

회의가 다 끝났는데도 벼슬은 고사하고 노자 돈 한푼 없이 대원군 왈 "잘 가게" 한마디뿐. 더 이상 언급이 없는 것이다. 못해도 현감 한 자리쯤 하리라 생각했는데… 벼슬은 둘째 치고 영감탱이가 쓸데없는 소리나 지껄인다고 생각하며 투벅투벅 힘없이 걸어서 고향집에 당도하니 많은 돈 꾸러미며, 진귀한 선물들이 잔득 쌓여있는 것이다. 이상하게 여겨 부인에게 물으니 "며칠 전에 서울 손님들이 몰려와서 잘 봐 달라며 놓고 가기에 받아 두었죠, 당신이 벌써 출세하신 줄 알고요." 대신들이 생각하기를, 한 번도 아니고 두 번씩이나 대원군 의견에 감히 안 된다고 거절할 수 있는 저 사람이야말로 진짜 實勢라 믿고 확실한 출세를 위해 뇌물을 갖다 받친 것이다. 그런데 그때 대원군이 귀에 대고 속삭인 말이「자네 母親 한 번 어떻…」였다. 아무리 벼슬도 좋고 출세도 좋지만 어떻게 늙은 모친을…. 차라리 목숨을 내놓지. 시골 선비 하나 먹여 살릴 요량으로 어디에 줄을 대야 빨리 출세할 수 있을까? 궁리하는 대신들의 마음을 미리 간파한, 세태를 꽤뚫은 대원군의 기발한 착상이다.

안타까운 주인의 심정

아들하고 동네에 있는 C 식당에 밥 먹으러 갔다.

6·25 전후로 태어난 세대가 다 그렇듯이 나는 다른 것은 몰라도 밥 먹는 일만큼은 빠른 편이다. 생각해보라, 밥상 하나에 대여섯, 많으면 열댓 식구가 빙 둘러 앉아 배를 채워야 했던 그 배고픈 시절, 정적을 깨는 숟가락 부딪치는 소리, 숨 쉴 새도 없이 목으로 넘겨야 하는 절박함, 그야말로 생존 경쟁 속에서 맛을 음미한다는 것은 상상도 할 수 없는 일이었다. 그럴 수밖에 없는 것이 우리는 몇 천 년을 너무나 한 식구로 살아온 탓이다. 밥상 하나를 온 식구가 함께 소유하다 보니 숟가락질이 자연 빨라질 수밖에 없다. 인사만 해도 그렇다. 지금은 거의 쓰지 않지만 얼마 전까지만 해도 '식사하셨습니까?' 밥 먹었느냐고 물어보는 것으로 인사를 대신하는 나라는 아마도 우리가 유일했지 않나 싶다. 지금은 '밥 한 번 먹자.'로 배부른 치레로 변했지만, 밥이 주제인 인사법은 변하지 않았다고 봐야 한다. 하기야 억지를 부린다면 비오고 눈보라 치는 날에도 '굿모닝!' 외치는 자들의 인사법도 웃기기는 마찬가지 아닌가?

멕시칸들 하고 함께 일하다 보면 확연히 차이가 난다. 점심에 햄버거 하나 먹는데 우리는 30초면 끝난다. 두서너 번 베어 물고 콜라 한 잔 쭈욱 들이키면 끝나는데, 멕시칸은 20분도 좋고 30분도 좋다. 왜냐면 제 것 제 손에 들고 먹는 일이라서 바쁠 게 없는 것이다. 오죽하면 밥 먹을 때 말을 하면 부모님이 야단을 치는가, 어서 밥 먹지 못해! 밥상머리 예의범절을 가르치는 것이 아니라 남보다 빨리 많이 먹게 하기 위한 부모들의 뼈저린 체험에서 나온 눈물겨운 생존훈련인 것이다.

대재벌의 총수였던 김우중 회장은 특별한 경우가 아니면 식사 시간을 5분을 넘기지 않는다고 한다. 그 양반은 많이 먹기 위해 빨리 먹는 경우가 아니고 다른 일을 많이 하기 위해 먹는 일을 단축한 경우에 속하지만… 자우지간 5, 60대 이상 세대들은 대체로 숟가락질이 빠르다고 봐야 한다. 어떨 땐 나는 벌써 다 먹고 입가심하고 있는데 아들은 3분의 1도 못 먹을 때가 있다.

그날따라 C식당에 손님이 많았는지 겨우 자리를 잡았다. 여느 때와 같이 나는 다 먹고 아들은 아직 먹고 있는데, 카운터 보는 주인아주머니가 체크를 테이블 위에 갖다 놓는 것이다. 여기서 자라고 교육받은 아들이 한국 식당에 가서 제일 싫어하는 것이 식사가 끝나기 전에 체크를 가지고 오는 것이다. 빨리 먹고 나가라고 재촉하는 것 같아 싫다는 것이다. 당연히 그래야 한다. 손님이 체크를 욕구할 때 갔다 주어야 한다. 꼭 손님을 빨리 내보내기 위해서라기보다 밥을 다 먹은 것 같으면 눈치 빠르게 체크를 갖다 줄 때가 허다하고 좀 예의바른 경우는 체크 갔다 드릴까요? 묻는 경우가 있다. 식당에 자리는 부족한데 손님은 그날따라 자꾸 들어오고 주인아주머니로서는 혹시 다른 식당에 손님을 뺏길까 싶어 안달이 났던 것이다. 아들이 기분 나빠 못 먹겠다는 것을 겨우 달래가지고 무사히 먹는 일을 마치고 나왔다. 허둥지둥 수단껏 살아온 나는 주인아주머니의 심정을 이해할 수 있지만, 자리가 없으면 밖에서 기다리는 광경을 목격하고 경험한 1.5세나 2세들은 왜 그러는지 이해를 하려고 들지 않는다.

몇 달 후 다시 그 식당으로 아들하고 런치 스페셜을 먹으러 갔다. 좀 이른 시각이었는지 식당은 한가했다. 여느 때와 마찬가지로 나는 이미 다 먹고 앉아 있었는데 주인아주머니가 종업원을 시켜 체크를 갖다 주라고 지시 하다가 아들이 아직 밥 먹고 있는 것을 목격하고는 깜작 놀라더니 저희들끼리 “아니야 아직 다 안 먹었어!” 다시 체크를 거두는 것이었다. 그 주인아주머니는 항상 바쁜 것이다. 손님이 있건 없건 항상 손님 받을 자리를 준비를 해두어야 맘이 놓이는 것이다. 자리가 없어 손님 되돌려 보내서는 결코 안 된다는 강박관념에 사로잡힌 것이다. 늘상 그러다 보니 어느 까탈스런 손님한테 싫은 소리 한 번 들었을 것이다. 마침 아들 등쪽에서 벌어진 체크 소동이라 아들은 아무 것도 모른 채 무사히 밥 먹고 나왔다. 그 식당에는 가기 싫다는 것을 한국적인 5천년 문화와 역사까지 들먹이며 겨우 데리고 왔는데… 이번에도 큰일 날 뻔 했다. 어느 시대 어느 날인들 먹고 먹이며 사는 일만큼 어렵고 힘든 일이 있으랴.

영원한 난제

'뉴욕커'지 2019년 마지막호에 실린 만화이다.

Nurit(1925-2005)라는 여성 화가가 1979년에 매거진에 올린 만화라는 설명과 함께 그동안 이 그림이 무엇을 뜻하는지 아무도 해석을 못했다고 그림 상단에 설명해 놓았다.

화가는 이미 이 세상 사람이 아닐뿐더러 그림에 대한 설명을 어디에도 남겨놓지 않았다고 한다. 대개 이런 종류의 시사만화는 한 줄의 멘트나 한 단어로 자기가 의도한 바를 독자에게 전달하기 마련인데 덩그러니 싸인만 있다. 세상에 흘린 문제다.

언뜻 보면 단상의 두 사람은 왕관을 쓰고 있으니 왕이다, 단정 짓고 싶지만…. 쉽게 단정 결론 내리면 안 된다. 영화 배우도 삐에로도 상황 주제에 따라 왕관을 쓸 수 있기 때문이다. 증명을 해야 한다.

오른편 사람이 쓴 왕관 아래 뒷머리를 보면 줄이 4개가 그려져 있는데 마지막 줄이 약간 구부려졌다. 다음 줄과 합쳐보면 그것이 알파벳 (K) 자다. 입과 수염 한 줄은 (i) 자. 의자 팔받침걸이에 올려진 왼손을 보면 새끼손가락과 약지가 붙어있고 다른 손가락보다 약간 진하게 그려져 있다. (n) 이다. 오른손 엄지손가락이 (G) 자다.

알파벳 4자를 합치면 King이 된다.

단상, 혹은 한 나라에 두 왕? 있을 수가 없다. 이제 한 왕이 물러나고 새 왕이 등극하는, 권좌가 바뀌는 장면이라 가정하고 볼 때, 79년도 전후로 미국 대통령 선거가 있었거나, 시대적으로 중요한 정권 교체가 있었을 것이다. 찾아보니 미국 레이건 대통령이 81년부터 시작했으니 79년과는 거리가 좀 있고, 영국 노동당 최초의 여성 당수인 '마거릿 대처' 여사가 수상이 된 해가 79년이다. 왕관. 이미지 상으로 영국을 암시하는 것 같다. 최초의 여성 수상이라는 점도 크게 작용했을 것이다. (왼쪽 그림. 왕관 밑부분 u자 모양은 긴머리로 여성임을 강조. 화가 본인도 여성이었기에 대처 수상을 염두에 둔 듯)

두 왕이 앉아있는 의자가 2개가 아니고 한 의자에 좌석이 2개라는 것은 다른 나라 왕이 방문해 함께 있는 것이 아니고 한 나라 정권 교체를 의미한다. 이 가설은 어디까지나 문제를 풀기 위한 상황 설명이다. 작가가 숨겨놓은 고도의 함정에서 확실한 밧줄로 탈출해야 한다.

좌석이 2개인 의자 모양이 (S) 자, 왕관 위 굴곡 선이 (W), 입과 수염이 (i) 자, 코가 (C) 자, 카펫을 밟고있는 두 발과 카펫 끝 선이 (H) 자. (카펫이 모자라서 끝이 무엄하게 왕의 발 중간에 걸치게 했겠는가? H를 염두에 둔 의도)

4자를 합치면 Swich(교체)가 된다.

자, 그러면 누가 물러나는 왕일까? 오른쪽 사람이 왼쪽 사람에게? 수염으로 봐서, 당연히 나이 많은 왕이 젊은 사람에게… 수염이 있고 없음은 나이와 아무 상관이 없을뿐더러 왕좌를 꼭 연장자가 연하에게 물러주라는 법도 없다.

오른쪽 사람이 물러나는 왕이다.

왼쪽 사람은 얼굴 윤곽 선이 있는데 반해 오른쪽 사람은 입, 코, 눈만 있지 얼굴 윤곽 선이 없다. 눈, 코, 입이 있으니 당연히 정상적인 얼굴일거라… 독자의 착각을 노렸다. 윤곽이 잡히지 않으니 공중에 떠있는 유령 형상이다. 실체가 없으니 실세가 아니란 은연중 무시다. 귀가 없으니 신하, 백성의 소리에 귀기울리 없고, 벌린 입도 아니고 유난히 작은 것은 말발이 끝났음을 강조한 것이다. 오른쪽은 얼굴 전면인 반면 왼쪽은 얼굴 반만 보여주고 있다. 아직 백성에게 실력를 펼치지 못한 미지의 왕임을 알리려는 뜻일 게다. King을 찾듯 왼쪽을 살펴보면 new가 보인다.

가장 가까이 있는, 때로는 가장 먼 사람에게 재미있는 문제라며 풀이해 주었더니, 대뜸 한다는 말이

"상금이 걸린 문제라면 얼마나 좋아…"

자리에서 일어나 부엌 쪽으로 걸음을 옮기며 혼자서 들릴듯 말듯

"진짜 중요한 경… 문제는 못풀고 필요없는 것만 잘 푼…."

사실 이런 필요없는 문제나 ○문제보다 더 절실한 것이 거창하게 말해 '인생' 문제일 수 있…. 우기고 싶었지만 참았다. 진도가 더 나가면 함께 가는 길이 상당히 복잡해질 것 같아서. 오늘은 이만 접어야겠다. 영원한 난제.

신 사방의 詩

젊은이들이 공무원 하겠다고 머리 싸매고 우르르 몰려다니는 나라는 대한민국밖에 없을 것 같다. 꼰대들의 바람이기도 하지만 젊은이들이라면 높은 이상과 기백으로 미래 개척을 위해…. 어쩌구저쩌구 말이야 좋다마는 현실이 그렇지 않으니 한편으로 생각해보면 안쓰럽기도 하다. 좋은 인재들이 국가 공무원으로 발탁되어 나라를 좋은 방향으로 선도하고 발전시키는데 앞장서면 그야말로 금상첨화. 공무원하면 왠지 떠오르는 것이 철밥통, 내미는 손…. 이런 이미지가 뇌리에 남아있다는 게 슬픈 현실이다. 정해진 급여야 꼬박꼬박 여착없을 거고 수신(修身)에 왠만히 신경쓰면 정년까지 문제 없을 터, 시키는 일이나 적당히 하고 시간만 때울 법한데 어쩔 땐 속 들여다보이는 행태가 벌어지곤 한다. 무슨 사태가 일어나 책임질 일이 터지면 정부 부처간 서로 떠넘기기에 급급한데 반해 부처간 중간에 놓인 사업은 서로 자기네 소관이라고 땡기는… 우리 부처가 맡아 사업을 제대로 수행하여 국가발전에 기여하겠다는 애국심의 발로로 그랬다면 얼마나 훌륭한 공무자인가마는, 일단 일을 맡아야 어깨에 힘이 들어가고 그 끗발에 묻어나는 떡고물론 속셈 아닌가 싶다. 말이 떡고물이지 철도청, 한전 등 이런 국책사업은 그야말로 이권이 엄청나다. 당사자한테 직접 들은 바 있다. 고물이 아니라 떡시루체란다. 칼자루 쥐겠다는 것은 당연하다. 이런 구린 술 한 잔 얻어 먹었으니 나 또한 공범인지 모르겠다. 조선말엽 申四方이란 청렴결백한 괴짜 선비가 살았다. 가뭄이 들어 비가 오지 않으면 고을 태수는 애타는 농민들을 생각키나한 듯 기우제를 지내곤 했다. 물론 경비는 농민들로부터 갹출하였다. 농사를 망치게 될 농부들의 심정이 오죽하겠는가, 이럴 때 고을 태수가 '비가 오게 해 달라' 천지신명께 기우제 지내겠다고 하니 농민들은 한없이 기뻐했을 것이다. 그런데 문제는 태수의 마음 씀이었다. 기우제 경비로 쌀 20여 가마를 염출하면 반은 자기 개인 수입으로 착복하고 나머지로 기우제를 지내는 둥 마는 둥 하는 것이다. 이에 보다 못한 신사방이 태수를 질책할 겸 시를 한 수 지었다.

太守祈雨祭(태수기우제) 태수가 기우제 지내니

萬民皆憘悅(만민개희열) 만 백성이 다 좋아하더라

夜來堆窓看(야래퇴창간) 밤이 되어 창문을 열고 보니

月出!(월출) 달이 둥실 떴구나.

비는 무슨 비, 태수 네 놈이 부정이나 저지르고 하니 비가 오기는 커녕 달만 둥실 떴다는 야유다. 이 시가 여러 사람의 입을 통해 태수 귀에 들어가자, 태수가 노발대발하는 것은 불문가지. 쓸데없는 시를 지어서 있지도 않는 사실을 유포하고 농민들을 선동한다는 죄목으로 신사방을 잡아들여 곤장을 스무 대나 때렸다. 이에 굴하지 않고 또 시를 지었다.

作詩十七字(작시17자) 내가 지은 시 열일곱자 때문에

受台二十度(수태20도) 곤장이 수무 대라

若作萬卷書(약작만권서) 만약, 만권의 책을 지었더라면

打殺!(타살) 아마 때려 죽였을 게야

앞에 시가 17字이다. 17자 때문에 스무 대의 곤장을 맞았으니 만약 만권의 책을 지었더라면 아마 나를 때려 죽였을 것이라는 신사방의 논리다. 이 시가 또 태수 귀에 들어가자, 이런 자는 이 고을에 그냥 있게 해서는 안 되겠다 싶어 귀양을 보내는데, 귀양 가면서까지 詩 한 수를 남겼다.

落日淸江裏(낙일청강리) 해 떨어지는 강변에서

淑父送我情(숙부송아정) 숙부가 나를 보내는데

兩者相對泣(양자상대읍) 둘이서 마주보고 우니

三行!(삼행) 석 줄

위의 시 속에서 숙부가 나를 보내고 그래서 슬퍼하는 이별의 장면이다. 물론 여기서 숙부는 태수이고 나는 신사방이다. 위의 세 시가 오언절구로 초, 중, 장을 이루고 있는데 마지막에 한 구절을 더 보태서 月出, 打殺, 三行 이렇게 2字로 끝맺고 있다. 여기서 三行이란 눈물이 석 줄이란 뜻이다. 두 사람이 마주보고 이별의 눈물을 흘리면 四行, 넉 줄이 돼야 하는데 왜 석 줄인가? 신사방, 내 눈에선 정상으로 눈물이 두 줄 흐르는데, 사또 네 놈은 애꾸라서 눈물이 한 줄뿐이란 이야기다. 귀양가는 제 처지는 잊고, 혼자서 히히… 하기사 이런 재미라도 있어야지.

훈민정음 해례본

얼마 전 간송미술관에서 불상 두점을 경매에 내놓았다. 구매자가 없었다. 일제 강점기 때 일본인들이 우리 문화재를 유출하는 것을 보다 못해 간송 전형필선생이 전 재산을 털어서 국보급 유물을 사서 모아둔 곳이 간송미술관이다. 그 후손들이 유물 간수하기 힘들었던가, 그 비용을 마련하기 위해 소장품을 경매에 내놓았는데… 유찰. 이것은 대한민국이 간송 선생의 뺨을 때린 격이다. 총칼로 일본에 맞서 싸운 것만이 독립운동인가. 일본으로 빠져나가는 문화재를 막은 것 또한 독립운동이다. 그 후손들로서 얼마나 씁쓸했을까. 정부부처가 나서서 해결해야했다. 찾아보면 방법은 얼마든지 있다.

간송선생은 우리가 지켜야 할 유물이라면 값 따지지 않고 사들였다. 돈이 많아서 펑펑 쓴 것이 아니다. 제값을 주고 웃돈까지 얹어줌으로써 도굴꾼, 소장자들에게 '거기 가면 제값 준다.' 믿음을 주어 국외 유출을 막았던 것이다.

국보 70호 '훈민정음해례본'을 소장하고 있다. 통상 우리들이 부르는 '훈민정음'은 '백성을 바로 가르치는 소리'라는 뜻이고, 세종대왕이 창제한 한글의 원리와 배움의 방법을 풀이해 논 책은 '훈민정음해례본'이다. 전형필 선생이 제때에 구입하여 소장하지 않았더라면 어떻게 됐을까? 아찔하다. 경상도 안동에서 훈민정음해례본이 발견되었다는 정보을 입수하고 만사 제쳐두고 한 걸음에 달려갔다.

"선생님, 얼마 드리면 되겠습니까?"

"천 원이면… " 소장자가 책의 중요성을 간파했던지, 사면 팔고 여의치 않으면 그냥 소장하리라 생각으로 크게 불렀다. 그 당시 '천 원'은 아주 좋은 기와집 한 채 값이었다. 간송 선생이 간절한 눈빛으로 소장자을 바라보며

"선생님, 천 원이라니요?" 너무 많이 불렀나… 소장자가 후회하는 순간 간송 선생이 다시 말을 이었다.

"선생님, 이런 소중한 책을 어떻게 천 원에 사겠습니까. '만 원' 드리겠습니다."

국가 보물을 소장해 주신 분에게 깍듯이 대접할 줄도 알고 훈민정음해례본의 중요성을 깨달은 간송 선생이야말로 국보라 아니할 수 없다. 일본인 손에 넘어갔더라면 어쨌을까? 정말 아찔하다. 6·25 전쟁 때 다른 보물들은 다 제쳐두고 '훈민정음해례본' 한 권만 오동나무상자에 넣어가지고 피난갔다. 잘 때도 베게삼아 자며 지켰다. 이런 보물이 한 권 더 있다. 상주본이다. 2008년 상주 사는 배익기가 집수리하다 발견한 것이라며 세상에 공개했다. 골동품상 조용훈이 자기 도난품이다, 민사소송을 걸었고 대법원 판결은 조용훈의 소유권을 인정했다. 그는 2012년 서류상으로 문화재청에 기증했다. 이때 조계종에서 안동 광흥사 복장품이 도난당한 것이라 반발하기도

했다. 그 해례본에 음운학자가 연구한 흔적인 주석이 있으므로 학계에서 더욱 관심을 가지게 되었다. 민사소송에서 패소한 배익기는 형사소송에서 절도 부분은 무혐의로 풀려났다. 무엇이 진실인지 모르도록 얽키고 설킨 또 다른 '훈민정음해례본' 사건의 주인공은 상주에 사는 배익기다. 현재도 진행형이다. 허접한 골동품상 배익기가 상주본 '훈민정음해례본'을 현재 소유하고 있다. 엄밀히 말해 감춰두고 있다. 국가에 기증하는 조건으로 말도 안 되는 천 억을 요구하고 있다. 정부도 그렇다, 조용훈 소유로 판결났고, 그가 문화재청에 서류상 기증한 국가 보물을 쥐고있는 배익기가 배 째라는 식으로 내놓지 않고 있는 것을 그냥 바라보고만 있을 것인가. 검은 공권력을 동원해서라도 토해내도록 해야 하지만… 변한 세상 앞에 그럴 수도 없고… 현재 문화재청에서 어떻게 대처하고 있는지 모르겠지만 배익기 그 자가 처분할 궁리로 별 생각을 다하고 있으리라 짐작된다. 제 방식대로 처분하려다 돈도 못챙기고 보물 잃고 하나뿐인 생명까지 날아가 수도 있다. 어리석게 암매 나서지 말라는 충고다. 암매 뒷배는 항상 음흉한 계획이 도사리고 있다. 제일 좋은 방법은 배익기의 남은 생활이 보장되는 적당한 선에서 박수받고 욕심 내려놓는 대승적 기증뿐이다.

'훈민정음해례본'을 찾기 위해 문화재청이 법원으로부터 수색영장을 받아서 그 집 주변과 안팎을 뒤지는 수고를 영상으로 봤다. 뒷산을, 장독대를, 사다리 타고 올라가서 처마 밑을, 기와장 헐고 지붕

속을, 애썼지만 못찾았다. 천 억을 받고자 한 보물인데 허술하게 짱박아 놓았겠나? 그럴 때는 어디에 숨겨놓았나 찾으려 애쓰면 안 된다. 내게 그런 보물이 있다면 '나는 어디에 숨겨둘까?' 가정으로부터 출발해야 한다. 뒷산, 숲이 우거지고 폭우에 유실… 가끔 확인도 해야하는데, 표시가 없어지면 곤란하지. 처마 밑, 지붕 속, 불 나면 어쩔 것인가. 장독밑이나 뒤뜰 어디 땅속, 담장도 없는 시골 집에서 땅을 파고 묻는다, 동네 사람들이 볼 수도…. 이곳도 안 되지. 나라면 천 억짜리 보물을 어디에 숨겨놓을까? 궁리하면 안전한 곳이 나온다. 그래 여기야… 대충 짐작이 간다.

그리운 것은 멀리 있다

타관 땅 속절없이 떠돈지 몇몇해인가. 하늘 멀리 어디론가 흰구름 몇 점 흘러가는 이 계절에 누군들 그리운 것 한두 가지 없으랴. 바람 불면 바람 때문에, 비 오면 비 온다, 눈 내리면 눈 핑계 삼아 삶을 달래보고자 그 속으로 달려가 안기고 싶은 것이다. 한없이 기다리기만 하시던 어머니… 무지개 다리 건넌지 언제인데… 아직 돌아올 줄 모르고…. 멀리 있다는 핑계로 안부만 전하던 불효가 죄스러울 때가 어디 한두 번이었던가. 지난 추석 때 배웅 나왔던 선창가 어머니는 올 추석 때까지 부둣가 그대로 서 계실 것이고, 산모롱까지 나와 '어여' 가라던 어머니는 등 굽은 산신령으로 한없이 빌고 계실 것이리라. '왔냐' 한 마디 툭 던져놓고 지게에 밭일 나가시던 아버지, 통닭 한 마리로 세상을 살맛 나게 했던 아버지, 떠나신 한참 뒤 이제야 그립습니다. 친정에 와서 시집살이 푸념 늘어놓던 누님들, 붉은 '찔레꽃' 가슴 찡하도록 잘도 불렀지요…. 젖까지 만지게 해주던 엄마 같던 큰누님은 이미 저승길 걸어간지 오래. 누님, 가만히 불러보면 왠지 서럽습니다. 누구에게나 한국 큰형님들은 늘 보듬어 주고 감싸주던 버팀목 같은 든든한 빽이었지요. 형님들, 동생이라는 명목으로 맨날 면목없이 신세만 지고 살아온 것 같습니다. 자랑스러울 것도 없었건만 늘 오빠라 불러주던 보송보송 귓밑머리

쓸어올리던 누이, 저도 세월따라 흰머리 희끗희끗할 테고, 세상에 밀린 어느 구석진 곳, 무엇에 젖어 있을 내 서러운 누이도 있으리라. 세상에 대고 행패 부리던 주먹이 유난히 큰 동생, 그래도 형이라고 나에게만은 고분…. 늦게나마 맘잡고 착하게 살아준 것이 눈물겹도록 고맙다. 욕심이 많아 딱지 한 박스, 구슬 큰 통 가득 안고 의기양양… 소풍날 보물 한번 제대로 못 찾고 빈손으로만 떠돌다보니 그때 네가 한 움큼 건네주던 그 보물이 그리울 수밖에. 우리들 놀이터이고 세상이던 그 골목길엔 양지도 있었고 그늘도 있어 쭈그리고 앉아 무언가 끌적거리던 그것이 더 넓은 세상으로 향한 우리들의 꿈이었는지 모른다. 아침이면 '채칩국!' 지나갔고, 밤이면 '찹쌀떡!' 목청에 침만 삼키고, 엿장수도 시나브로 긴 그림자 끌고 지나가던 변두리 끝엔 동네와 어울리지 않은 양옥 한 채가 그림처럼 꼭 있었다. 영화처럼 그 집엔 우리들과는 전혀 어울리지 않는 새침한 소녀가 있고 도저히 알 수 없는 제목의 피아노 연주가 흘러 나왔다. 내 사춘기는 그 담 밑을 지나 봄날 아지랑이로 흩어졌어라. 누구 가슴엔 떠나는 기차에 손흔들고 사뿐 돌아서서 눈물 글썽이던 소녀가 가끔 살아날 것이고, 누구 가슴엔 말없이 떠나버린 매몰찬 연인에 대한 쓰라린 기억이 자리잡고 있을테지만…. 누구에겐들 지나간 것들이 아름답지 않으랴. 그곳이 그리운 것은 아름다운 산천이 있어서가 아니라 추억을 함께 나눌 사람들이 있기 때문이다.

맥도날드에서 생긴 일

길 가다 미국 사람들에게 맥도날드가 어디 있느냐? 물어보면 맥도날드 근방에 사는 사람도 무슨 얘기를 물었는지 모를 때가 있다. 외국 사람이 한국에서 '막'씨 집을 찾는데 '박'씨 집이 어디냐고 묻는 거와 같다. 경험해 봤을 것이다. 몇 년을 미국에 살아도 우리는 맨날 '맥도날드, 맥도날드' 하는데, 1, 2년차 애들은 금방 '맥다날, 맥다날' 한다. 낯선 땅에 와서 영어 때문에 고생 한 번 안 해본 사람이 어디 있으며 재미있는 에피소드 한두 가지쯤 없는 사람이 어디 있겠는가. 한국 사람이 미국에 여행길에 고속도로에서 교통사고가 났다. 앰뷸런스가 달려오고 경찰차가 몇 대가 도착했다. 경찰이 부상당한 한국 사람에게 다가가 "How are you?" 괜찮으냐? 묻자 부상당한 그 경황에 그래도 한국에서 배운 영어를 제대로 한 번 써 먹겠다는 생각이었는지 "I am fine. thank you, and you?" 중학교 영어 교과서에 나온 그대로 대답했다고 한다. 한 번 웃자고 만들어낸 얘기겠지만, 일상 중에 인사란 그저 서로에게 의사 표시만 하면 되는 것이다. 아침에 만난 아는 사람이 '하와 유' 인사해도 나는 그냥 한국 말로 '그래, 그래' 하거나 '웅' 해도 아무런 문제가 없다. 이런 식으로 단골손님과 인사치레로 주고받는 말이야 콩글리쉬로 대답하든 한국말로 하든 아무 하자가 없는데 의사를 전달할 때는 발음이 영 신통치 않아서 상대방이 무슨 말인지 못 알아들을 때가 많다. 미국 생활 몇 십여 년이 넘은 지금도 손님에게 "탱큐" 하면 못 알아먹고는 "워잇 쎄이" 제차 물어볼 때가 많다. "탱큐베리마치!" 하면 그때서야 고맙다는 말을 하는구나, 알아먹을 정도다. 첫째는 남의 나라에 와서 그 나라 말을 제대로 배워보려는 성의가 없었고 둘째는 학교 다닐 때 공부를 제대로 안 했다는 확실한 부끄러운 증거다.

맥도날드에서 닭튀김을 팔 때, 내 아는 어느 사람이 가슴 부위가 먹고 싶어 아무 생각 없이 heart 달라고 하자 주문을 받던 유색인종 여자 종업원이 인상을 찌푸리며 "What! Heart?" 어처구니 없다는 듯이 얼굴을 찌푸리더란다. 못 알아들었는가 싶어 다시 'Heart' 하며 '치킨, 핫' 가슴을 가리키자 그때서야 알아먹고 가슴 부위를 주더란다. 얼마 후에 다시 그 가게에 가서 저번과 같이 '핫'을 달라고 하자 이번에는 무색 여자 종업원이 금세 알아먹고는 옆에 있는 동료에게 "얘, 심장 달래." 빙그레 웃으며 주문한 것을 이내 내놓더란다. 'Heart'과 'Breast'는 엄연히 다르다. [닭 가슴]을 달라고 해야 하는 것을 [닭 심장]을 달라고 했으니 얼마나 어처구니가 없었겠는가. 그래도 한 사람은 무슨 뚱딴지 같은 주문이냐고 얼굴을 찌푸렸지만 한 사람은 재미있다는 듯이 빙그레 웃으며 손님을 대했던 것이다. 간혹 겪은 일이지만 손님이 잘못하고도 되레 종업원, 주인에게 퉤박주는 경우도 있다. 식당은 서비스업 아닌가, 손님이 잘못하고도 큰

소리 칠 때가 있더라도 웃으며 넘기면 손님도 언젠가는 제 잘못을 알 때가 있을 것이다.

유색 종업원는 어떻게 하던지 시간만 때우고 일당만 챙기려 했던 것이고, 무색 종업원은 적어도 제 하는 일에 충실하려는 마음 자세는 돼 있었던 증거다. 공자께서 일찍이 설파했듯이 '아는 것은 좋아하는 것만 못하고 좋아하는 것은 즐기는 것만 못하다. (知之者不如好之者 好之者不如樂之者)'

일을 즐기듯이 열심히 하면 영어밖에 모르는 사람이라도 한국 사람 만나면 한국말을 알아먹고 아프리카 사람 만나면 아프리카 말을 알아먹을 수가 있는 것이다. 언어란 의사전달의 수단이지 절대는 아니다. 언어가 가져다 주는 맹목성 때문인지 몰라도 오죽하면 불교에선 불립문자를 외쳤겠는가. 마음 가는 곳에 뜻도 간다. 말 없이도 손님의 뜻을 헤아려야 진짜 서비스다. 유색 종업원, 무색 종업원, 굳이 구분한 것은 색깔로 인격을 표하고자 한 것이 아니고, 실제로 있었던 일이기에 사실대로 썼을 뿐이다.

현실적으로 언어의 장벽만큼 안타까울 때가 없다. 거창한 얘기 같지만 언어의 장벽이 해소된다면 너와 나, 저쪽과 이쪽, 세계평화는 문제가 아니다. 이심전심. 마음과 마음이 통하는 세상이었으면 얼마나 좋을까…. 언어는 최소의 전달 수단이지 최선은 아니다.

핫! 유 노? 오케이!

지금도 그럴는지 모르겠지만 한때는 양식 먹을 때 나이프와 포크 쥐는 손이 어느 쪽이냐 놓고 꽤 신경을 썼다. 그것을 제대로 하는 것이 유식한 것이고 서양 방식대로 안 하면 촌놈 소리를 듣곤 했다. 어떻게 해야 제대로 하는 것이냐? 편리한 대로 하는 것이 제대로 잘하는 것이다. 오른 손에 나이프를 들고 왼손에 포크를 들고… 그럼 왼손잡이는 어떻게 하란 말이냐. 꼭 오른 손으로 숟가락을 들고 몇 십년을 무식하게 밥 먹어 온 오른손잡이 나는 오른손으로 나이프를 들고 고기 잘라놓고 다시 오른손에 포크를 잡고 고기를 집어 먹으면 아주 편하다. 포크 쥐는 거야 이렇다고 치고, 순서를 지켜야 하는 것이 수프를 우리 방식대로 밥하고 국을 함께 먹겠다고 먹지 않고 기다리다간 두말없이 메인 요리가 나오기 전에 걷어 가버리면 그야말로 국물도 없는 신세가 되고 만다. 어떤 식당에 가보면 손님 중에 우리나라 사람보다 외국 사람(대부분 중국사람)이 더 많을 때가 있다. 기름에 튀긴 느끼한 음식만 맛보다 우리나라 음식은 그야말로 담백한 음식인 것이다. 세계적으로 중국 음식 명성이 자자하지만 홍보가 잘 안 되어서 그렇지 우리나라 음식 또한 세계에 내놓아도 손색이 없다. 선전이 제일이다. 뭐든지 모르고는 어쩔 수 없지 않는가.

부뚜막의 소금도 입에 집어넣어야 짜듯이 먹어봐야 맛을 알 수 있다. 특히 음식은 다른 것과 같잖아서 입에 직접 넣어주는 선전이 제일이다. 누가 공짜로 사주면 모를까, 한번도 먹어보지 않는 다른 나라 음식을 한 끼 식사로 사 먹어보기가 망설여질 때가 여간 아니다. 까닥 잘못하면 그 식사를 망쳐버리기 때문이다. 그래서 맥도날드 같은 체인점이 성공한 요인 중에 하나가 전국, 세계 어디 가나 같은 음식이기 때문에 한 번 시식해 본 사람들은 안심하고 시킬 수가 있는 것이다.

한정된 한국 사람에 매달리는 매상보다는 고객 창출을 타민족에게 적극적으로 확대해 나가는 방법을 모색해야 할 때가 아닌가 싶다. 이제야 한국문화원에서 외국 사람에게 편리하게 하기 위해 한국 음식 이름 표준 영문 표기를 책자로 만들어서 배포하고 있는데 이런 것은 벌써 했어야 했다. 그 음식에 대한 약간의 설명도 곁들이면 더 좋을 것이다. 주로 외국 사람이 한국 음식을 접하게 된 동기가 대부분 같이 근무한 한국 동료나 친구들로부터다. 혼자 한국 음식을 맛보기 위해 들어온 식당에선 무엇을 시켜 어떻게 먹는 줄 모르고 끄적거리다 그냥 나가는 경우가 많지만 한국 사람과 함께 오면 주문하는 거며 먹는 방법까지 동료가 친절하게 가르쳐주니 한국 음식을 제대로 맛보게 된다. 그러면 자연 그 친구도 제 가족이나 친구들에게 이색적인 음식을 맛보게 하기 위해 제가 잘 아는 한국 식당으로 모시지 않겠는가. (가끔 아미고들이 한국 라면을 박스째 들고 지나가는 광경을 종종 본다. 대부분 그들이 한국 가게에서 일하면서 새참, 식사에 곁들여 먹으며 맛을 보고 그 라면의 내용을 알기에 사가는 것이다.) 외국 사람을 상대로 한국 음식 이벤트를 자주 여는 것도 한 방법, 당장 재료비며 인건비를 감안하면 별 이득이 없는 것 같지만 긴 안목으로 봤을 때 괜찮을 것이다.

내 바로 앞자리에서 외국 여자 혼자 들어와서 식사를 어렵게 주문을 하고 밑반찬이 나오자 그것이 자기네 방식대로 전식인 줄 알고 미리 다 먹어버리는 것이다. 한국 반찬이 밥과 곁들여 먹는 것이라 맵고 짜다. 그 여자 손님은 물과 곁들여 싹싹 비우고 고개를 갸웃거리며 땀을 닦는다. 외국인이 음식을 주문하면 음식과 반찬을 함께 내오는 기본적인 지혜는 있어야 한다. 아니면 간단한 설명을 함께 곁들이던지…. 그런데 이 설명이라는 것이 문제를 많이 안고 있다. 한국말이면 간단한데 영어라는 남의 나라 말 때문에 쉽지가 않을 때가 있다. 중국 사람 상대로 여자 종업원이 음식을 설명하고 있었다. 중국말 하는 동료나 영어가 된 동료를 시킬 것이지 모자란 영어로 손님을 무슨 전쟁 포로 심문하듯 다그치고 있었다. "디스, 핫! 유 노? 미디움, 유, 오케이!" 계속 유, 노, 오케이를 외쳐대는 것이었다. 그 중국인은 하도 어이가 없는지 그 종업원을 빤히 쳐다보고 있었다. 후러싱도서관 부근에 있는 U식당에서 목격했던 일이다. 지금은 없어졌다.

선남선녀 이야기

결혼하고 얼마쯤 지나서 다짜고짜 묻는다. "첫날밤 어떻게 보냈어?", "아, 그거. 음··· 그때 진정제 먹었어.", "진정제? 그렇구나···." 과거가 궁금했던 모양이다. 만나기 전에 서로가 모르는 사이니 궁금한 것은 당연하다. 나 모르는 무슨무슨 사연이 있었길래 첫날밤을 무사히 치르지 않았느냐? 일종의 추궁이기도 하다. 서로의 과거를 털어놓고 새 출발하자! 해놓고 순진한 고해 때문에 시작도 전에 갈라서는 어리석음도 있다. 그 나이까지 설마? 네 지난 행적으로 봐서 도저히 믿을 수 없어! 몇 년 지나서 또 묻는다. "그 때, 정말 진정제 먹었어?", "정말 그렇다니까, 얼마나 떨리던지···."

진정제까지? 내가 선남과 합방했나···. 긴가민가 표정을 짓는다. 누구나 다 내가 그에게 첫사람이기를, 그리고 마지막 사랑이기를, 은연중 바란다. 잊을만 하면 묻는다. 집요한 추궁에 한결 같은 내 진실은 오직 진정제뿐이다. 몇 년 지나 또 묻는다. "정말이야, 그···. 진정제?" 끝까지 내 진실의 끈을 놓지 않자, 그럼 진정제도 먹지 않고 보냈던 나 선녀의 첫날밤은 수상쩍다는 말이냐? 한없이 억울한 표정을 짓더니 한방 날린다. 아, 이럴수가. 내 진정제는 산산이 부서지고 가루가 되어 허공으로 날아가 형체도 없을뿐더러 기절하고 말았다.

"처녀 때 나는··· 손만 잡아도 애 배는 줄 알았다니까."

가장의 울타리

한국 영화감독들이 촬영 전에 신경써야 할 일들이 있다. 스토리 잘못 설정했다가 단체로부터 항의받고 상영관에 얼굴도 내밀지 못하고 폐기처분 당한다. 실례로 '비구니', 영화를 다 만들어 놓고 상영 직전에 불교계 거센 반발로 밑천만 날리고 말았다. 어떤 단체나 협회로부터 눈총받지 않고 무사히 상영할 수 있는 소재가 몇 개 있다. 청량리 588 근무자들. 살롱가 접대부. 그리고 도둑놈들. 이 세 군데서 활약하는 사람들은 생판 얼굴까지 밝히며 함부로 세상에 나설 수 없는 입장이기 때문이다. 그렇게 알고 있었는데… 세상이 어떻게 변했는지 얼마 전에 엘로하우스 근무자들께서 정부에 항의하기 위해서 맨얼굴로 피켓 들고 용감하게 나서는 것을 봤다. 반면에 그 흔한 협회도 만들 수 없는 것은 물론 어떤 불이익을 당해도 '아야' 소리 못하는 사람들, 도둑놈들이다. 이렇게 공개적으로 '놈' 자를 붙여도 왜 '놈'이라 해, 따지지 못한다. 딱 한 사람만 대우해 준 적이 있다. 장자가 도척의 입을 빌려 공자를 힐난했다. 어디에 재물이 있나 아는 것이 '지(知)'요. 먼저 담을 넘는 것은 '용(勇)'. 맨나중에 나오는 것은 '인(仁)'. 골고루 나누는 것은 '덕(德)'. 남보다 적게 차지하는 것은 '성(聖)'이다.

특수한 장소에 갇히지 않고서 현장 밤사람들과 만나기 어려운데,

직접 만나 경험담을 들을 기회가 있었다. 자기는 어디까지나 생계형일 뿐 사람 헤치는 무기는 절대 소지 않는다 강조했다.(잡혔을 때를 미리 대비한 것 같았다. 형량이 낮다.) 주로 밤 2, 3시에 활동.

길가로 향한 방에 불이 켜져있길레 들여다보니 주인 부부가 잠들어 있다. 막대로 벽에 걸린 웃도리를 꺼내려 애쓰고 있었다. (주머니에 있는 지갑을 노림) 언제 일어났는지 모르게 주인 여자가 자기 얼굴을 빤히 쳐다보며 "아저씨, 지금 뭐 하세요." 무서워 소리치는 여자보다 이렇게 대범한 여자가 무섭다 했다. 이런 강심장의 여자는 바로 공격으로 전환할 빡쎈 여자란다.

하루는 귀머거리 친구와 작업하게 되었다. 원래 신체에 결함이 있는 사람과는 동업을 하려 하지 않는다. 오감을 총동원하는 작업인데 더구나 귀머거리는 상당히 불리한 편이다. 이 친구는 행동이 민첩하고 원칙을 잘 지키는 우직한 면이 있어서 가끔 함께했다. 그날은 작업도 벌리기 전에 방범원에 걸리게 되어 쫓기게 되었다. 운동신경이 발달한 이 친구가 앞서고 자기는 뒤따라 튀었다. 도망치는 중에 경부선 철길로 들어서게 되었다. 한참 후에 방범원이 뒤쫓아 오지 않자, 그가 귀머거리 인줄 잊고 "야, 그만 뛰어! 거기 있어!" 아무리 소리질러도 소용 없는데, 그가 마침 힐끗 돌아보기에 '이리 오라, 손짓'을 하자 더욱 죽어라 뛰는 것이다. 어스름 새벽녘 철길. 몇번인가 '오라' 손짓, '더 도망'. 또 '손짓', '더더욱 도망'. 쫓아갈 힘이 부족해 포기하고 말았다. 며칠 만에 그가 나타났다. 어떻게 된 거

야? 빨리 도망가라는 손짓인 줄 알고 냅다 뛰었단다. 얼마간 뛰다 보니 바다가 보였다. 섬이 5, 6개…. 우아, 그럼 부산까지?

일찍 불 끄고 잠드는 집보다 늦게 잠드는 집이 좋고, 부부가 일 치르고 골아떨어지는 집은 더더욱 좋단다. 어느 집에 들어가 한참 뒤지고 있는데 갑자기 여자 비명소리가 들린다. 겁많은 딸들 방에 잘못 들어간 것. 이 방 저 방에서 식구들이 몰려 나왔다. 후다닥 마당으로 뛰어나와 대문으로 향했다. 그날따라 대문 열어놓는 것을 깜빡했다. 급한 김에 담을 뛰어 넘으려 훌쩍- 단박에 뛰어 넘어야 하는데 대룽대룽 매달려 발버둥치고 있었다. 아뿔싸, 누가 자기 엉덩이를 잡는 게 아닌가. 이제 꼼짝없이 잡히는구나… 자기를 잡을 줄 알았던 남자가 담을 쉽게 넘을 수 있도록 엉덩이를 받쳐주더란다. 왜 잡지 않고 도망가도록 도와주었나? 생각해보니 '가족들 해치지 말고 어서 멀리 가라.' 그 집 가장의 마음 씀이었지 않았나 싶더란다. 무친으로 살아온 자신의 처지를 돌아보고 가족이라는 울타리를… 잠깐 깊이 생각하는 것 같았다

"…. 당하지 않으려면 어떻게 해야 좋아요?" 남의 사업을 방해하는 것 같아 웃으며 묻자 "너는 안심해도 되겠다.", "왜요?", "뭐, 들고 갈만한 물건이 없잖아." 위로인지, 충고인지, 한 마디 더 보태는 말에 머리가 상당히 복잡해졌다. " '없음'이 더 편할 때가 있다."

내 생의 울타리 안으로 한 번도 밤손님이 방문한 적이 없다. 섭섭했다. 있는 집과 없는 집을 너무 차별한 것 같아서. 나도 그들에게 괄시받지 않고 싶다.

로또 이야기

웃기는 직업 중에 하나가 로또 번호 점지해 주는 일이다. 중국, 상점 한 켠에 좌판을 벌려놓고 성업 중이다. 그 사람이 골라준 번호로 사면 당첨되리라 염원인가? 몇 천 억인가, 천문학 액수로 로또 광풍이 불 때 동네 점방에 가서 "위닝 넘버"를 달라 하자, "그걸 알면 내가 하지 너 주겠냐." 웃는다.

로또 얘기만 나오면 손사래 치는 지인이 있다. 5명이 룸메이트하고 있었다. 그중 한명이 아침 일찍 사온 신문을 다 읽고 나서 평소대로 신문을 건네 주자 읽고 있었다. 잠시 후 신문 사온 룸 메이트가 깜빡 잊었다는 듯 호주머니에서 로또 한 장을 꺼내며 "김형, 로또 번호 좀 펴봐, 맞춰보게." 로또를 들고 번호 하나하나 불러주는 대로 신문에 난 번호와 대조했다. 로또 1번, 신문 1번. 로또 10번, 그래 10번…. 6개 번호가 다 맞았다. 정말인가 싶어 로또와 신문을 대조해 봐도 확실했다. 만세! 난리 났다. 그날 모두 일도 나가지 않고 푸짐하게 먹고 마시며 내가 당첨된 듯 부푼 꿈에 즐겁게 보냈다. 내일 변호사를 만나야겠다. 변호사 비용이 필요하다며 룸 메이트들에게 있는 대로 빌려 달라 했다. 너도 나도 꼬불쳐 두었던 비상금을 빌려주었다. 몇 천 불에서 만 불 넘게, 모두 합치니 5만 불 가까이 되었다.

변호사 대동해서 돈보따리 들고 오겠다던 벼락의 행운아는 그날도, 그 다음 날도…. 끝내 나타나지 않았다. 저 혼자 잘 먹고 잘 살겠다고 어디론가 사라졌다, 하더래도 피 땀이 베인 우리 돈은 돌려주어야지 않는가. 몇 천만이 당첨된 저에게는 껌값인데…. 수소문하다 알게되었다. 전에도 같은 수법으로 일을 벌이다 들통나서 망신을 당한적이 있다고 했다. 이번 사기는 성공했다. 그리고 튀었다.

오늘, 아침 신문 사오면서 어제 발표된 당첨번호와 같은 번호를 사와서 신문 난 번호와 대조했던 것이다. 너무 흥분한 나머지 누구 하나 날짜를 확인하지 않았다.

나도 아찔한 순간이 있었다. 로또 몇 천만일 때 가운데 4자 맞고 앞 21인데 22, 맨 끝 번호가 52인데 51. 틀린 것은 틀린 것인데 괜히 아쉬웠다. 꿈에서 친구를 만났다. "오늘 로또 번호가 몇번이야?" 물었다. 친구 "몇 번, 몇 번… " 번호 6개를 다 가르쳐 주었다. 아침에 일어나 어젯밤 꿈속에서 알려준 번호가 영 생각이 나지 않았다. 어찌하다 생각해보니 3개 번호가 기억났다. 번호 3개를 끼워 넣어서 한 장 샀다. 그날 확인해 보니 친구가 꿈에서 가르쳐준 그 3개 번호는 같았다. 아, 이럴 수가. 로또에 당첨되기 위해 첫번째 할 일을 가르쳐 주겠다. 부처님, 하나님께 간절히 빌기 전에 첫 번째 할 일은 '로또 사'는 일이다.

여배우와 양말공장 사장님

1총. 2마. 3색. 남자들이 선호하는 순서다. 총은 권력, 말은 재력, 색은 두말할 것 없이 여자다. 총, 마는 서로 보완 관계에있다. 권력을 쥐게 되면 돈이 저절로 알아서 들어오고 재력이 정도껏 되면 스스로 총을 쥘 수있다. 갖다 바칠 바에야 내가 쥐자고 맘 먹는 경우다. (정주영 회장이 대통령 후보로 나왔을 때 그랬다. 정치권에 무지하게 받치는 뒷돈, 그걸로 승산이 있다고 봤다. 낙선 후 엄청 깨졌다. 지내고 보니, 정회장이 당선 됐더라면 경제면에서 한 단계 도약하지 않았을까. 후회하는 사람도 있었다.) 총, 마. 둘 중에 하나만 성취하면 나머지 하나는 따라오게 되니 하나만 열심히 파라, 독려하는 아버지도 있다. 색이 총과 마를 조종 하기도 하지만, 대체로 총, 마와 주종관계가 되는 세상 이치다. '자기보다 돈이 열배 많으면 시기하고, 백배 많으면 존경하고, 천배 많으면 그의 일을 하고, 만배 많으면 노예가 된다.' - 사마천의 화식열전(貨殖列傳)

우리는 현대판 노예다. 몇 만배 더 가진자들이 합법적으로 노예로 삼은 것이다. 그들의 노예가 되기 위해 팩트를 쌓고 수술을 하고… 인권이 어떻고 인간 존엄이 들날리는 세상에 아니러니가 아닐 수 없다. 세상에 까발려진 요즘 재벌들, 그 부인들, 그 자녀들, 어린 자녀들까지 행세하는 갑질을 보면 우리가 아무리 노예가 아니라 항변할지라도 그들은 노예 부리는 주인이라 굳게 회심의 미소 짓는다. 영화에만 있는 세상인 줄 알았다. 너무 순진했나? 우짜든지 노예생활에서 벗어나기 위해 발버둥친다. ○, 만능이기 때문에 쥐기 위해 혈안이다. 대부분 남편들이 자기 부인을 두고 '돈을 좋아한다' 노골적으로 숨기지 않는다. 그럼 남자 너는 돈 싫어하냐? 아니다. 여자는 돈 그 자체가 목적이고 남자는 돈이 수반되는… 성취감이 목적이란 점을 힘주어 강조한다. 사실 그게 그거다. (큰 일이 벌어지면 여자는 거울을 보고 남자는 지갑을 열어본다.)

입술 밑에 점이 유난히 눈에 띄는 여자 탤런트 윤머시기, 미모에 맞지않게 가끔 푼수 연기로 대중들에 어필하곤 했다. 아주 오래 전에 한창 잘 나가던 시절에 장안의 화제가 된 적이 있다. 주간지 나오는 가십성 기사가 아닌 일간지에 오르내리도록 떠들썩했다. 물론 ○ 때문이다. 양말공장 사장이 빌려준 돈 돌려달라, 소송을 걸었다. 3천만 원, 그 당시 상당히 큰 액수였다. 윤머시기 "무슨 당치도 않는 소리, 선물로 받았다." 그냥 사귀는 관계라면 별문제가 없었을 것이다. 아직 미혼이니 그다지 흠될 게 없었다. 그런데 둘 사이에 솔찮은 금전거래가 성사된 정황이 잡히자 흥미를 유발시켰다. 양말공장 사장이 어떻게 한 번 안 될까… 황홀한 계획을 세우고 몸달아 올랐을 때였으리라 짐작된다. 윤머시기 응할 듯 말 듯 뭔가 신호를 보냈을 것이다. 남녀가 서로 엉킬 수 있는 응고점이 있다.

어느 정도 무르익었다 감이 잡혔을 때 끈끈이를 내밀었을 것이다. "사장님, ㅇ 좀 융통해 주세요.", "얼마나?" "석장 정도면…"

OK, 다음은 일사천리로 거칠은 들판을 말 몰아 달렸을 것이다. 양말공장 사장님, 내로라하는 탤런트까지 낚는 실력이면 얼마나 화려한 여성편력의 소유자인가. 색다른 줄 알았는데 별것 없네. 떡밥 3천이 아까웠는지, 공장 운영자금 사정이 좋지 않았던지, 빌려간 돈 내놓으라 했다. 윤머시기 양수겹장에 걸린 꼴이다. 꽃값이다! 우기자니 몸 판 것이 천하에 알려질 테고, 빌린 돈이라면 당연히 갚아야 된다. 2심에서 윤머시기 패소. 사장님, 재미는 재미대로 보고 3천도 되돌려 받고 꿩, 알 다 먹었다. (거, 재미봤으면 됐지 남자가 치사하게… 진작에 내가… 아쉬워하는 한량도 있었데나 어쨌대나.) 망신은 망신대로 당하고 그야말로 뭐 주고 뺨 맞았다. 웬 떡이냐, 횡재는 이미 사라졌고 생돈 물어내게 생겼다. 만리장성까지 쌓놓고 갈 때 다르고 올 때 다르다니… 누구라도 분통터질 노릇 아닌가. 그녀가 기자회견을 자청했다. 윤머시기 왈 "그런 놈 하고는 일억 줘도 안 한다."

자숙은 고사하고 자기가 뭐 독립운동 한 것처럼 되레 큰소리쳤다. 그 뻔뻔함을 보고도 거기에 있던 숫컷 기자들은 침묵으로 일관, 꿀먹은 벙어리들이었다. 일억 주고 할 놈도 없지만, 한 마디 했어야 했다. "금테 둘렀습니까!"

주이시 잔돈 세기

맨하탄에서 장사하는 사람에게 들은 이야기. 주이시 부인이 가게에 들어와 야채 과일이 진열된 곳으로 가서 이것저것 살피더니 사과, 그중에서 제일 좋은 것을 몇 개 고른 다음 손가락으로 한두 군데를 약간 눌러놓고 나간다. 그리고 다음 날 다시 찾아와서 어제 자기가 손가락으로 눌러서 약간 멍이 든 사과를 들고 주인에게 가서 하자가 있으니 싸게 달라고 한다. 주인은 상품 가치가 떨어졌으니 더 무르기 전에 어서 팔아야할 입장. 주이시 부인은 무른 데를 약간만 도려내면 제일 좋은 사과를 싸게 먹게 된다.

주이시 하면 머리, 간단한 예로 노벨상 25% 차지한 민족. 나라를 잃고 이곳 저곳 떠돌다 보니 세계 어느 나라에 뿌리 안내린 곳이 없다. 아주 오래전 중국은 물론 타민족이라면 아주 배타적인 일본에도 몇 천 명이 거주하고 있다. 월남 패망 후 '보트피플'이 한창일 때 동남아, 남지나 해역을 떠도는 난파 직전의 보트를 보고도 그냥 지나쳤던 배는 일본뿐이었다. (우리나라 어느 선장은 해고당하면서까지 난파선을 구해준 미담도 있다.) 단 한 건의 도움이 없는 그 야박한 민족에 끼어든 주이시들이 아직 얼씬도 못 한 두 나라가 있다. 그 중에 한 나라가 대한민국, 다음 한 나라가 북한이다. 결국 끼어들지 못한 나라가 대한민국뿐이다. 머리 좋다는 그들이 좀 연구했겠는가. '우리 머리 가지곤 대한민국 당할 자신이 없어!'

그들이 발 들여 놓기를 아예 포기해버린 한민족 후예인 나도 분통 터지게 한 번 크게 경험했다. 옆 가게에서 주이시 형제가 장사를 하고 있었다. 어느날 동생이 배터리가 필요했던지, AA 가격을 물어보러 왔다. 두 가지 종류가 있었다. 두 개짜리 한 팩은 1불, 4개짜리 한 팩은 2불 50전. 개수로 보면 2개가 1불이면 4개는 2불이어야 한다. 그런데 왜 4개짜리는 50전 많은 2불 50전인가. 4개짜리 팩에는 배터리를 테스트 할 수 있는 리트머스 시험지 같은 간단한 기기가 붙어 있었다. 테스트 할 수 있는 기기를 달아놓고 이만큼 자신 있으니 조금 비싸더라도 맘 놓고 사라는 상술이다. 그 젊은 동생이 2개짜리와 4개짜리를 들고 순간 머리를 굴리더니 테스트가 달린 4개짜리를 내밀며 두 개만 달라고 한다. 안 팔면 안 팔았지 4개를 반 토막 내서 팔 수가 없다. 팩이 망가진 나머지 두 개를 팔 수 없기 때문이다. 끈질지게 몇 번을 더 사정하더니 들고온 가위로 4개짜리 팩을 반을 싹둑 자르더니 1불을 내놓는다. 남의 물건을 반 토막 낸 것도 분통, 두 개짜리가 1불이니 테스트 기기가 달렸건 말건 두 개니 1불만 받으라고 저들의 잇속 경제논리를 들이댄다. 자기 논리대로 따지면 배터리 두 개에 25전이 이득인 것을 상대방에 분통 터질 노릇을 해대는 민족…. 그 일이 있고나서 말만 들었던 유대인 대해서 깊이 생각…

금전에 대해 철저한 얘기. 상점에 들어와서 1불짜리 물건을 하나 사고 10불짜리 돈을 내게 되면 1불짜리로 9장 거스름돈을 주면 9장이 맞나 세본다. 우리는 미국식으로 손바닥에 돈을 쫙 편 다음 엄지손가락으로 한 장씩 밀어내어 다음 손으로 넘겨 받으며 끝까지 센다. 거스름돈을 받으면 누구든 당연히 주인 보는 앞에서 세기 마련이기 때문에 만약 한 장이 더 왔거나 덜 왔을 경우, 한 장을 돌려주거나 한 장을 더 받는다. 주이시는 거스름돈을 한꺼번에 절반으로 접은 다음 한 장, 한 장 세기 시작한다. 1, 2, 3… 여덟 장째에서 다음 아홉 장째를 눈으로 확인한 다음 더 이상 세지 않고 그대로 호주머니에 넣고 나간다. 아홉 번째 다음에 한 장이 더 있을 수 있기 때문에.

…하게 되었다. 히틀러를, 홀로 코스트를, 그리고 통곡의 벽을. 생명보다 소중한 것이 없다. 어떤 경우에도 무슨 이유로도 인간을 학살한다는 것은 말로 다 할 수 없는 죄악이다. 살아남은 자들의 수기를 통해서 실화를 바탕으로 제작된 영화를 통해서 기록 영상 매체를 통해서 익히 알고 있는 것처럼 한 마디로 '끔찍하다'. 여기서 역사적인 배경과 사소한 것들을 열거할 수 없지만 아무튼 원인 없는 결과 없듯이 뭔가 '분명 있다.' 죽일 놈! 살릴 놈! 결과를 놓고 핏대 세웠지, '왜 우리가 당했을까?' 유태인, 누구 하나 반성이 없다. 그래서는 정말 그래서는 안 되겠지만 그들에게 한 번쯤 당한 내가 '히틀러'가 된다면….

유태인 상술(商術)

1, 2, 3…… 아라비아 숫자가 그냥 정해진 기호가 아니다. 어디에서 처음 시작되었느냐? 설만 분분할 뿐 명확한 답은 없다. 아라비아 숫자로 명명한 계기가 된것은 무슬림 세계에서 많이 쓰던 수를 유럽에서 배웠기 때문에 아라비아 수로 굳어졌다고 한다. 인도의 철학, 공(空) 사상에서 비롯된 0과 합쳐져서 현재의 십진법이 형성되었지만, 이익과 계산에 철저한 합리적인 유태인 상술에서 비롯되었다는 설도 있다. 1은 각(角)이 하나, 2는 각이 둘, 3은 셋…. 옛날 방식으로 수를 써놓고 따지면 1에서 9까지 수대로 각(角) 개수가 나온다. 중국의 숫자나 로마의 수와는 뚜렷이 비교가 될 정도로 그야말로 수학적이다. 나라를 잃고 떠돌이 생활을 할 수밖에 없는 처지에 먹고 살기 위해 장사란 필수. 장사를 해도 주먹구구식으로 하지 않고 체계적으로 했다. 하여 세계 상권을 좌지우지하는 세력으로 키웠는지 모른다. 장사란 흐르는 돈의 길목을 지키는 행위이다.

그렇다면 돈의 흐름이 어떻게 형성되었는가 파악해야 한다. 우리가 늘 숨쉬는 공기 중 산소와 질소의 비율이 20:80인 것처럼 전체 사람 중에 부자가 대략 20%이고 그저 그런 사람들이 80%에 속하고, 반면에 20%의 사람들이 80%의 돈을 차지한 부자들이고, 80%의 사람들이 20%의 돈을 나눠 가진 가난한 사람들이라 생각하고 있다. 돈의 흐름 즉 사람이 살아가는 보편화된 질서를 자연의 이치와 결부시킨 유태인의 지혜다. 이런 유태인들이 유언을 남기듯 후손에게 교육시키는 상술 몇 가지가 있다.

첫째가 고급품 장사, 즉 돈 많은 사람을 상대하라. 돈 없는 자들을 대상으로 장사하다 보면 이문이 박할 수밖에 없고 매상도 오르지 않을뿐더러 공연히 힘만 쓰게 된다. 예를 들어 다이아몬드나 고급 빽를 판다고 가정해 보자. 20%의 돈 많은 사람들은 숫자가 적은데 그들의 구매가 다 끝나면 그 다음은 어떻게 될까? 싶지만 80%의 가난한 사람들이 매양 가난하게 사는 것이 아니다.

인간은 항상 이상을 추구하는 동물이다. 전 세계 모든 사람들이 ○ 이것 거머쥐기에 혈안인데 80%에 끼었던 몇몇이 20%의 몇몇을 밀어내고 올라와 가난한 시절에 갖고 싶었던 다이아나 빽를 산다. 돌고 도는 돈, 그 순환의 법칙을 막연히 알고 있는 것이 아니라 그들은 확신하고 있는 것이다.

두 번째는 먹는 장사. 한 번 입안으로 들어 간 것은 재생이 안 되기 때문에 계속 소비할 수밖에. 먹는 장사라면 중국 사람 아닌가? 그것을 밑천으로 화교 상권을 번성시키고 있는 것이다.

세 번째, 여자를 노려라. 돈의 쓰임새 거의가 여자들의 치장을 위한 것이요, 또 구매의 결정권을 여자가 가지고 있기 때문이다. 어떤 좋은 물건도 함께 왔던 여자가 No 하면 팔아먹을 수가 없다. 여자의

No를 무시하고 억지로 샀다고 하자. 그 뒤 잔소리를 어떻게 감당할 것인가? 대부분 남자들이 차라리 안 사는 것이 낫다고 생각한다. 돈은 남자가 벌지만 쓸 때는 분명 여자의 손을 거쳐 나간다.

넷째는 현찰. 머니(현금) 장사가 최고다. 수표나 약속어음 따위는 믿지 말라는 얘기. 그래서 유태인들은 어릴 때부터 현금 교육을 철저히 시킨다. 어린 아들을 높은 탁자 위에 올려놓고 뛰어내리라 한 다음 받아 줄 것처럼 손을 내밀고 있다가 아들이 제 아비를 믿고 뛰어 내리면 얼른 손을 벌려 그대로 바닥에 나뒹굴도록 한단다. 나 외에 절대로 남을 믿지 말라는 교육, 즉 현찰 외에는 남과 같은 수표, 약속어음 따위는 절대 믿어서는 안 된다는 비정한 실천교육이다. 제 애비도 못 믿는 판에 무엇인들 믿겠는가.

비 샌 오백 년

신언서판. -당서(唐書) 선거지(選擧志)- 옛사람들이 인재를 선택하는 데 표준으로 삼은 네 가지 조건이다.

身. 건강은 물론 바른 품행의 행동거지를 첫째 조건으로 삼았다. 타고난 용모야 어쩔 수 없지만 후천적으로 얼마든지 준수한 외모로 가꿀 수 있다. 명품은 태어나는 것이 아니라 만드는 것이다.

言. 얼마나 품위 있게 언어를 구사하나? 곧 가정교육을 중시했다. 언어란 하루아침에 형성되는 것이 아니다. 아무리 조심하려 해도 어느 대목에선 본성이 드러나기 마련이다.

書. 얼마나 공부에 매진했나? 제대로 된 교육받은 지식으로 세상에 공헌할 능력을 살폈다. 글씨. 외적으로 드러나는 품성이다. 잘 쓰고, 못 쓰고의 문제가 아니다. 글씨의 완성은 정성이다.

判. 뭔가를 결정해야 할 순간이 주어졌을 때 올바른 가치관으로 제대로 사리 판단을 발휘할 수 있나? 옳고, 그름. 구분할 능력도 해당되겠다.

신언서판. 현대에 적용해도 전혀 손색이 없는 평가 기준이 되겠다.

후러싱에 굳게 자리 잡고 있는 유명 K식당에 갔다. 된장찌개를 시켰다. 웨이터가 된장찌개를 내려놓고 후다닥 뛰어갔다. 내 머리

위쪽에서 찌개를 내려놓다 뚝배기를 잘못 잡은 관계로 뜨거운 국물이 손등에 튀었던 모양이다. 옆 빈 의자에 놓아둔 내 물건에도 국물이 꽤 튀었다. 하마터면 국물을 온통 뒤집어 쓰고 화상 몇 도? 아찔했다. 조금 후에 그가 밥그릇을 들고 내 테이블로….

조선 오백 년을 통틀어 명재상을 꼽으라면 당연 황희 정승이다. 검은 소, 흰 소 이야기는 함부로 입놀리지 말라는 교훈이요, 노비들 말다툼에 하소연한 노비에게 '네 말이 옳다' 반론을 편 다른 노비에게 '네 말도 옳다'는 일화는 당쟁에 휘말리지 말라는 본보기요, 비 새는 지붕을 그대로 두고 산 치레는 청백리의 표본이다. 그런데 이 비 새는 지붕이 문제다. 청백리의 상징으로 비 새는 지붕을 내세웠는지 모르겠지만, 몇 백 년 동안 비 새는 지붕을 그대로 두고 명재상이라 칭송한 조선의 백성들, 비 새는 머리로 살아온 거나 마찬가지다. 국가 녹을 먹고사는 관리가 과분하게 떵떵거리는 사치는 분명 문제를 안고있다. 그러나 재상집 지붕이 샌다는 것은 나라의 수치요, 재상의 무능이거나 방치다. 일화를 보면 남녀노비가 있었다. 손수 비 새는 지붕을 수리하지 못할지라도 노비에게 지시해서 고칠 수 있었을 것이다. 제 집의 노비 하나 제대로 부릴 줄 모르는 재상을 명재상이라 할 수 있겠는가? 재상이라면 응당 국가에서 지급하는 봉록이 있다. 있으면서 호사하지 않는 절제가 올바른 가치관이지 보이기 위한 남루는 궁색이다. 검소하게 사는 아름다운 모범을 보여야지, 비새는 지붕은 너무 위선이다. 하도 부패에 휘둘리다 보니 백성들은 청렴한 재상을 방패막이로 삼고 싶었을 것이다. 황희 정승은 당연히 청렴했을 뿐이지 백성들을 잘 살게 해주지는 못한 것이다. 일화로 봐서 청렴과 굽신으로 윗전에 트집 잡히지 않았을 것이고, 모나지 않은 성격으로 아랫사람들에게 편안한 상전이었을 것이다. 한 나라 재상이라면 소신과 비전으로 백성을 대변하고 이끌어가야지 판단력이 흐려지고 기백이 쇠잔한 늘그막까지 굳세게 자리보전하는 처세술은 좀 그렇다.

… 왔다. 아무 말 없이 손등에 바른 연고제를 문지른다. 국물 뒤집어쓸 뻔한 나에게 한 마디도 없다. '괜찮느냐? 확인해야 마땅함에도 손님은 아랑곳없이 애처로운 듯 제 손등만 염려한다. 내 물건에 국물이 튀었을 뿐더러, 아찔한 상황이었음을 알리려 그에게 "하마터면 내가 이 식당을 접수할뻔 했어!" 아, 그랬어요? 괜찮으세요? 늦게나마 이렇게 나올줄 알았는 데 그의 대답이 가관이다. "그래서 보험을 들어 놓잖아요." 그리고 그만이다. 어떠한 불쾌한 실수를 손님에게 저질렀음에도 보험에 해당되지 않으면 괜찮다는 뻔뻔함 아닌가. 참으로 어처구니 없는 방패를 들고 나오는 그 웨이터를 그냥 바라볼 수밖에 없었다. 다른 웨이터가 그에게 볼 일이 있었던지 "부매니저님…" 부르자 자리를 떴다. 그러고 보니 이 다음 매장을 책임질 수도 있는 미래 "매니저님" 아닌가. 고개가 갸우뚱거려졌다. 그 정도의 식당을 가꾸고 일군 사장님이라면 사람 보는 안목이 상당할 텐데….
아직 사장님 안테나에 안 잡혔나?

문화의 힘

得樹攀枝無足奇(득수반지무족기) 懸崖撤手丈夫兒(현애철수장부아). 20여세의 白凡 金九 선생이 황해도 동학당에 입당하여 구월산 동학도들을 이끌고 경군(京軍)과 싸워 패한 뒤, 잠시 청계동이라는 곳에 머물 때 고산림이라는 학자를 스승으로 모시고 훈도를 받았다. 김구가 결단력이 부족하다고 판단한 선생이 아무리 밝히 보고 잘 판단하였다 하더라도 과단성과 실행할 힘이 없으면 다 쓸데없다는 말씀과 함께 가르침을 받은 글이다. 선생이 특히 역설하신 것은 의리에 관해서였다. 비록 뛰어난 재능이 있다 하더라도 의리에서 벗어나면 오히려 화근이 된다고 하셨다. 훗날 큰 일을 도모할 때마다 4, 5개월 청계동에 머물며 고 선생으로부터 받은 가르침이 크게 도움이 되었다 한다. 해주 치하포에서 왜군 중위를 격살(국모의 원수를 갚기 위한 살인)하려 하자 심신이 혼란하여 마음을 진정할 수가 없었는데, 문득 고선생의 교훈 「懸厓撤手丈夫兒」, 「절벽에서 잡은 손을 탁 놓아라, 그것이 대장부다.」라는 글귀가 생각나 가슴속에 한줄기 광명이 비침을 깨달았다고 한다. 「의를 보았거든 행할 것이요, 일의 이루고 못 이룸을 따져보고 망설이는 것은 몸을 좋아하고 이름을 좋아하는 자의 일이 아니냐?」에 마음을 굳히고 왜놈 군인을 때려 눕혔다 한다.

아버지가 읽고 또 읽고 읽던 책이 하나 있었다. 다른 책이 있었지만 유독 그 책만 소중하게 간직할 뿐더러 수시로 지인들에 단편적으로 대목대목을 들려주던 기억이 생생하다. 그 때는 몰랐다. 왜 그 한 책만 그토록 애지중지하는 줄. 이내 크고 나서 아버지가 보던 책을 접하게 되었다. 그 어떤 소설보다 흥미진진하고 재미있을 뿐더러 그 시대를 반영하는 역사요, 독립운동사인 백범 김구선생의 [백범일지]. 생사를 넘나드는 드라마틱한 삶의 궤적을 따라가다 보면 흠뻑 젖을 수밖에 없다. 이승만 정권에 의해 현실 정치를 모르는 이상주의자로 배척받았고, 확실한 증거는 없지만… 이승만 정권으로부터 사주 혹은 묵인 아래 암살 당한 선생이 추구했던 이상만큼은 높이 평가 받아야 마땅하다. 그 무엇 하나 제대로 된 것 없이 겨우 연명해 가던 신생독립국 지도자로서 부국강병의 기치를 높이 들어도 될까 말까 할 상황에서 「내가 원하는 우리나라」 글에서 「나는 우리나라가 아름다운 나라가 되길 원한다. 우리의 부력(富力)은 우리의 생활을 풍족히 할 만하고, 우리의 강력(强力)은 남의 침략을 막을 만하면 족하다. 오직 한없이 가지고 싶은 것은 높은 문화의 힘이다. 문화의 힘은 우리 자신을 행복하게 하고, 나아가서 남에게 행복을 주기 때문이다.」 헐벗고 굶주린 나라의 어느 지도자가 이상론 같은 문화의 힘을 외칠 수 있겠는가. 동백아가씨가 유행하고 신성일이 판치던 시절에 「문화의 힘」을 대했을 때만 해도 문화가 뭔지, 배부른 것보다 왜 문화를 강조했는지 도저히 이해할 수 없었다.

미국 학생들이 가게에 들어와서 나도 모르는 한국의 젊은 가수들 이름을 부르고 한국어 가사를 흥어얼거릴 때만 해도 이렇게 크게 번질 줄 몰랐다. 유학 온 한국 학생들로부터 귀동냥한 풍월이거니 했다. '번지 없는 주막'이나, 나훈아 남진에 머물던 나로서는 K-POP에 관심도 없었고 문외한이었다. 오히려 외국 학생들로부터 알아갔고 배웠다. 여러 방면의 K예능이 세상으로부터 인정받고 BTS가 세계를 휩쓸고… 도저히 상상할 수 없는 일들이 벌어지는 것을 보고 '그래 그렇구나,' 우리가 언제 세상으로부터 이렇게 관심받고 대접받은 적이 있었던가. 이제 알겠다. 「문화의 힘」

병사에게 보낸 궁녀의 시

당나라 현종 때 일이다. 황제의 명으로 변방에서 고생하는 군졸들에게 군복을 보내게 되었다. 고구려 출신 고선지 장군이 이끄는 원정군의 종횡무진 활약으로 서역 70여국을 정벌하던 시기였던바 변방의 군졸들이 고달팠을 것이다. 무리한 정무에 건강을 헤치는 것을 신하들이 걱정하자 '내 몸이 야위어 가는 대신 백성들이 살찌면 좋지 않겠소.' 이런 애민정신을 지닌 현종이 군 사기도 높이고 위로하기 위해 황제의 지시로 궁녀들로 하여금 군복을 짓게 하였다. 여자는 고사하고 민간인 조차 만나기 어려운 변방에서 궁녀들의 섬섬옥수로 지어보낸 군복을 받아본 병사들 마음이 얼마나 흡족했는지 불문가지. 한 병사가 즐거운 마음으로 여러 정황들을 상상하며 군복을 입어보던 중에 곱게 접힌 종이 한 장을 발견하였다. 무슨 글이 써있긴 분명 써있는 데 까막눈이라 읽을 수가 없었다. 지엄하신 황제가 보내신 하사품에 문서라니? 병사는 덜컥 겁이 났다. 무엇 하나 잘못한 날엔 목숨이 파리와 형 동생하던 시절이었다. 얼른 직속 상관에게 보고했다. 알 수 없는 인연의 끄나풀이 희미하게 이어질 징조였는지, 이 상관 또한 무식자였다. 혹시 무슨 사단이라도 벌어질까? 염려스러워 파발을 띄워 궁중으로 되돌려 보냈다. 현종이 펴

보았다.

沙場征戍客 사장정수객　寒苦若爲眠 한고약위면
戰袍經手作 전포경수작　知落阿誰邊 지락아수변
蓄意多添線 축의다첨선　含情更着綿 함정갱착면
今生已過也 금생이과야　重結後身緣 중결후신연

궁중에 갇혀지내는 궁녀가 이름 모를 변방의 병사에게 보낸 시가 애절하게 적혀 있었다. 시를 읽은 다음 궁녀들을 모두 한 자리에 모이게 했다. 황제가 편지를 들어보이며 "누가 이 글을 써서 위문품 군복에 넣어 보냈는가?" 당사자 한 궁녀만 그 사연을 알고 있을 뿐 다른 궁녀들은 무슨 영문인지 모르고 어리둥절했다. 어느 누구도 나서지 않고 정적만 흐르자 황제가 다시 "누가 무슨 연유로 보냈건 어떤 처벌도 내리지 않을 테니, 어서 나오거라." 잠시 침묵이 흐르고 한 궁녀가 나서며 죽어가는 목소리로 "저이옵니다." 황제가 빙그레 웃으며 "이리 나와서 읽어보거라." 궁녀가 구슬픈 목소리로 읽었다.

전쟁터를 지키는 변방의 병사들
추위와 괴로움에 잠인들 편하게 잘까
내 손수 지은 이 전투복
어느 그 누구에게 돌아갈련지….

마음 모아 한 땀 한 땀
정성으로 솜 한 겹 한 겹 덧댄다
이번 생엔 어쩔 수 없이 지나가지만
다음 생엔 이 인연 꼭 맺어지기를

현종이 누구인가. 세기의 로맨스, 장한가의 소제가 된 양귀비와 사랑에 빠졌던 인물 아닌가. 황제 자기 한 사람에게만 귀속되어 한 많은 생을 사는 궁녀들의 심정을 충분히 헤아렸으리라. 현종의 속셈은 이미 정해져 있었다. 내생에서나마 꼭 맺고 싶었던 애절한 소망을 이생에서 이룰 수 있도록 병사와 궁녀를 짝지어 주었다. 황제께 평생 감읍하며 살았을 필부필부(匹夫匹婦)의 생애가 애절한 시 한 편으로 절절하다.

썩은 동아줄

경상도에 사는 어느 할머니가 서울에 사는 아들 집에 찾아와 서울 구경을 잘하고 집으로 내려가게 되었다. 이제껏 사시면서 자식들 뒷바라지로 비행기 한 번 타보지 못하고 고생하신 어머니를 위해 부산행 비행기 표를 사드렸다. 비행 중에 화장실을 갔다오다 일등석 쪽으로 가게 되었다. 언뜻 보니 자리도 몇 군데 비어있고, 아이구 잘됐다 싶어 얼른 한 자리를 차지하고 앉았다. 이를 본 승무원이 다가와서 "할머니, 이 자리는 아무나 앉는 자리가 아닙니다. 할머니 자리로 가세요.", "무슨 소린교, 빈 자린데… 그냥 갑시더, 이기 좋구만" 승무원이 아무리 설명을 하고 달래도 비켜줄 생각은커녕 자리를 굴러보면서 막무가내 떼를 쓰자, 이를 지켜보고 있던 옆 좌석의 아저씨가 한마디했다. 이때까지 떼쓰던 할머니 아, 뜨거워라! 얼른 일반석으르 돌아가는 것이다. 「할머니, 여기는 '광주' 가는 칸입니다.」

지구라는 비행기를 탄 우리는 한 곳을 향해 함께 가고 있다. '부산', '광주' 행선지가 다른 승객이 아닌 것이다. 종교적으로 구분해서 극락, 천국, 지옥으로 친절하게 설명하고 있지만 그곳은 아무도 모른 사후의 세계일 뿐 현생의 종착역은 한 곳 뿐이다. 모든 종교의 지향점은 같은데 양쪽의 주장을 들어보면, 동에서 본 西 ― 종교라면 모름지기 三世를 밝혀야지 이생과 후생, 2생 정도로는 부족하다, 서에서 본 東一 전지전능한 신을 모셔야지 겨우 한 사상가에 지나지 않는 철학자를 신으로 받들고서야 그 많은 염원을 어떻게 감당하겠는가.

十. 합리적이고 논리적 사고에 길들여진 곳에서 비과학적으로 시작하고 발전한 것을 보면 역설적이기도 하다. 태생부터 좀 수상쩍다. 뜬금없이 칠일만에 우주창조, 웃기는 이야기 같지만 전지전능한 분께서 7일 동안이나 수고하셨을까? 한 찰나면 끝날 것을. 분명 알 수 없는 것은 아버지만 유일인지 그 아들도 신이신지 불분명한 것도 헷갈린다.

卍. 전생 이생 내생, 삼세를 규명하고 삼천대천 천상계을 밝혀 육도의 윤회로 내생의 덧을 놓아 이승의 몽매를 겁박한다. 험한 이생의 고통을 감수하면서 다음 생의 복락을 누리려는 오체투지, 너 그러면 이 다음 궁창 굴레에 못 벗어난 소로 태어난다는 윤회설, 이생의 고통은 그냥 이생의 고통일 뿐, 다음 생의 소는 그냥 소다. 해외영상 토픽감으로 나오는 한국 승려들의 종권다툼, 절간(이권)을 점령하기 위해 사다리를 타고 올라가다 추락하는 장면은 그야말로 압권이다. 모든 욕심을 버리고 수행 정진에만 매달려도 모자랄 판에 몽둥이 난동이라니. 유명사찰 뒷방에서 솔찮은 판돈이 오가는 노름판, 먹물 옷속 문제는 하도 떠들썩하니 말할 필요도 없다.

한국 교회는 C목사, M목사가 다 망쳐놓았다. 교회를 개인 기업으로 만든 장본인들이다. 교회가 교회답기 위해 목사가 성직자로서 사심을 버려야한다. 사실 가족이 있는 목사는 聖보다 職에 가깝지 않나 싶다. 대형교회의 비리들, 사이비 교주들의 반사회적 행적들, 교회가 여태껏 실천한 순기능을 그들이 다 까먹었다. 절대자를 믿고, 참회와 윤회를 설파한 성직자들께서 필부보다 못한 행위를 서슴치 않은 파렴치, 무엇으로 설명해야 하는가.

뉴욕의 대형교회 목사님이 여신자 두명과 뒷방 꽃놀이 하다 들통나서 정년퇴임을 앞두고 평생 일군 교회에서 쫓겨났다. 설교며 평소의 행동거지로 봐서 절대 절대로 그럴 분이 아니었는데…. 한 명도 아니고 두 명씩이나, 참으로 알다가도 모를 일이야… 순종이 제사보다 낫다, 한없이 따랐던 성도들 수군댔다. 사건이 터지자 그 목사 사모께서 아내의 앙칼진 권리로 남편을 쥐어뜯어도 모자랄 판에 사모 자리가 얼마나 좋았던지 "잘 못 모신 제 탓이니, 제발 한 번만 용서해 달라." 신자들께 읍소했다고 한다. 어떤 것을 잘못 모셨는지 모르겠으나, 참으로 훌륭하십니다 사모님! 저런 아내들만 있으면 남자들 세상이 얼마나 화평스러울까.

모르면 평화롭다

한국만큼 성형수술이 발달한 나라가 없을 것이다. 특히 미용수술은 독보적이지 않나 싶다. 얼마전까지만 해도 쉬쉬하던 연예인들, 이제는 아예 몇번 리모델링 했노라 외치는 세상이 됐다. 연예인으로 나설 정도면 그래도 한몫하는 얼굴일텐데…. 수술에 중독되어 얼굴은 물론 인생까지 망치는 걸 보면 세상에 잘 보이고 싶다기보다, 본인 스스로에게 못마땅한 자기불만족 증상이 아닐까. 내밀어야 할 간판이 얼굴인 세상에 '생긴대로 살라' 강요하기엔 꼭 필요한 사람에게 너무 잔인한 처사 같기도 하다. '너무 못생겼다고 억울해하지 말라. 나는 원숭이 중에 제일 잘 생긴 사람이라 생각하자.'

가슴확대성형 수술받는 여자들께 왜 중축하느냐? 물어보면 대부분 여자분들 항변조로 '남자들이 가슴 큰 여자들만 쳐다 보잖아요!' 원초적 본능이다. 사람이고 예술이고 아름다운 것은 더 바라보게 된다. 숫컷은 씨 뿌리는 동물이다. 자기 종족을 더 많이 더 멀리 퍼뜨리는 근력으로 존재감을 과시한다. '그래, 저 정도면 내 새끼를 굶기지 않고 잘 먹여 살리겠구나.' 가슴 큰 암컷에 눈길을 더 주는 행위는 즐기려는 목적보다 종족보전의 본능이다. 억지로 말하자면 그렇다는 얘기다.

요리로 유명한 어느 여자 방송인이 의사인 남편을 두고 젊었을 때 못마땅 했던 과거사를 원망 반 복수 반, 넋두리 늘어논다. 남편이 바람 피는 낌새가 있어 뒤쫓아가 봤다. '대체 어느 ○ 하고 바람 피는 거야!' 얼마나 잘난 ○이기에 의사인 내편을 홀렸나? 몰래 살펴봤더니, 영 형편 없더란다. 교양 있어 보이지도 않고 그렇다고 외모가 뛰어나기는커녕 평균치에도 한참 못미치는 저런 부족한 형편과 무얼 보고 짝짝꿍한 거야? 그래도 자기와 비교해서 잘난 ○이면 용서해 줄까, 했는데… 실망스러움에 화까지 났다, 하지만 자기보다 못함을 두고 은근히 안도의 미소를 짓는 것 같았다.

음큼한 과거사에 문외한인 나로서 세세한 내막을 읽을 수 없지만… 사랑의 조건이 아름다움에서 비롯된다는 전제로 한 가지만 거들자면 '남자는 꼭 사랑(조건의 충족)해서만 바람 피는 것이 아니다.' 상대 여성이 있기에 세상 남자들이 바람을 피는데, 세상 여자들 누구도 바람 피웠던 과거에 대해 시치미 뗀다. 공적인 자리에서 바람 이야기만 나오면 손가락질 대상은 모두 숫컷이다. 그 자리에 열 명이 있건 백 명이 있건 모든 여자들은 과거사 무, 순백의 천사들이다. 그들에게 가장 어울리는 단어는 '내숭'이다. 본질을 꿰뚫어보는 이 기막힌 단어는 어느 나라에도 없는 국보급 낱말이다.

어느 여자가 자기 남편이 바람 핀 것을 알고 '그래, 너만 피냐, 나도 피자' 맘 먹고 맞바람을 피게 되었다. 겉으론 복수하자는 일념이었는지 몰라도, 내심 은근히 바라던 바 잘 되었다고 생각했는지 모른다. 전생에 어떤 인연이 있어겠지… 스스로 달래며 엮은 남자와 호텔에 가게 되었다. 호텔 앞에 도착해서 상대남의 팔짱을 끼고 가는데, 여자와 다정하게 호텔 문을 나서는 남편과 눈이 딱 마주쳤다. 이 여자 당황스러움도 잠시, 끼고 있던 상대남 팔을 이끌며 남편과 여자를 향해 "형사님! 저 년놈들이에요. 빨리 잡아 주세요."

만날 때마다 상대가 바뀌는 그 방면의 프로 지인이 있다. 한 번도 들키지 않는 것이 이상했다. 남자들의 어리석은 뒷처리, 꼬리가 길면 여자들의 직감 안테나에 걸릴 게 뻔한데… 순전히 호기심에 참고 삼아 한 번 물어봤다. "장형, 그렇게 밖에 일을 벌리고도 잡히지 않으니, 참 신통하네요. 비결이 무어요?", "뭐 별 거 없어요.", "그래도 혼자만 터득한 방법이 있을 거 아니요"

그의 노하우는 이렇다. 자기 부인에게 절대 잘 해주면 안된다. 의무 방어로 시시하게 때운다. 잘 해주면 그 좋은 걸 왜 남한테 주느냐! 여자들 욕심에 쌍불을 켜지만, 대충 넘기다 보면 '그래 봤자지, 겨우 그것 가지고 별 볼 일 있겠어.' 의심은커녕 아예 무시해 버린다. 그래도 가슴속 깊이 새기고 사는 좌우명처럼 스스로에게 늘 던지는 경고가 있다. 가정의 평화를 지키기 위해 가장 좋은 방법, '거사는 절대 모르게.'

열심히와 잘, 모름과 잊음

어느 날 대학생 아들에게 "공부 열심히 하고 있냐?", "아버지는요?" 되묻는다. "가족을 위해 열심히 벌고 있지." 말이 떨어지자마자 "아버지, 저는 열심히 공부하면 되지만, 아버지는 열심히 벌어서는 안 돼요. 잘 벌어야 해요." 나의 '열심히'와 아들의 '열심히', 아들의 '잘'과 나의 '잘', 언어가 전달하고자 한 내막은 똑같다. 누가 먼저 '열심히'와 '잘'을 구분해서 되받았느냐에 따라 상대가 한 방 먹는 촌철살인의 펀치가 날아간다.

대한건아들이면 기억할 것이다. 국토방위 의무를 위해 훈련소 입소하던 날을. 훈련소 정문을 지나 애타게 보내는 가족들의 시야에서 사라질 때쯤, 빨강 모자를 푹 눌러쓴 인솔 조교들이 갑자기 "취침!" 외친다. 땅바닥에서 잠자라고? 나는 취침이 무슨 뜻인줄 모르고 어벙벙 서 있었다. 훈련소 이야기를 이미 접하고 왔던 동료 입소자들은 땅바닥에 큰 대자로 눕는다. 땅바닥에 누우라는 명령이구나, 나도 얼른 따라 누웠다. "좌로 취침!", "우로 취침!" 그 무시무시한 명령을 감히 누가 거역하겠는가. 맨 땅에 몇 번인가 뒹굴고 나니, '이거 장난이 아니네' 꿩 잡으로 가던 어영부영 사제 모습은 간 데 없고, 정신이 번쩍 들었다. 각종 훈련이 끝나면 몇몇 훈련병에게 교육

받은 것에 대하여 물어본다. 열심히 훈련 받은 자들은 똑똑히 대답을 잘하지만 훈련에 태만인 나같은 고문병은 잘 생각나지 않을 때 사회에서 하던 대로 '모르겠습니다' 외친다. 그런데 군에선 여태껏 사용하지 않은 생소한 언어 '잊었습니다'가 추가되는 상황이 도사리고 있다. '모르겠습니다'와 '잊었습니다' 알고 보면 이 대답이 상당히 골치 아프다.

'모름'과 '잊음'. 이 둘의 대답은 생사를 가를 정도의 차이가 있다. '모르겠습니다.'는 조교가 가르쳐 주지 않아서 모르는 것이기 때문에 '모르겠습니다'는 절대 외쳐서는 안 된다. 반면 "잊었습니다."는 조교가 가르쳐 주었는데도 잊었으므로 훈련병 당사자가 책임져야 한다는 논리다. 갑작스런 상급자의 검열에 대비해서 조교들이 마련해 둔 저들만의 안정장치다. 되는 것도 없고 안 되는 것도 없는 군대, 총 칼 앞에 무지막지하게 굴러가는 것 같지만 이렇게 언어 하나까지도 섬세하게 구분한다. 나라 지키는 일이 그냥 되는 일이 아니다. 나라가 위기에 처하면 언제든 훈련병 시절로 돌아가 조국을 지키려는 강한 애국심일까? 주민등록 번호는 몰라도 몇 십 년 전에 외웠던 군번은 아직도 생생하다. 재향군인 다 그럴 것이다.

"모르겠습니다.", "잊었습니다." 그 차이 때문에 ○나게 얻어터진 적이 있다. 모르는 것에 대한 부끄러운 표현으로 "모르겠습니…다." 목소리를 낮추었더니 씩씩하지 못하다 터지고, 우렁차게 "잊었습니다!" 용감하게 외쳤더니 잊어버린 주제에 뻔뻔하다고… 아, 내 몸은 성할 날이 없었다. 그때만큼은 '나도 정말 공산당이 싫어요!' 북쪽을 향해 이를 갈았다. 대부분 훈련병들이 고달픈 훈련중에 굳세게 맹세하듯 다짐하는 게 있다. '이 다음 장가 가서 아들 낳으면 무슨 수를 써서라도 절대 군대 보내지 않을 거다.' 그런데 미국의 험한 바다에서 뒹굴다 보면 생사를 걸고 군에서 경험했던 깡이 엄청 고맙게 느껴질 때가 있다. 생각지도 않은 조상의 유산, 선조 잘 모신 덕에 물러 받은 혜택 같았다. LA 사태 때, 총으로 무장하고 폭도들로부터 사업장을 지킨 건 대한의 후예들 뿐이었다. 껄렁껄렁한 놈들이 아세안이라 무시하고 함부로 굴 때 제대로 본때를 보여줘야지, 한 번 밀리기 시작하면 사업장을 접고 물러나는 수밖에 도리없다. 나도 뉴스에서만 보았던 권총 강도와 맞짱뜬 적이 있다. 정말 무모한 행동, 지금 생각하면 아찔하다. 아들들이 군대 갈 나이가 다가오면 호된 경험자 애비들이 마음속으로 은근히 부추낀다. '그래 남자는 군대 한 번 갔다 와야지' 여자들이 산고의 고통을 잊고 또 낳고 싶듯이. 그 때는 정말 죽고 싶었다. 그런데 그 시절이 슬슬 그리워진다.

내 일처럼 내 가족처럼

어느 비누 공장에서 생산한 제품 중에 내용물이 없고 빈 케이스만 있는 일이 종종 발생했다. 자동으로 포장하다 보니 빈 케이스만 시중에 나가게 된 실수를 미처 몰랐던 것이다. 소비자들로부터 항의가 들어왔다. 회사 이미지에 좋지 않는 일이라 '빈 케이스' 문제를 해결하기 위해 그 방면 전문회사 기술자들을 초빙하여 다각도로 연구하게 되었다. 빈 케이스를 골라내는 문제가 현대 기술로 그렇게 어려운 일이 아니었다. 제품 검사 라인에 컴퓨터 계량장치를 설치하면 간단하게 해결될 문제였다. 그런데 견적서를 받아보니 설치 비용이 만만치 않았다. 몇 군데 회사에 의뢰하여 견적을 받아보느라 낯선 사람들이 몇 차례 들락거리는 것을 보고 현장 말단 생산직 직원이 무슨 일인가 싶어 사장한테 물어봤다. "사장님, 무슨 문제 때문에 여러 사람들이 왔다갔다합니까?", "'빈 케이스' 불량품 문제를 해결하기 위해 설비회사 사람들이 왔다.", "기술적으로 어려워서 그러세요?", "기술이 문제가 아니라 설치 비용이 만만치 않아, 생산 라인도 일시 중단…" 가만히 듣고 있던 그 직원 "사장님, 그거 간단한 문젠데 뭐 그렇게 어렵게 생각하세요. 제가 당장 해결하겠습니다." 지가 무슨 수로 해결하겠다는 건지? 사장이 알 수없다는 듯 고개를 갸웃거리고 있는데…

직원들을 독려하기 위해 사측에서 내세운 구호가 회사마다 나부낄 때, 어느 사장님이 생각해 낸 구호를 직원들이 다 볼 수 있도록 페인트공을 불러 공장 벽에다 크게 써놓았다. [회사 일을 내 일처럼 사원을 내 가족처럼] 사장 입장에서 사원들이 회사 일을 내 일처럼 해준다면 얼마나 고맙겠는가, 반면에 사장님이 직원들을 제 가족처럼 대우해 준다면야 서로가 윈윈 금상첨화다. 내 일, 내 가족. 사노가 서로 상생할 수 있는 자본주의 시장경제 논리로 최상의 방법인데 현실적으로 그리 간단치 않아 세상은 고민한다. 머리에 결사반대 띠 두르고, 물대포에 최루탄, 서로가 제 주먹만 내세우다 보니 곳곳에서 죽기살기로 충돌이 일어날 수밖에 없는 현실이다. 제일 좋은 방법은 역지사지, 상대방 입장에서 바라보고 서로 한 발씩 양보하자. 말이야 좋다마는 그게 출구를 찾을 수 없는 미로처럼 참으로 복잡하다.

본인이 생각해 낸 구호가 그럴싸했는지 사장이 흐뭇하게 바라보고 있었다. 그 옆으로 지나가던 공장 직원 하나가 사장님 귀에 들릴 듯 말 듯 중얼거렸다. 그는 자본주의 속성을 경험칙으로 이미 알고 있었다. “내 일처럼 하면 가족처럼 챙겨줄랑가”

… 그 생산직 사원이 공장에서 쓰던 대형 선풍기 한 대를 가지고

와서 포장된 비누가 흘러가는 마지막 코스 콘베어 밸트 앞에 세우더니 선풍기 스위치를 올렸다. 선풍기 바람에 의해 알맹이 없는 '빈 케이스'만 벨트 밖으로 떨어져 나갔다. 그야말로 알맹이 없는 '빈 케이스' 문제를 간단하고 알차게 해결했다. 네 알바 아니다, 니가 무슨 재주로… 무시하지 않고 말단 직원에게 귀 기울여 준 성의 때문에 몇십만 불을 아끼게 되었다. 물론 말단 직원의 지혜가 빛났다. 내 가족처럼 보너스를 두둑하게 주었는지 모르겠다.

사장님과 우리 사장님

어떤 한식 상차림을 화면으로 보면 반찬 수가 엄청나게 많다. 상다리가 부러진다는 말이 실감날 정도다. 어떻게 저걸 다 먹나? 걱정이 될 정도다. 외국 식당의 상차림, 우리식 반찬이란 아예 없고 메인 메뉴에 꼭 필요한 곁다리만 나오고 필요한 요리는 추가 주문으로 불필요한 허식이 없다. 남은 빵 조각으로 접시 바닥까지 싹싹, 본받아야 할 식사 상식인 것 같았다. 정이 많은 민족인지 몰라도 반찬 가지 수가 적으면 주인이고 손님이고 야박한 감정이 드는 모양이다. 식탁에 나왔던 반찬을 재사용할 수도 없고 그냥 버려야 하니 쓰레기만 양산한다. 밥이 메인 요리였던 시대에 신경 써서 늘려왔던 반찬, 합리적인 방안들을 제고해 봐야 할 문제다.

하루는 어떤 스님이 낙보 선사에게 하직 인사를 하자 선사가 그에게 물었다. "사방이 온통 산인데, 그대는 어디로 가려느냐?" 그 스님이 대답을 못하자 선사가 다시 말했다.

"십일을 말미 주겠다. 그 동안 옳은 대답을 하면 놓아주겠다."

며칠 동안 곰곰이 생각하다가 채소밭으로 갔다. 채소밭 소임을 맡아보고 있던 선정(善靜)이 이상히 생각하여 물었다. "상좌는 선사께 하직 인사하고 떠난 줄 알았는데 어째서 지금 이 곳에 계시오?" 이에 그 동안의 사정을 얘기하고 혹시 자기를 도와 줄 수 있는지 물었다. "대나무가 아무리 빽빽하게 있다 하여도 흐르는 물을 막을 수 없고, 산이 아무리 높다 한들 흰 구름 가는 길을 어찌 막을 수 있으리."

이 소리를 듣고 대답이 풀렸노라 그 스님이 기뻐하니 선정이 다시 말했다. "이 말은 내가 한 말이라고 아무에게도 말하지 마시오." 그 스님이 곧바로 낙보에게 달려가 그대로 말하자 선사가 물었다. "이것이 누구의 말이냐?", "저의 말입니다.", "아니다, 바른 대로 말하라." 스님은 비로소 이것이 채소밭 지기 선정의 말이라 털어놓았다. 그날 저녁 낙보선사가 대중들을 모아놓고 "채소밭 주인을 깔보지 말라, 후일 오백 명 이상이 그를 따를 것이다."

식당 음식이라는 것이 다 입에 맞는 것이 아니다. 한국 식당 밑반찬이라는 것이 대충 비슷하다. 김치 서너 가지, 나물 한두 가지, 그리고 그날그날에 따라 몇 가지 색다른 반찬. 밑반찬에 신경을 쓰는 식당에서 혼자 점심을 먹으면 밑반찬 몇 가지는 손도 안 대고 그냥 물릴 때가 있다. 그래서 어떤 손님은 자기가 먹지 않을 반찬은 미리 되돌려 보낸다고 한다. 그것 괜찮은 생각이라 나도 한 번 시도해 봤다. 짜게 먹는 것을 별로 좋아하지도 않고 또 맨날 먹는 것이 김치라서 김치 한두 가지는 되돌려 보내고 나머지 반찬으로 식사를 했더니 좋았다. 깨끗이 그릇을 비우니 보기도 좋았고 음식 절약하는 것이 복 받을 일인가 싶어 괜찮았다.

식당 이름이 시적인 H식당에서 런치 스페셜을 먹고 있었다. 밥을 거의 다 먹어가는 중이라서 밑반찬이 거의 바닥이 난 상태였다. 런치 스페셜은 값이 싸고 그리고 혼자 먹게 되는 경우에는 반찬이 충분하기 때문에 종업원들이 그다지 신경을 쓰지 않는다. 인사 삼아서 뭐 필요한 것 없느냐고 물어볼 뿐이다. 어느 사람이 내 식탁 옆을 지나가더니 그 근방에 있는 종업원에게 "반찬 몇 가지 더 갖다드리세요." 누군가 싶어 자세히 봤더니 훤칠하게 생긴 어느 남자가 주방 쪽으로 가면서 부탁하는 것이었다. 계산서 가지고 온 종업원에게 방금 전에 그 남자가 누구냐고 물었다. "우리 사장님이세요." 그냥 사장님이 아니고 "우리" 사장님이라고 강조하고 싶은 이유가 분명 있을 것이다.

귀도 맛을 느낀다

누구고 간에 칭찬하는 데야 싫어할 사람이 없다. 어떤 사람이고 찬찬히 뜯어보면 한두 군데는 다른 사람과 다를 것이다. 날씬한 사람이야 말할 것도 없고 뚱뚱한 사람에겐 건강미를 내세울 것이며, 하다못해 발뒤꿈치 보기 좋은 사람도 있을 것이다. 없는 사실을 과장 하면 아부지만 좋은 면을 부각시키면 즐거움이 된다. 가장 적은 밑천으로 가장 큰 이득을 챙기는 투자는 미소와 칭찬이다.

한나라 유방이 천하를 통일하고 한가한 어느 날 천하를 평정하는 데 큰 공을 세운 한신 장군과 한담을 나누고 있었다. "한 장군, 그대가 보기에 나는 얼마나 많은 군사를 통솔할 수 있다고 보시오?", "한 1000명쯤 될까요." 한 고조 유방이 생각하기를 「그래도 내가 천하통일의 위업을 이룩한 사람인데, 몇 백만쯤 될 거라는 대답을 기대 했는데, 겨우 1000명이라니.....」

"그래요, 그럼 한 장군은 몇 명이나 통솔할 수 있다고 생각 하시오?", "저야, 백만 명? 아니 몇 백만 명… 많으면 많을수록 좋습니다." 소위 자기는 왕이고 그는 자기 부하에 지나지 않는데, 자기보고는 겨우 천 명 정도 통솔할 수 있다면서 한신 자기는 많으면 많을수록 좋다니 섭섭하기도 하고 괘심하기도 하여 은근히 협박했다. "한 장군은 많으면 많을수록 좋고 나는 겨우 천 명이란 말이요?", "물론 그렇습니다. 대왕께서는 저와 같은 장군 천 명만 통솔하시면 된다는 말씀입니다."

이 정도 되면 이것은 칭찬이 아니라 아부에 가깝지만 한고조가 이 말 끝에 당장 내치지 않고 한참 후에 다른 연유로 한신을 제거 한 것을 보면 그 때 칭찬이 좋았긴 좋았던 모양이다.

어느 식당에 연인인 듯한 젊은 남녀가 들어왔다. 여자는 장미꽃 한 다발을 들고 있었다. 식당 주인아주머니가 다가와 "아이, 그 꽃 예쁘기도 해라." 그리고 그만이다. 꽃을 주고, 받은 그 아름다운 사연이 궁금한 것이 아니라 당연히 아름다운 꽃을 두고 이쁘다고 하니 그 다음은 말문이 막힐 수밖에. 그런 상황에선 이렇다. "무슨 좋은 일이 있으신가 봐요?", "네, 오늘 프로포즈 받았어요.", "아, 축하해요. 나도 이런 선물 한 번 받아 봤으면…."

학생이 꽃다발을 들고 부모와 식당을 찾았을 때는 졸업식이 있었거나 무슨 학예회, 무슨 대회에서 상을 받은 좋은 날이다. 말 붙이기 좋은 이런 찬스를 대부분 놓치는 것 같다. 맛이 부족하면 입의 맛으로라도 손님의 귀맛을 보충할 줄 알아야 한다.

"식사하시는데 죄송합니다만, 오늘 프로포즈 받았답니다. 앞날의 행복을 위해 박수 한 번 쳐주셨으면 고맙겠습니다. 짝짝짝!" 손님들은 기꺼이 박수를 보낼 것이다.

남의 행복에 내가 더 즐거울 때가 있다.

바보들 이야기

어느 고을에 두 친구가 있었다. 하루는 한 친구가 다른 친구에게 물었다. "오 곱하기 팔은 얼만지 알아?". "응… 오,팔 사십오", "틀렸어, 오,팔 사십이야. 사십" 한 친구는 사십오라 우기고, 한 친구는 사십이라 우기며 하루 종일 다퉜다. 그다음 날도 끝장나지 않았다. 이렇게 침튀기며 싸울게 아니라, 현명한 고을 원님한테 물어 봐서 틀린 자가 벌을 받기로 했다. "사또님, 누구 말이 맞습니까?", "오팔, 사십이라 답한 저 자를 끌어내 곤장 열 대를 치거라.", "나리님, 분명 오팔 사십이 맞사온데 왜 저를 벌하시옵니까?" 항의하자 사또 왈 "저런 자와 다투는 네 놈이 더 미련하다."

어느 고을에 칠푼이와 팔푼이가 살았다. 팔푼이가 산에 나무하러 갔다가 금덩이를 발견하였다. 당장 금덩이를 가지고 마을로 내려가면 사람들이 이상히 여길꺼라 생각하고, 제 나름대로 계획을 확실히 세운 다음에 오리라 작정하고 금을 땅에 묻었다. 땅에 묻은 후에 곰곰히 생각해 보니 아무래도 누가 파갈 것 같아 불안했다. 분명히 해두기 위해 푯말을 하나 꽂아 두었다. [여기에 절대 금을 묻어두지 않았음. 칠푼이]. 다음날 팔푼이가 산에 올랐다가 칠푼이의 푯말을 보고 '이눔아 누가 속을 줄 알고' 칠푼이가 묻어논 금을 다 판 다음, 자기가 금을 파가지 않았음을 확실히 해두기 위해 [여기 금을 절대 파가지 않았음. 팔푼이]. 그 다음날 칠푼이가 와서 보니 누가 금을 파가고 없지 않는가. 푯말를 보니 내 친구 팔푼이는 절대 금을 훔쳐가지 않았구나, 그러면 동네 사람 누군가 가지고 갔거니… 붉으락 푸르락 씩씩거리며 마을로 내려와서 "팔푼이 빼고 다 나와!"

서울대학교 신입생(2006년도) 선발 논술에 관해 서울대 정운찬 총창과 노무현 대통령이 왈가왈부, 총장은 좋은 학생을 선발하기 위해 서울대 방법의 논술을 고집했고, 대통령은 좋은 학생만 싹쓸이해서 교육할 생각만 말고 교육의 본질을 제대로 알고 좋은 인재를 배출하라고 했다. 이에 정총장이 원자재론을 들고 나왔다. '아무리 기술이 좋아도 원자재가 나쁘면 좋은 물건을 만들 수 없다.' 서울대 들어가기도 힘들고 그 대학 교수 되기도 힘든 그런 대학 총장 입에서 나온 웃기는 원자재론이나 그런 총장하고 입씨름하고 있는 대통령도 한심하다. 원자재란 가공되기 전 물건, 그야말로 나무토막이거나 돌덩어리다. 아무리 제 주장을 관철시키기 위한 논리라지만 돌, 나무토막에다 잠재력이 무한한 인간을 비교한단 말인가. 서울대학교가 어떤 곳인가, 가만히 있어도 대한민국의 내로라 하는 머리 좋은 학생들이 모여드는 판인데, 왜 논술 방법 가지고 서로 미련 떠는지 모르겠다. 대한민국 대통령, 서울대학교 총장, 어느 원자재가 더 단단한지 분석해 볼 필요가 있다. 한 술 더 떠서 고교 평준화 문제까지 들먹이고 나서는 총장을 보니 다분히 정치적인 속셈이 엿보인다. 정치적인 인물로 부각되고 싶으면 차라리 '신입생 선발 재량권을 각 대학 자율에 맡겨 달라,' '대한민국 인재교육은 대학이 알아서 책임지겠다.' 대승적 견지에서 정부에 대들어야 하지 않았나 싶다. 어떤 방법을 동원해도 입시 선발 제도가 있는 한, 서울대학교로 대한민국 최상의 학생들이 몰리는 현상을 막을 수 없음을, 정부도 총장도 알았으면 좋겠다. 그런데 그 많은 최상의 학생들이 몰리는 선망의 서울대학교가 대한민국이라는 작은 틀 안에서 허우적거린다는 현실이 슬프다. 어디에 대고 박아도 끄떡 없는 내 원자재, 쇳덩어리라는 사실이 더더욱 슬프다.

(하버드에 들어간 어느 학생이 교내에 득실거리는 학생들을 보고 세상에 왠 천재가 이렇게 많은가? 깜짝 놀랐다. 자기를 두고 자타 천재라 인정함을 철회, 그렇다 서울대 하버드 정도 입학생을 두고 천재라 두둔하면 곤란하다. 좋은 직장, 선망의 직업군으로 타 학생들보다 미래의 가능성 기대치가 높은 학생이라면 모를까. 모름지기 인류를 위해 무언가 하나쯤 남겨야 천재라 할 수 있겠다.)

아름다운 보답은 가슴에 남는다

중국의 춘추전국시대, 초나라에 장왕이라는 명군이 있었다. 사기에 의하면 장왕은 배포가 큰 인물이었다. 어느 날 밤, 장왕이 많은 신하를 불러놓고 궁중연회를 베푼 자리에서

"오늘밤은 마음 내키는 대로 신나게 놀기로 하세."라고 했다. 술자리가 무르익으면서 연회가 엉망이 된 것은 물론이다. 그런데 연회가 한창 진행되는 도중에 바람이 불어서 등불이 모두 꺼져 버렸다. 깜깜한 틈을 타서 어느 신하가 사랑하는 왕의 애첩을 주무르면서 희롱했던 모양이다. 갑자기 애첩의 비명 소리가 들리며 왕께 아뢰는 것이었다. "대왕마마, 어느 자가 소첩을 희롱하기에 그 자의 갓끈을 끊어 놓았사옵니다. 빨리 불을 켜서 범인을 잡아 주시옵소서." 이에 잠시 후 장왕은 "무슨 소리인 게야, 애초에 술을 많이 마시게 한 내가 잘못이지, 여자 하나 때문에 부하를 곤경에 빠뜨릴 수야 없지." 말한 다음 다시 명령을 내렸다. "오늘밤은 모두 관의 끈을 끊어 버리고 놀기로 하지." 잠시 후 다시 불을 켜자, 끈이 달린 관을 쓴 사람이 한 사람도 없었다. 그로부터 몇 년 후, 초나라에 진이라는 강대국이 쳐들어와 싸우게 되었다. 초, 진 양국 군사들이 대치하고 있는 상황에서 막강한 진나라 군사들을 보고 초나라 군사들은 각자 도

망갈 궁리만 하고 있었다. 이때 적진을 향해 돌격을 외치며 앞장서서 용감하게 싸우는 용사가 있었다. 이에 다른 병사들도 용기를 얻어 싸우게 되니, 마침내 진나라 군사들을 무찌르게 되었다. 싸움이 끝나고 왕이 용사를 불렀다. "그대 같은 용사가 죽음을 두려워하지 않고 앞장서서 싸워 주었기에, 이 초나라를 구한 것일세", "사실 저는 한 번 죽었던 몸이올시다. 술에 취해 무례함을 범했을 때 왕의 넓은 아량으로 살아남아, 그 후 신명을 바쳐 은혜에 보답하려 했습니다. 그날 밤, 관의 끈이 끊겼던 놈이 바로 저였습니다."

춘추전국 시대였던가, 전장에서 돌아온 한 병사가 함께 갔던 동료 병사의 소식을 전하기 위해 동료의 어머니를 찾아갔다. 그 어머니가 깜짝 놀라며 아들 소식을 물어 보았다. "네 무사히 잘 있습니다. 그런데 등에 종기가 나서 고생이 많았습니다. 종기 난 것을 보고 직속 장군님이 손수 입으로 농을 빨아서 치료해 주어 이제 다 낫습니다." 말이 떨어지자마자 그의 어머니가 "아이구, 내 아들은 이제 살아선 돌아오지 못하겠구나." 대성통곡을 하는 것이었다. "이제 전쟁이 끝나면 곧 돌아올 텐데, 왜 그러십니까?" 전사 통지도 아닌데… 병사가 의아해서 물었다. "제 애비도 종기가 났었는데 장군님이 손수 입으로 빨아서 낫게해 주었어. 장군님께 보답하고자 신명받쳐 싸우다 전사했어."

식당에서 밥을 먹고 있는데 중년의 남자가 들어오자, 종업원 아가씨가 다가오더니 "사장님, 오셨어요.", "아가씨, 엇저녁에 고마웠어요." 전날에 와서 무슨 일로 신세졌던 모양이다. 내막이야 모르겠지만 신세진 일로 고마움에 일부러 찾아온 것 같았다. 신세에 보답하려는 듯 아가씨에게 뭐 하나 맛있는 것 시키란다. 괜찮다 해도 자기가 사겠다고 뭐든지 하나 시키란다. 카운터에 앉아있는 주인아주머니 입장에서야 비싼 것 하나 시켜먹으면 좋으련만… 맨날 다루는 것이 밥이고 허구헌 날 냄새에 절인 직업인데 아닌 때에 억지로 먹기도 그렇고… 다른 종업원들은 일하는데 저 혼자 손님처럼 편히 먹을 수 있는 처지도… 끈질기게 맛있는 것 권하는 손님과 매상에 보태려는 주인아주머니 눈치 사이에서 난감한 표정을 짓던 아가씨. 결말이 어떻게 나오나 끝까지 지켰보고 싶었지만, 호기심이나마 남의 사생활에 너무 끼어드는 것 같아 그냥 나오고 말았다.

목숨 걸고 나라를 구하는 보답도 있고, 작은 것이나마 감동스런 보답이 있다. 상황에 맞게 보답했으면 좋았으리라.

아름다운 보답은 가슴에 새겨지는 일이다.

소년등과(少年登科) 일불행(一不幸)

매년 7, 8월이 되면 뉴욕 소재 일간지에서 학부형 좌담회를 연다. 자식을 아이비리그 대학에 합격시킨 학부형들의 경험담을 위주로 '자식을 어떻게 일류 대학에 입학시켰는가.' 공유하는 자리다. 자식 대학 입시에 곧 신경써야 할 학부모는 참고 삼아 숙지하고 아직 먼 부모라도 관심있게 읽게 된다. 부러울 수밖에 없다. 이민 목적 중에 하나가 '자식 교육' 아닌가. 이민자가 아니더라도 한국 부모 누군들 자식 교육에 무신경일 수가 없다. 조부의 경제력, 엄마의 정보력에 의해 YSK 배지가 바뀌는 본국 못지 않게 이곳도 과외는 물론 방과 후 학원까지 치열하다. 부모의 소망이야 굴뚝 같지만 당사자 본인이 따라주지 못하면 허망한 결과로 귀결될 수밖에 없는 노릇이다. 오죽하면 세계적인 삼성의 이건희 회장도 '골프와 자식만큼은 맘대로 안 된다.' 실토했겠는가.

좌담에 참가한 학부형 모두가 하나같이 꼭 하는 얘기가 있다. 자식에게 '공부하라'는 소리를 한 번도 하지 않았다는 것이다. 그 내막이야 알 수 없지만 공부, 누가 시켜서 어디 될 일이며 강요한들 쉽게 풀릴 매듭인가. 여러 가지 요소가 수반되어야 하겠지만, 머리가 따라주어야 겠고 동기 내지 본인의 의지가 절실해야 목표가 이루어지지 않겠는가.

영화 감독 스필버그가 한참 회자될 때, 그의 어머니가 언론 인터뷰에서 '중학교 때 학교 공부에 흥미를 잃고 영화에 관심을 보이자 학교 공부를 중단시키고 그쪽으로 밀어주었다.' 스필버그 엄마처럼 공부하기 싫다는 자식에게 '그래 너 하고 싶은대로 하라' 용기있게 밀어줄 엄마들이 얼마나 있겠는가. 과감하게 중단시키고 스필버그의 길을 가게 하기엔 사회적인 확률이 너무 낮다. 스필버그는 그 하나로써 세상에 존재할 뿐이지 모두가 스필버그가 될 수 없다. 세상이 추구하는 보편적 기준과 가치가 있다. 그 기준과 가치에 도달할 확률이 가장 높은 범위가 높은 학력이요, 더더욱 좋은 방법이 질 높은 수학임을 믿고 있는 마당에 아니라고 항변할 자 몇이나 되겠는가.

좌담회 기사를 읽다 말고 아내에게 "하바드, 예일 등 아이비에 들어간 자식에게 그 부모들이 '공부하라'는 소리를 한 번도 하지 않았다네." 옆에서 듣고 있던 4학년 초등생 아들이 정색을 하며 "엄마, 왜 저번에 나더러 공부하라고 그랬어!" 억울한 표정에 아쉬워 한다.

농사 아니면 사또가 전부인 단순 시대에 신분 상승은 오직 과거 급제였다. 독서백편의자현, 어떤 책도 백 번 이상 읽으면 뜻이 통한다. 우와, 한 책을 백 번씩이나? 가문의 광영은 물론 본인의 영달을 위해서 수천 번 수만 번 읽고 새겼다. 광영과 영달을 향해서 목숨 걸고 급제에 매달렸지만 한 가지는 경계했다. 중년상처(中年喪妻) 노년빈곤(老年貧困)과 더불어 인생 3대 불행인 소년등과(少年登科)를 염려했다. 詩, 書, 經을 통달함은 물론 題에 論으로 주장을 펼쳐야 할 과거시험, 응시 기회도 적고 선발 인원도 한정된 마당에 급제란 그야말로 하늘의 별따기였음에… 소년등과를 경계하다니? 인생 경험 없이 과분한 자리에 올라 머리로 목민하는 것을 위험으로 간주했을 것이다. 20세 전후로 등과 했으니 웬만한 것에도 양보와 타협할 줄 모르고 제 재주만 믿고 일 처리하는 무모함을 방지하려는 뜻일게다.

선대의 벼슬은 물론 혼맥으로 엮인 왕실의 배경이 어마무시했던 남이장군, 17세에 무과장원급제, 이시애 반란 제압 공로로 26세에 병조판서, 기고만장한 뻣뻣이 신료들을 거슬리게 했음은 불문가지, 결국 28세에 참수당하고 말았다. 관리자로서 才에 앞서 德이 우선이어야 함에도 재승박덕(才勝薄德)으로 적이 많이 생기면 온전한 생을 살기 힘들다는 의미임을 부여한다. 21세에 고시합격 26세에 영감으로 대접받던 우 머시기 검사, 피의자 신분임에도 두 팔짱에 오만으로 일관하다 국민 비난에 먹칠하지 않았는가.

소년등과 격인 아이비에 합격시키기 위해 온갖 노력을 마다하지 않은 가까운 지인이 있다. 2, 3살에 영어는 물론 구구단에 천자문까지 술술… 그의 부모는 자식이 천재라 확신했다. 가게에 함께 왔다. 초등생 그의 아들이 장난감 쪽으로 가더니 신기한 듯 장난감 하나를 슬그머니 만져본다. 하나 가지라 했더니 그의 아버지가 말린다. 여태껏 한 번도 장난감을 사주지 않았다고 한다. 그 아들의 장난감은

'책'이라 강조한다. 이제 겨우 초등학생인데 책이 장난감? 그의 부인과 집사람이 친한 관계로 뜨문뜨문 소식이 들린다. 부모의 식을 줄 모르는 교육열로 학교 공부를 곧잘 하는 것 같았다. 아이비는 따논 당상이라 여겼다. 어느날 청천벽력 같은 소식이 들려왔다. 정신과 치료를 받아야 한다. 부모의 기대에 과부하가 걸려 몸과 정신이 배겨내지 못했던 것이다. 꿈과 희망을 먹으며 살아야 하는데… 평생 약을 먹어야 한다.

어디에 내놓아도 빛나는 학력도 중요하지만 옳은 판단으로 건전한 시민의 삶을 누리는 것도 아름답다.

진주도 돼지에겐 돌멩이

'뉴욕 인구가 천만이면 천만 개의 사연이 있다.' 어느 사회인들 사연이 없을 수 없지만 뉴욕 이민자 중에 학력과 경력에 걸맞지 않은 일들을 하고 사는 사람들이 많다. 콜택시 기사 정씨, 세탁소 프레스맨 박씨, 둘 다 S대 출신이다. "무엇 때문에 그 좋은 학력 고생시키느냐?", "그러게요" 저도 한심한 듯 후회하는 것 같다. 콜택시, 세탁소에서 일하시는 분들이 '우리가 뭐 어때서!' 항변하면 할 말 없지만, 그래도 좀 그렇다. 남편은 S상대, 부인은 S사범대, 유학 와서 그대로 눌러 앉아 잡화에 매달려 있다. 이름만 대면 알만한 장관, 국회의원, 교수… 동기들 이름을 열거하며 후회하는 것 같았다. S대, 줄리아드 음대 졸업, 카네기 무대에 섰던 테너 S, '탈북민 돕기' 위한 무대를 열심히 꾸미고 계시다. 국제 ○○○ 한국대표 위원 며느리는 한인 사회를 위해 열심히 일하고, 조립 자동차 S회사 가까운 인척 여자분은 봉사활동을 열심히 하고 있다. 유명 시인 자제분은 건축일 하면서 일간지에 칼럼을 쓰시는데 보통이 아니시다. 본인 전공과 가족의 내력에 걸맞지 않은 일에 종사하다 보니 제삼자들이 놀랄 때가 있다. 잡화 도매상 매장에 아나운서 S가 서 있었다. 저 사람이 왜 여기에? 몸에 맞지 않은 옷을 걸친 사람처럼 어정쩡 서 있는 모습이 안쓰러웠다. 얼마 후에 어떤 프로에서 사회 보는 모습이 보였다. 잘 생각했다 싶어 성원을 보냈다. 항상 목마른 가수 H는 한국에서 한참 활동하더니 다시 뉴욕, 가끔 동네에서 마주친다. 가수 T는 내 사는 동네에서 옷장사, 가수 S는 내 지인의 야채가게에서 짐꾼 노릇, 탤런트 S는 길거리 좌판 시계 장수였다. 지금 잘 나가는 그들이 옛 뉴욕을 생각하면 끔찍할 것이다. 하기야 그런 밑바닥 경험이 있었기에 오늘의 내가 있노라! 뉴욕이 선생이었다면 다행이다. 이름만 대면 알 만 한 사람들이 뉴욕에 많이 산다. 이름을 밝힐 수 없지만 수상한 돈을 가지고 와 떵떵거리며 외계인처럼 동포 사회와 거리를 두고 사는 사람들도 꽤 있다.

뉴욕에 사람뿐만 아니라 고예술품도 많이 있다. 크리스티 경매에서 높은 가격에 거래되는 품목들은 언감생심, 그저 구경만 할 뿐이지만 벼룩시장에 가면 곧잘 한국 물품들이 눈에 띈다. 토, 일에 문을 연다. 그곳에서 코미디언 S씨 부부를 본 적이 있다. 부부 둘과 일행이 함께 구경하고 있었다. S씨가 무슨 사건으로 경찰서에 출두해야 하는 입장인 걸 알고 있는데, 깔깔대며 돌아다니고 있었다. 2일 후에 뉴스를 보니 S씨 입국하는 장면이 나왔다. 깔깔대던 모습은 간데 없고 다 죽어가는 모습에 잘 걷지도 못해 그 부인이 부축하고 있었다. 비리에 연루되어 호송되어 갈 때 다 죽어가던 고관대작들 모습이 오버랩…. 에라이 순! 혼자 웃고 말았다. 5.16 직후 화폐개혁 때 발행한 붉은색 작은 크기의 지폐가 보였다. 싸게 샀다. 일련번호가 2번 이었다. 1번은 청와대, 2번은 주한 미국 대사께 증정되지 않았을까. 값이 얼마인지 모르겠지만 기념으로 가지고 있다.

어마어마한 것을 만난 적이 있다. 어느날 스페니쉬 노인이 가게에 와서 "너 한국 사람이냐?", "그렇다." 호주머니에서 열쇠 꾸러미를 꺼내더니 고리에 끼어있는 동전을 보여 준다. 내가 익히 알고 있는, 고종 황제 때(1906) 발행한 20전짜리 금화였다. 스위스에 하나, 한국에 하나 있는 것으로 알고 있다. 세계 희귀 동전 도록에도 실려 있다. 액수를 많이 제시하면 팔지 않을 것 같아 적당한 금액을 제시하며 팔 것을 종용했다. 평정심을 잃지 말아야 하는데 내 속셈을 간파했는지 자랑만 하고 팔 생각을 안 한다. 3일 후에 또 왔다. 팔 맘이 있는가 보다. 속으로 계산하고 얼마 주면 팔겠느냐? 흥정을 시도했다. 고개를 절래절래 약만 올리고 가버린다. 액수가 문제가 아니라 우리의 귀중품이 함부로 굴러다니는 것이 싫었다. 다음에 오면 어떤 수를 써서라도 내 것으로 만들리라 다짐하며 기다렸다. 평생을 기다리는 약속도 있는데 몇 달 몇 년인들 대수냐.

히말라야산 아래 네팔의 어느 작은 마을에 20대의 영국인 처녀가 찾아와 방을 하나 얻어 생활하면서 마을 앞으로 흐르는 강가에 나가 하루 종일 보내다 집으로 돌아가는 것이었다.

하루, 이틀… 일년… 10년… 40년을 하루도 빠짐없이 같은 일을 반복하고 있었다. 20대의 아름다운 처녀가 60대의 늙은 노파로 변한 어느 날 강 위쪽으로부터 둥둥 떠내려오는 젊은 청년의 시체를 보더니 급히 뛰어가 부둥켜 안고 하염없이 우는 것이었다. 40여년 전 이 노파의 약혼자가 히말라야 등산 길에 올랐다가 눈사태로 조난을 당했던 것이다. 이 소식을 전해 들은 처녀는 약혼자가 사고당한 산의 위치를 조사한 다음, 그 산 밑의 강가 마을에 정착하여 기약 없는 기다림의 세월을 보내야 했다. 히말라야에 쌓인 눈이 봄이 되어 녹으면서 눈 속에 묻힌 약혼자의 시체가 조금씩 조금씩 아래로 밀려와 자기가 기다리고 있는 마을 앞 강으로 흘러올 것임을 굳게 믿고 있었다. 처녀는 40여 년의 세월 속에서 노파로 변했지만 약혼자는 눈 속에 묻혀 썩지도 않고 20대 청년의 모습 그대로 사랑하는 약혼녀의 품에 안겼다.

그는 끝내 나타나지 않았다. 그 귀한 것에 구멍을 뚫어 열쇠 고리에 꿰고 다니는 것이 아쉬웠고, 값어치를 모르고 아무렇게나 다루는 것이 미련해 보였다. 행여, 그가 마음이 변해 간절히 바라는 자에게 넘겨주러 올 때까지 기다림의 미학에 기대고 싶었다. 진주도 값어치를 아는 자에게만 보물이지 돼지에겐 한낱 돌멩이다. 쓸쓸히 웃고 말았다.

할머니의 속셈

재벌들의 유산 상속 이야기만 나오면 물려받은 것이라곤 가난뿐이 없는 나로서는 할 말이 없다. 간혹 숨겨진 선대의 재산을 후손들이 찾았다는 뉴스가 나올 때마다, '당신은 뭐 없수?' 가장 가까이 때로는 가장 먼 사람이 혹시나 해서 기대에 찬 목소리로 물어볼 때마다 더더욱 할 말이 없어진다. 반면에 세상을 떠들썩하게 하는 '부모 재산 문제로 동기간의 피비린…' 사건이 벌어질 때면 조상의 체면 문제라 대놓고 외칠 수 없지만 차라리 없음이 다행이라 속으로 위로 삼는다. 사실 형제간에 죽이자, 살리자, 원수간으로 지내는 사이가 된 것은 다 부모의 유산 문제 때문이다. 대중교통비 몇 페센트가 오를 때마다 출퇴근에 신경 써야 하는 친애하는 서민, 그 누군들 너무나 투명한 선대의 능력에 섭섭해하지 않겠는가.

경제적으로 봤을 때 대한민국 최고 실력자는 누구인가, 패일언하고 現 자가 들어 가는 회사, 몽자 돌림의 자제분들과 三자 회사, 이머시기 자제분들이다. 선대분들이야 피나는 고생을 해서 이룬 성과지만 그 자자분들은 그야말로 손도 안대고 코 풀었으니 최고 실력자들인 것이다. 사실 애비 잘 만나 부를 누리는 것 같지만 물려받기까지 얼마나 말 못할 속사정이 있었겠는가. 성공한 애비들이 자식들 위에 제왕처럼 군림하려는 위세, 뻔한 이치 아닌가. 세속의 잣대로 봤을 때 스스로 크게 이룬 자는 당연히 오만할 수밖에 없다. 그렇지 않으면 공맹이다. 자식들이 겪었을 심적 압박은 아무도 모르는 일이다. 몇 백 배 바위가 눌러도 좋으니 제발 그런 상속자가 되고 싶다, 항변한다. '셋방 벽에 기대어 우는 것보다 벤츠 시트에 기대어 우는 것이 훨씬 우아하지 않겠는가.

87세 일기로 죽은 뉴욕의 부동산 재벌인 리오나 헴슬리의 유언장이 공개되었다. 그녀의 유산은 엠파이어 빌딩을 포함해서 40억 달러. 몇 번의 인생 곡절 끝에 50세가 지난 나이에 남편으로부터 새로 간택된 보상이란다. 몇 년 살지도 않고 남편이 일찍 죽었으니 이만한 행운이 어디 있겠는가. 사실 돌싱녀들이 가장 선호하는 배우자는 ○ 많고, 저승이 가까우면 가까울 수록 좋단다. 이런 걸로 봤을 때 이혼이란 그다지 나쁜 것이 아니네… 혹자는 새로운 세상에 대한 기대로 황홀한 꿈을 꿔보기도 하지만 그런 행운은 하느님 목록에 특별히 기재되어 있어야 한다.

[유산 목록] 애완견 '트러블'에게 1200만 달러. 개 '트러블'이 죽을 때까지 돌보라는 명목으로 남동생에게 1000만 달러. 남편과 함께 묻힌 묘지 관리 명목으로 350만 달러. 손자가 네 명인데 그중 두 명에게 각각 500만 달러. 나머지 두 명에게는 한 푼도 남기지 않았다. 이외 모든 유산은 자선 단체에 기부.

5백만 달러를 물려준 두 손자에게 "일 년에 한 번씩 묘지 참배를 꼭 할 것." 단서가 붙었다고 한다. 묘지 참배란 것이 죽은 자와 나와의 추억을, 혹은 죽은 자의 생애를 돌아보고 추모하는 그런 행사인데, 손자들 입장에서야 5백만 불이 걸린 행사이기 때문에 일 년에 한 번씩 꼬박꼬박 참석하겠지만 40억 달러의 유산 중에 겨우 5백만 달러 툭 던져주고 간 할머니를 얼마나 고맙게 여기겠는가. 밉고 괘씸할뿐이지. 가서는 디립다 할머니 욕이나 하고 올 텐데…. 할머니가 왜 그렇게 어리석은 참배를 강요했을까? 할머니의 속셈은 이렇지 않을까 싶다. "그래, 364일은 돈 쓰고 놀다가 일 년에 하루만 내 욕을 해라." 그러면 한 푼도 남기지 않는 두 명의 손자는? '개만도 못 하다.'는 유언일 게다.

美人의 條件

대개 동물들은 암놈보다 숫컷의 외모가 화려하다. 반면에 인간이란 동물은 항상 남자보다 여성이 화려하게 치장한다. 동물의 숫컷이 화려한 것은 우짜든지 암놈으로부터 선택되기 위한 눈물겨운 몸부림이다. 쾌락보다 제 씨를 보다 많이 뿌리려는 노골적 본능이다. 원숭이 정도가 조금 즐길 뿐 대개의 동물들은 행위 그 차체로 끝나버린다. 즐기다 보면 천적으로부터 생명이 위태롭기 때문에 최대한 속전속결로 행사를 치른다고 봐야한다. 애초에 인간도 여타 동물과 마찬가지였을 것이다. 본능을 져버리고 최대한 즐기려 온갖 수단을 동원한 계기가 천적으로부터 안전한 울타리가 마련된 뒤부터 놀이로 변하지 않았을까. 본능과 놀이가 혼제하고 사회생활의 능력이 우선시 되는 시대에 접어들면서 암컷 자신들을 적으로부터 보호해 주고 배불리 먹여 살려줄 좋은 숫컷, 한정된 탁월한 종자를 먼저 차지하기 위해 몸치장에 열중했으리라. 아름다움이 최절정에 다달았을 때 숫컷을 유혹해서 평생을 책임지게 할 요량으로 몸을 가꾸지 않나 싶다.

시대마다 미의 기준이 달랐기에 미인의 기준이 '이거다' 확실이 내세울 상항이 아니지만 그래도 조상님들이 먹물로 제시한 조건들을 보면 오늘의 우리에게도 부합된 바 미인선발대회 기준으로 삼아도 손색이 없을 것 같다.

三白: 얼굴, 눈동자, 치아가 희어야 한다. 三黑: 머리털, 눈동자, 속눈썹이 검어야 한다. 三紅: 입술, 볼, 손톱이 붉어야 한다. 三長: 다리,허리, 목이 길어야 한다. 三短: 손 마디, 광대뼈는 짧아야하고, 코는 길지 않아야 한다. 三大: 눈, 귀가 크고, 엉덩이는 작지 않아야 한다. 三小: 얼굴, 발이 작아야 하고, 입은 크지 않아야 한다. 三高: 코는 오뚝, 어깨는 높아 우아해야하고, 앞가슴은 높아야 한다. 三細: 허리, 눈썹은 초생달처럼 가늘어야 하고, 목은 굵지 않아야 한다. 三潤: 머릿결, 살결, 눈동자가 윤기가 있어야 한다. 三淸: 입안, 손발, 몸이 깨끗해야 한다. 三柳: 머리결, 살결, 마음이 부드러워야 한다.

이 정도는 돼야 한다. 아름다움에 신경 쓰는 어느 여자분께 보여주었더니 "3 곱하기 12, 그러면 36가지에 해당되어야 미인이란 말이에요." 자기 조건은 얼마나 해당되는가 손가락으로 꼽아보더니 "그냥 생긴대로 살래요."

포기하면 안 된다, 여자 얼굴 20세까지는 부모 책임, 40세까지는 남편 책임, 40세 이후는 본인 책임. 가꾸고 다듬으면 얼마든지 빛날 수 있다. 아름다움은 태어나는 것이 아니라 가꾸는 것이다. 명품도 그렇다.

목숨 건 자존심

중국에서 있었던 실화다. 영상으로도 제작되어 많은 반향을 일으켰다. 버스 한 대가 먼지를 풀풀 날리며 황량한 벌판 시골길을 달리고 있있다. 그 버스의 목적지는 아주 먼 곳에 소재한 큰 도시였다. 정거장이 따로 있는 것이 아니고 아무 데서나 손을 들면 태워 주고 손님이 원하는 곳에서 내려주는 그런 시외버스였다. 승객 대부분은 시골에서 살기 힘들어 일거리를 찾기 위해 무작정 도시로 향하는 미래의 농민공들이다. 젊은 여자가 운전하고 있었다. 한 남자가 가방을 하나 메고 버스에 올라탔다. 허름한 차림의 전형적인 농촌 사람으로 그도 일거리를 위해 도시로 향하는 듯했다. 근방에 인가가 보이지 않는 것으로 보아 궁벽에서 버스 다니는 도로까지 한참 걸어온 것 같다. 마침 앞 자리가 비어 있어 그 자리에 앉았다. 황량한 벌판을 위로해 주듯 버스는 그냥 의무적으로 달리고 있었다. 오직 살아 움직이는 것은 고맙게도 그 버스뿐이었다. 적막을 깨듯 젊은 남자 둘이 손을 들고 버스를 세웠다. 젊은 여자 운전수가 두 사람을 태웠다. 타자마자 두 사람이 칼을 뽑아들고 한 친구는 승객들을 위협하고 또 한 친구는 운전수를 위협하더니 승객들이 낸 돈통을 들고 운전수더러 일어나라 강요했다. 돈이면 됐지, 일어나지 않겠다고 운전대를 붙들고 버텼다. 칼을 들고 죽일듯이 달려들자 할 수 없이 자리에서 일어나 통로로 나왔다. 두 남자가 칼로 위협하며 버스에서 내리게 한 다음 조금 떨어진 풀밭으로 끌고갔다. 젊은 여자 운전수가 뒤돌아 보며 버스 승객들을 향해 '살려달라!' 소리쳤다. 버스에 30여 명이 타고 있었는데도 누구 하나 반응을 보이지 않고 외면했다. 갑자기 발생한 이런 상황에서 어떻게 대처하는지 몰라서 그런지, 남의 일에 끼어들고 싶지 않은 중국인들의 무관심증이었는지… 침묵으로 일관하고 있었다. 종종 보아온 장면이지만 중국인들은 자기 이익과 관계된 일이 아니면 좀체 움직이려들지 않는다. 대낮에 애들이 끌려가면서 도움을 요청해도 멀뚱멀뚱 바라볼 뿐이고, 도로에 짐차가 넘어져 짐들이 온통 널브러져 있어도 도우기는커녕 쓸만 한 물건들을 가지고 도망가기 바쁜 염치들이다. 한국 같으면 꼭 누군가가 나서서 애를 구하거나 경찰에 연락하고, 멀쩡한 짐들은 한 군데에 모아주고 쓰레기를 다 치워서 차들이 운행할 수 있도록 말짱하게 모두 제 갈 길로 간다. 비열한 중국인들이라 비웃는 내 주장을 무색하게 조금 전에 탔던 허름한 남자가 승객들을 향해 우리가 도와줘야 하지 않겠느냐 호소해도 누구 하나 나서지 않자, 혼자 차문을 열고 뛰어갔다. 여자 운전수를 눕혀 놓고 한 사람이 겁탈하려는 순간, 말소리는 들리지 않았지만 그 강도들을 향해 사정하는 것 같기도 하고 항의하는 것 같기도, 그래도 그들이 막무가내 욕구를 채우려 하자 그가 뜯어말렸다. 이에 화가 난 그들이 그를 무자비하게 폭행을 가하자 그는 바닥에 쓰러져 일어나지 못했다. 두 남자가 번갈아 가며 욕구를 채우고 벌판 너머로 바삐 사라진 뒤 여자 운전수가 일어나 옷을 입고 버스로 돌아와 운전석에 앉았다. 승객들이 보는 앞에서 능욕을 당했으니 얼마나 수치스럽고 또 승객들이 합세해서 도와주었으면 모면했을 텐데… 원망스럽기도 했으리라. 치욕을 씻으려는 듯 앙 다문 입술에 결기 찬 비장한 모습으로 시동을 걸었다. 어느새 깨어난 그 남자가 얼굴에 묻은 피를 닦으며 버스로 향해 걸어왔다. 막 버스를 타려는데 운전수가 문을 꽝 닫더니 가차없이 출발해버린 것이다. 벌판에 덩그러니 남겨진 그 남자는 어리둥절할 수밖에 없었다. 위험한 상황에서 목숨까지 걸었는데… 야속했다. 이미 버스는 떠났고 족히 하루가 걸릴지도 모르는 길을 걸어갔다. 꼭 미래가 보장되리라는 확신도 없지만 희망이라는 끈을 붙들고 도시를 향해 갔다. 몇 시간을 걸어 갔을까. 저 멀리서 많은 사람들이 웅성거리고 비상등을 켠 경찰차가 보였다. 다가가 보니 사람들이 도로 옆 낭떨어지 밑을 보며 심각한 표정을 짓는 것이었다. 백여 미터가 넘는 절벽 아래 버스 한 대가 형체를 알아 볼 수 없을 정도로 박살이 나 있었다. 자세히 보니 자기가 타고 왔던 그 버스였다. 몰골이 송연해지며 '자기만 허허벌판 남겨두고 떠났던 이유', 이제야 그 의문이 풀렸다. 커브길 낭떨어지에서 운전미숙으로 일어난 사고라고 다들 결론지었지만, 피투성이가 되도록 얻어터진 자기만 살려주고 무심한 승객들과 함께 자신을 장렬하게 벼랑으로 던져버린 그 젊은 여자 운전수의 결연한 의지를 혼자만 간직했다.

외교는 실리와 자존심이다

작금 한일 경제 전쟁. 명분과 실리가 뒤엉켜 쉽게 풀릴 기미가 보이지 않는다. 먼저 시비 건 저쪽의 사정이야 그렇다 치고 발등에 불이 떨어진 이쪽이 문제다. 어떻게 이 난국을 슬기롭게 헤쳐나가야 하나? 고민에 고민을 해도 되지 않을 판에 죽창가나 부르자고? 상대편에서 최첨단 기술로 목을 조여 오는데 죽창 들고 막겠다니, 동네 애들 전쟁놀이로 착각하고 있는 모양새 아닌가. 한심도 이 정도 한심이면 그 밑에 졸로 살고 있는 백성들 정말 창피하다. 무슨 연구원 원장은 한 술 더 떠 내년 총선까지 끌고갈 요량으로 자당 의원들께 '선거에 유리하다.' 친절한 보고서나 올리는 몰염치한 행태야말로 여당의 민낯이다. 생각해 보라, 국민이 불안해하는 양국 갈등의 현안을 해결해야지 한참 먼 몇 달 뒤 선거까지 끌고 가는 것이 투표에 유리한가. 국가 역량을 총 동원해서 국민이 상처받지 않고 신속히 해결하는 것. 어느 것이 표 주는 국민의 마음을 사겠는가. 무슨 연구원 원장. 보아하니 저들 쪽에선 문재인 정권 만들기 몇 등 공신인가 본데, 뭔가 착각하고 있는 것 같다. 새로운 정권이 탄생하기까지 수 가지 변수가 따르고 수많은 요소들이 복합적으로 어우러지기 마련인데, 그것들을 다 열거할 수도 없을 뿐더러 할 필요로 없기에, 한마디로 공신 몇 등, 몇 등 하지만 문재인 정권 공신 일등은 누가 뭐래도 최순실이다. 왕조시대 공신첩 받은 사대부 거드름 피워 볼썽사납지 않게 하는 것이 공신의 참된 도리이지 않나 싶다. 착각은 분별력을 흐리게 한다. 그 다음은 어떻게 되는지 숱한 권력의 역사가 말해 준다.

현안 문제를 해결하기 위해 몇몇 언론에서 일본통인 이낙연 국무총리 특사 운운하지만, 모르는 소리다. 총리 정도가 현안 해결을 위해 상대국을 방문하게 됐을 경우, 절반은 해결된거나 마찬가지. 그 다음은 정상회담으로 마무리하는 게 순서다. 총리가 가고 싶다고 가지는 것도 아니고 해결하고 싶지 않아서 손놓고 있는 듯 무심한 것도 아니다. 이 총리가 인맥을 총동원하고 원만한 협상력을 발휘해서 현안을 해결한다면 차기 대권은 따논 당상인데… 그걸 총리가, 그 측근들이 모르겠는가. 주판알에 빠삭한 정치인들이인데. 아직 물밑 조성이 안됐다는 이야기다. 어떤 악기도 제대로 조율을 해야 아름다운 소리가 나는 법이다. 하물며 국가간의 일이겠는가. 우리도 우리지만 저들도 치밀하게 연구하고 계산했다지만 국가의 문제가 그리 간단하게 맘 먹은대로 되는 것이 아니다. 우리가 자존 걸고, 여러가지 NO로 완강하게 버티고 새로운 돌파구를 모색하니 저들에겐 우산, 짚신 장사 아들들을 둔 어머니의 딜레마일 수 있다. 어쨌든지 한 번 골탕 먹이고 굽신거리게 하겠다고 벼르고 별러온 터인데, '지소미아' 정도의 오기로 해결되겠는가. 무심한 미국의 관심을 이끌어내려는 투정으로밖에 해석이 안 된다. 한·미간 갈등만 조장할 뿐이다. 저들이 대외적으로 크게 외치는 것이 '일제 징용 배상 판결' 그에 따른 해당 회사 재산 몰수에 관한 불만, '배상 판결'에 납득할만한 조건을 들고 오라하지 않는가.

문재인 정부에서부터 여태껏 끌고 오던 '일제징용배상' 난제를 윤석열 정부에서 미친 결단을 내렸다. 가해자 일본의 사과 한 마디 받아내지 못하고 배상액 42억을 우리 민간 기업이 부담하기로 결론 내렸다. 국민적 합의는 물론 피해 당사자 의견도 들어보지 않고 막무가내식 권력 횡포다. 피해자 분들께서 '우리 민간기업이 주는 돈은 절대 받지 않겠다!' 선언했다. 피해자들에게 돈을 쥐어 주면 덥석 받아 들고 좋아할 줄 알았던 모양이다. 생이 얼마 남지 않은 피해자 분들이 외쳤던 건 돈이 전부가 아니라는 사실이다. 윤석열 정부가 착각했다. 이제 일본은 뒷짐지고 있다. 차제에 확실히 해결하고 싶은 것이다. 한 번 굽신거렸으니 되돌릴 수 없을 거라, 콧노래 부르고 있을 것이다. 독도 문제, 그쪽 수장이 질렀다, 그쪽 언론 보도를 보고 듣고도 한 마디 항의도 못할 뿐더러 '논의는 없었다' 궁색한 변명만 늘어 놓는다. 국민 자존심까지 판 외교, 얼마나 어떻게 얻을 것인가 두고 볼 일이다.

윤석열 정부의 친일본 외교에 힘을 보태려는 듯 3·1독립만세 기념일에 충청도 아파트 베란다에 일장기를 버젓이 거는가 하면, 충청도 도지사는 노골적으로 '친일하겠다!' 목소리 높인다. 충청도 출신 국회의원 J, 얼마 전에 조부의 친일 논란이 밝혀졌는데, 그 DNA를 제대로 물려받았는지 친일 발언을 서슴치 않는다. 윤봉길 의사, 유관순 열사, 충절의 고장 충청도가 왜 이러는지 모르겠다. 식민지 시대였다면 과연 난 독립운동을 했을까, 시류에 적당히 아부하며 지냈을까?

새 앞잡이 이완용들을 경계해야 한다.

밥을 너무 많이 먹은 늑대

할아버지가 손자에게 "네 마음속에 선한 늑대와 악한 늑대가 있다. 둘이 싸우면 어느 늑대가 이기겠냐?", "모르겠는데요. 그런데 어느 늑대가 이겨요?", "네가 밥을 많이 주는 늑대"

수십 년을 함께 살아온 아내가 밤낮 나라 걱정으로 정치에 관심 가지는 것을 처음 보았다. 정보들이 실시간으로 이루어지는 이 시대에 타국 멀리 떨어져 있은들 격세를 느끼겠는가. 대통령 후보 경선 때부터 본격적으로 관심을 가진 것 같다. 교포들도 선거에 직접 참여하기 때문에 당연히 후보들의 면모를 자세히 살필 수밖에 없다. 본인의 역량, 처, 처가의 비리를 보며 분노를 느낀다 했다. 대통의 부인. 살아온 역정이 참으로 다양한… 굵직한 것만 간단하게 살펴봐도 논문 표절, 허위 경력, 주가 조작, 일가족 비리, 발끝에서 머리끝까지 어느 것 하나 문제 아닌 사안이 없다. 국면을 모면하기 위해 내뱉은 사과, 이 또한 거짓으로 일관하고 있다. 대통령 부인이라 거짓이, 비리가 면죄될 리 없건만 그는 기자와 전화 통화에서 확신한다. '당선되면 밑에 것들이 알아서 기어!' 그래서 그랬는지 국민대 박사 논문이 아무런 '문제 없음'을 발표하는 총장님, 누가 봐도 뻔한데 '아니다!' 우긴다. 진리의 전당 대학 총장님, 정도껏 해야지 정말 불쌍하십니다. 대통과 한통속인 칼잡이들, 기득권을 지키기 위한 속셈으로 표창장 한 장을 빌미삼아 일가족을 도륙 내버렸으면서도 저들만의 이상한 법논리로 웬만한 비리는 아부 경쟁하듯 다 뭉게버린다. 휘두르는 대로 칼 맞고 죽어 나가는 놈은 장삼이삼뿐이다. 올바른 칼잡이 하나 없는 대한민국 현실이 슬프다.

차고 넘치는데 고개 빳빳이 들고 다니는 뻔뻔함 어디서 오는가. 참으로 후안무치다. 뉴스에 그들이 나오면 채널을 바꿔버린다. 아예 보기가 싫단다. 오죽하면 어느 신부께서 비행기 타고 외국 순방에 나선 대통 내외를 두고 '비행기 추락' 운운했겠는가? 신부님의 간절함이 뉴스에 나왔을 때 우리 내외는 서로 쳐다보며 입을 다물 수가 없었다. 무시무시한 이야기가 같은 생각으로 맞아 떨어지다니. 어디 우리뿐이었겠는가. 공감하는 사람들이 많았으리라. 전통 이후 어느 대통령 내외를 두고 온 세상이 목터져라 쌍스러움을 입에 올린 적이 있었던가. 내자는 '내 입이 근자에 너무 더러워졌다.' 퉤퉤, 입을 닦는다. 나라가 어지럽고 지도자가 잘못된 방향으로 갈 때 여태껏 살아온 지혜로, 나라의 어른으로 바른 자세를 취해야 할 어느 백세 넘은 늙은 철학자는 그가 출마할 때 상징적으로 만나주고, 그가 속한 당 연찬회 맨 앞자리에 앉아 힘을 보태고 있다.(노구 행차에 거마비 솔찮이 드렸으리라) 학자적 양심이 있을 것이고 철학자로서 옳고 그름을 헤아릴 이성이 눈 밝을텐데, 왜 장삼이사보다 못한 판단으로 노추를 보이는가? 그의 아버지와 같은 대학 교수로 있었던 인연으로 손잡아 준 것 같다. 그래도 아무말도 하지않고 얼굴만 내미는 것을 보면 일말의 양심이 있는 것 같기도… 앞으로 진리를 밝히는 철학자 행세를 하지 않았으면 좋겠다.

어쩌다 한 번 제대로 무속에 빠지면 헤어나오기 힘들다. 생각지도 못했는데, 지 남편이 검찰총장으로 발탁된다. 무속인으로부터 점괘를 받았으리라. 언감생심 생각지도 않았는데, 그대로 됐네. 참으로 신통하네. 몇 번 내통했을 것이다. 몇 번 맞히다 보면 노예가 된다. 대권은? 된다. 무속인은 확신이 서지 않는다 해도 속으로 생각했을 것이다. 되고 안 되고는 반반이다. 도박하는 거다. 이제부터 내 말을 단단히 들어야 한다. 몇가지 비방을 일러준다. 손바닥에 王자를 새겨 만민에게 보여라, 무엇을 해라. 되면 내가 일러준 비방 덕분인 줄 알라. 안됐을 경우, 내 비방을 제대로 실천하지 않지 않았느냐? 떨어진 놈이 무슨… 개뿔. 당선된 뒤부터 국사로 모시듯 모든 정사를 의논하게 된다. 필부들의 답답한 마음을 헤아려 주는 신통한 점괘 몇 개로 나라 현안이 그리 간단하게 해결될 일인가. 곳곳에서 점괘 때문에 망신 내지 입방에 오르내리고 있지 않는가. 그가 입은 옷이 유행될 거라 무속인 천공이 나발대자, 외국 나들이에서 한 번 뽐내볼 거라며 요란스런 패션에 외국 정상들과 만남에 어리숙함이라니. 더욱 가관인 장면. 외국 정상들은 여기저기 모여 친선을 도모하고 외교에 전념하고 있는데, 남편 대통만 꿔다논 보리자루인 양 테이블에 멀뚱이 앉아 있자, 어서 나가라, 빨리 나가서 외국 정상들과 대화 나누는 시늉으로라도 외교의 성과를 내라 부추기는 그의 지시에 어쩔 줄 모르고 어벙벙한 바보스런 표정…. 아, 정말이지 저런 대통령 밑에 졸이고 싶지 않다.

국가 지도자를 뽑을 때 '좋고', '싫고' 진영 논리로 선택하면 안 된다, '옳고', '그름'으로 판단해야 한다. 옳고 그름은 세상이 잘 안다. 모이고 쌓이면 언제고 꼭 터진다. 범부의 마음이 천심이다. 權不五年.

일지매는 어디 있는가

뉴욕에서 전두환 손자가 가족들의 치부를 공개함으로써 전두환과 그 자식들의 파렴치가 새삼 부각되었다. 대통령 시절 갈퀴로 긁어모아 쓸어담은 부정한 돈이 수천억 대, 국고로 환수 해야할 돈이라 판결이 났음에도 눈가림식으로 쬐끔 내놓고 더 이상 없다, 배째라! 오기 부렸다. 자식들 네 명에게 배터지게 물려 주었다. 큰놈은 출판사 차려놓고 돈 세탁으로 떵떵거리고, 둘째(이번엔 폭로 한 손자가 이 아들이다.)는 이혼이 두 번째인지, 몇 번째인지… 영화배우와 놀아나는 등 사생활이 문란하다. 셋째, 천문학적 돈이 아니면 손댈 수 없는 미국 와이너리, 포도주 생산 공장을 운영하고 있다. 이번에 공개된 집안의 스크린 골프연습장, 이런 정도야 자본주의 국가 대한민국 웬만한 부자들이면 설치할 수 있는 시설이지만… 추징금에 대해 전두환 뭐라 했는가. 통장 잔고 29만 원뿐이라 더 이상 낼 돈이 없다, 호화 골프에 호텔를 통째로 빌려 수시로 가족 모임을 가졌음을 그 손자가 폭로했다. 한국의 역대 정부가 참 이상하다. 아무런 노동력 없이 무슨 수로 막대한 사업을 벌렸는가? 세세히 들여다 봐야 한다. 정당한 밑천이라면 납세 기록이 있을 것이고, 암암리에 물려받은 재산이라면 응당 국고에 환수해야 한다. 자기들 이익과 연관이 있을 때 하찮은 일에도 와! 벌떼같이 달려들어 도

룩내면서 국가 공익엔 법 따지고 뭐 따지고…. 대통까지 배출한 칼잡이들 왜 가만 있는지 모르겠다. 이런 때는 국가 폭력도 괜찮다.

애초에 김영삼 정부가 잘못했다. 사형언도를 내렸으면 정말 사형을 시키든지 부정한 축재를 모두 회수하고 족쇄를 풀어 주어야 했다. 그의 만행이 돈 몇 푼으로 용서될 순 없겠지만, 독재 타도에 앞장섰던 민주 투사들 그나마 위로가 조금 되지 않았을까. 동쪽 지방 눈치 보는 정치 관대인지, 백담사 몇 년 요양으로 슬그머니 놓아 주었다. 결단을 내려야 할 때 지도자의 잘못된 판단으로 기회를 그르치면 두고두고 뒷사람들의 원망과 후회를 낳게 한다.

미국 동북부에 혹심한 눈보라가 칠 때 일이다. 눈보라 때문에 앞이 보이지 않고 쌓인 눈에 막혀 기차가 제대로 다닐 수가 없었다. 아기를 데리고 기차를 탄 부인이 자기가 내릴 역이 어딘지 가늠할 수 없다며 안절부절하고 있었다. 바로 앞 자석에 앉은 신사분이 그 부인에게 자기가 이 지역은 잘 안다면서 "당신이 내릴 역을 알려 줄 테니 염려 마세요." 안심 시켜주었다. 그제서야 그 부인은 편안한 모습으로 아기를 안고 있었다. 기차는 예정대로 눈보라를 뚫고 힘겹게 달렸다. 기차가 어느 정거장에 섰다. 신사가 창문을 닦고 창밖을 보니 그 부인이 내릴 바로 앞 정거장이었다. "부인, 다음 정거장에 내리면 됩니다." 기차가 눈보라를 헤치고 얼마간을 달리다 멈췄다. "부인이 내리실 역입니다. 이제 내리세요." 친절한 신사분께 고맙다는 인사를 하고 아기를 안고 내렸다. 한참 후에 다음 정거장에 도착했다.

신사가 밖을 내다보니 그 부인이 내릴 역 이름이 크게 써 있었다. 뭔가 잘못되었다 싶어 승무원에게 물었다. "바로 앞에 섰던 정거장이 그 정거장이 아닌가요?", "아닙니다, 엔진에 문제가 있어 잠시 멈췄습니다." 아이쿠 이걸 어쩌나! 고장으로 인해 잠시 멈췄을 때, 그 여인을 폭풍 휘몰아친 허허벌판에 내리게 했던 것이다. 날씨가 풀린 후에 사람들이 아기를 안고 있는 그 여인을 발견하였다. 물론 그들은 얼어 죽어 있었다.

민주화 운동을 하다 옥살이도 하고 앞 길이 막막할 때 형의 권유로 미국에 와 정착한 지인이 있다. 그의 민주화 운동 경험담을 듣다 보면 '나는 그때 뭐 했나? 자괴감이 들고 한없이 부끄러웠다.' 민주화 운동 이야기만 나오면 슬그머니 화제를 딴 곳으로 돌릴 정도로 괜히 미안했다. 특히 전두환 얘기만 나오면 이를 갈 정도로 분개했다. "공권력이 법적으로 해결할 수 없으면 사적으로라도 응징해야 한다." 특히 광주 민주화 운동에 희생당한 그 가족들에게 더 분개했다.

"만약 내 가족이 무자비하게 학살 당했다면, 나는 가만 있질 않았을 거요." 맨날 헛구호에 지나지 않는 '사과' 몇 마디 받아서 분이 풀리겠냐는 그의 지론을 듣다 보면 내 가족이 당한 것처럼 주먹이 불끈 쥐어질 때가 있다. 전두환이 죽고 나서 더 억울해했다. "두환이가 살아 있을 때 그 자식들을…. 부모로서 저도 험한 꼴을 봐야했다!"

지상에 공개적으로 그의 공분을 말할 순 없지만… 때론 일지매도 필요하고 로빈훗도 등장해야 한다! 그의 주먹에 힘을 보태고 싶었다.

이불 몇 채 혹은 소쩍새 울음

얼마 전 쉰여섯에 돌아가신 누님을 화장해 드렸다. 여태껏 혼자 사셨기에 할 수 없이 동생인 내가 장례를 도맡아 했다. 일찍 남편을 여의고 자식이 없기 때문이 아니라 열여덟 부모 곁을 떠나 줄곧 혼자였기에 큰 쉼표의 뒤처리는 사정상 내 몫이었다. 누님과 나와 나이 차가 20여 년 가까이 난다. 누님이 왜 혼자 살게 됐는지, 내가 너무 어렸기 때문에 그 자세한 내막을 잘 모른다. 누구에게 딱히 물어본적 없이 그저 살아오면서 단편적으로 보고 들은 걸로 어렴풋이 알고 있을 뿐이다. 그다지 어디에 내놓을 만한 삶이 아니라 그런지 그냥 그렇게 덮어 두었던 것 같다. 어느 집인들 한두 가지 덮어 두고 싶은 사연이 없겠는가…. 누님이 걸어온 길이 애꿎어 보였지 부끄럽지는 않았다.

어디가 아팠던지 어렸을 적에 아랫배 어느 부분을 뜸 뜨게 되었던 모양이다. 제대로 된 의료에 의존하기보다 민간요법에 매달리던 시절, 어느 돌팔이 말을 믿었던 모양이다. 그 일로 자궁에 이상이 생겨 영 아기를 가질 수 없다는 것을 어슴프레 알고 있다. 부산에 살면서 어느 남자와 연애를 하게 되었다. 부모님의 극심한 반대로 결혼식도 올리지 못하고 함께 살게 되었다. 그 길로 곧장 남자의 고향으로 갔다. 2, 3년을 살았는데 남자가 싫증이 났던지, 애 못 낳는다는 핑계로 다른 여자를 집으로 데리고 왔더란다. 여자에 있어 애 못 낳는다는 것보다 더 큰 멍에가 어디 있겠는가. 갖은 정성을 다하며 매달렸어도 허사였다. 여느 집 같으면 시어머니까지 합세해서 아들이 싫어한 며느리를 쫓아내려 안달이었을 텐데… 오히려 아들을 나무라며 진실로 며느리의 처지를 위로해 주시는 시어머니였다. 떠나올 때 동구 밖까지 이내 따라 나오시며 언제고 힘들면 다시 와서 함께 살자며 손을 꼭 잡아 주시더란다. 시집이 전라도 어느 소읍이었다. 늦봄 소쩍새가 뒷산 어디선가 울 때, 산굽이 돌아 그 동네를 떠나는데 그 울음소리가 그렇게 서럽게 들렸다. 떠나온 것에 대한 그리움처럼 평생을 안고 살았다. 돌아갈 곳이 없었다. 극심한 반대에도 그 남자를 따라 나섰기 때문에 부모님 곁으로 돌아갈 수도 없고, 제 몸 처지를 알고 그랬는지 평범한 삶을 포기한 것 같았다. 그 길로 30여년을 소쩍새 울음따라 타관으로 떠돌았다. 바람으로 때로는 구름으로 인생이 덧없는 남루였는지 모른다.

여자 혼자 살아온 세월이 오죽했겠는가. 여자가 타락하는 길이 어디 한두 가지겠는가. 대충 짐작해 보면 허영심을 채우기 위해 저 스스로 삶의 바닥 현장에 내던지는 예이고, 하나는 막연한 팔자 때문이다. 운명을 이끌면 영웅이 되지만 운명에 끌려 다니면 노예가 되는 운명의 두 얼굴 앞에 누님은 이러지도 저러지도 못하고 모든 걸 포기해버린 인상이 짙다. 말이 포기지 인생을 송두리째 버린다는 것이 얼마나 큰 용기가 필요한지 모른다. 평생 씻어도 씻기지 않을 상처가 너무 깊게 베이면 흘러가는 삶이 어찌 되었건 숨쉬는 것만으로 하루하루를 지탱하는지 모른다.

직업 소개소를 통해 멋모르고 술집을 가게 되었다. 처음 세상에 홀로 던져진 몸이라 이것저것 가릴 형편이 못되었다. 술 실력이 워낙 모자랐고 함부로 대하는 손님들 술주정에 적응하자니 왠지 깊은 수렁에 빠지는 것 같아 그 생활을 이내 포기했다. 언젠가 자조 섞인 말로 타락하기도 맘대로 안 되는데 출세하기는 얼마나 어렵겠냐? 공부 열심히 하라던 기억이 난다.

다방 종업원 생활로 접어들었다. 노동력만 제공하면 숙식이 해결되니 그만이었다. 본인만 단단히 맘 먹으면 술집과 달리 신선 놀음 같았다. 낯선 객지에 발디뎌 놓기가 어렵기도 했는데, 쓰라린 상처에 비하랴 싶어 독한 맘 먹으니 금방 익숙해졌다. 일본 말은 물론 일본 노래도 곧잘 불렀다. 유창한 일본 말을 구사함으로써 본인의 지식를 은근히 과시하는 시골 유지들과 일본어 소통은 객지 생활에 많은 도움을 주었다. 노래 또한 그들과 어울리는 데 꽤나 유용한 도구였다. 세월 따라 흘러가며 주어진 환경을 거스리지 않고 노래하고 춤추고 청춘을 만끽하고 살았다. 남들이 가꾸어가는 소소한 행복의 빈자리를 가무로 때우지 않았나 싶다. 몸이 전재산이니 손해 볼 것 없는 인생이라 맘 먹을 수도 있었을 것이다. 윤리적인 이 편에서 바라봤을 때 손가락질 대상이 될는지 모르지만 저 편의 그들은 또 그들의 논리가 있어 본인의 삶에 의지하고 살아가는 게 아닐까 싶었다. 대신해서 변명하자면 그렇다는 얘기다.

다른 직장과 달리 한 곳에 오랫동안 머무를 수가 없었다. 본인 의지와 상관없이 자주 옮겨 다녀야 했다. 지방 다방이라는 곳이 시골 한량들이 죽치고 앉아 시간 때우는 곳이 아닌가. 종원원들이 오랫동안 근무하다 보면 단골들 입장에서 뻔한 얼굴에 식상해하기도 하고, 주인 입장에서 물갈이로 분위기를 환기시켜야 하고 또 근처 경쟁 업소에 새 얼굴이 왔다 소문 나면 그리로 몰려가는 바람에 종업원들을 자주 갈아야 했던 모양이다. 목숨 걸고 맺은 인연은 아닐지라도 간직하고 싶은 미련들이 왜 없었을까. 그때마다 그곳에서 맺은 인연들을 깨끗이 정리하고 떠나야 했다. 정 많은 입장에서 힘들기도 했지만 자주 겪다 보니 평범한 일상이 돼버린 것 같았다. 그래도 아쉬운 사연들이 있었던지 이미자가 부른 "떠도는 몸이라서 사랑마…" 자주 흥얼거리는 것을 볼 때면 어느 품 어느 곳에서 평생을 안주하고 싶은 마음이 간절했던 모양이다. 함열, 비인… 그 고장 출신이 아니면 웬만한 사람은 알 수 없는 충정도, 전라도 지방의 작은 도시들을 나는 꽤 많이 알고 있다. 중·고등학교 때 이름이 생소한 곳으로부터 온 등기우편을 종종 받기도 하고 때로는 찾아가기도 했다. 등기편지 속에 꼭 소액환이 들어 있었다. 지금도 등기우편을 받기 위해 도장을 내밀 때면 가슴이 젖는다. 중학 1학년 때 처음 시계를 찼는데 SWISS가 적힌 사각 시계였다. 어느 놈이 찻값 외상으로 시계를 잡히고 찾아가지 않아 나에게 준 것이다. 마담 책임제로 운영되는 곳에서는 외상 찻값은 마담이 책임지는 그들만의 룰이었던 모양이다. 일부러 많은 찻값을 밀리게 해놓고 밀린 찻값을 요구하면 엉뚱한 수작을 부리는 깡들이 많았던 시절이었다. 그 시계가 내게 오기까지 사연은 뒷전이고 한없이 좋기만 했다. 나는 지금도 사각 시계만 고집한다. 시계를 처음 찼던 기쁨이 아직도 기억에 남아 사각을 선호하는지 모르겠다. 첫 기쁨이란 오래 가기 마련인가 보다.

그럭저럭 지내다 보니 사는 것에 이력이 났던 모양, 지친 삶을 잠깐이라도 내려놓고 쉬고 싶었던지, 대전에 방을 한 칸 얻어 놓고 장항선 호남선 따라 오르락내리락하며 얼마 동안 일하고 그 만큼 쉴 수 있으면 쉬면서 적당히 세월을 안배해 가며 지내는 것 같았다. 수작부리는 남자들의 본성을 그동안 경험으로 잘 알았을 텐데… 본인 처지를 이해하는 착한 남자 만나 해로하겠다는 희망 사항이었는지, 인연의 끄나풀에 억매여서였는지 몰라도 몇몇의 남자와 동거을 했다. 대전 철도 공안원 전, 무주초등학교 장선생, 송정리 박대위…. 어느 쪽이 먼저였는지 헤어져 혼자이다 그리고 다시 떠돌고. 젊어선 젊음으로 때우고 나이 들어선 관록으로 버티고 어영부영 세월만 까먹었지 손에 쥔 것이라곤 하나 없어 보였다. 알면서도 속고, 억지에 당하고 때로는 베풀면서 밑지는 것이 억울하다고 대들어 봤자 한번 빗끄러진 운명은 여린 생을 막무가내로 끌고 다녔다. 마흔 넘어 오십 줄에 가까워지자 더 이상 갈 곳도 없고 오라는 곳도 없는 판에,

등산을 좋아하던 바로 위의 형님이 하산 길에 정릉 버스종점 근처에 있는 조그마한 찻집에 들려 차 한 잔씩 하곤 했다. 장사도 곧잘 되고 혼자하기에 적당한 것 같아 주인 여자에게 사정사정하여 누님에게 사드렸다. 평생을 주물러 온 물인데 말해 무엇하리. 이것이 내가 매달려야 할 마지막 과제라 생각했던지, 누님 생각해 준 동생에 대한 보답이었던지 하루도 빠짐없이 악착같이 일했다. 몇 년 벌어서 전세 안고 조그마한 집도 하나 샀다. 누구에게 기댈 수 없는 처지라 노후 대책으로 열심히 돈을 모으는 것 같았다.

어느 날 몸져 눕더니 폐암이라는 진단이 나왔다. 본인은 담배를 피지 않았지만 평생 흡입한 남의 연기인들 오죽했겠는가. 수술 후 집에서 방사선 치료 받으러 다녔다. 70 넘은 노모가 병수발을 했다. 바쁘다는 핑계로 미루고 미루다가 병문안을 갔다. 몰골이 형편 없었다. 사람이 병들면 저렇구나 공연히 안쓰러울 뿐. 별말 없이 우두커니 앉아 있는데 누님이 간이 이불장을 가리키며 이불을 꺼내 달라는 것 같았다. 덮고 있는 담요가 추운가 보다 생각하고 여러 채 포개져 있는 이불 중에 제일 윗 것을 내리려 하는데 손짓으로 아니라는 시늉과 함께 밑에 것을 가리켰다. 그 다음 것을 꺼내려 하면서 이것이냐고 눈으로 물었더니 손을 자꾸 밑으로 밑으로 내리는 것이다. 다음 다음… 제일 밑에 것까지 내려와서야 됐다는 것이다. 본인이 원한 것이라 할 수 없이 꺼내 주면서도 이상했다. 그 많은 이불 중에 하필이면 제일 밑에 것인가? 제일 밑에 있다 보니 납작해졌을 뿐만 아니라 탈색이 되어 보기도 안 좋았다. 그때 밖에서 볼일이 끝난 어머니가 방으로 들어 왔다. 이불장이 열려있는 것을 보고 장문을 닫으며 혼자 말씀이 "혼자 살면서 웬 이불이 이렇게 많…냐?" 그렇다. 혼자 사는 여자 치고 이불이 많아 보였다. 얼마 동안 앉아 있다가 집으로 돌아왔다. 그날 밤 새벽녘에 숨을 거두었다. 정처 없이 떠돈 세상, 미련 두지 말라고 내가 눈을 감겨 드렸다. 장례 치르고 며칠 지나 누님이 살던 방을 빼주어야 하기에 방 정리하러 갔다. 모두 버려야 할 물건들이라 이것저것 보자기에 싸야 했다. 이불을 꺼내면서 세어 봤더니 모두 다섯 채나 되었다. 이불 끝 흰 천 부분에 무슨 글씨가 보였다. 자세히 보니 색실로「박」이라 써 있었다. 다른 이불도 확인해 보니「전」…. 성씨마다 다른 색깔로 무슨 암호처럼 곱게 수놓아져 있었다. 대부분 내가 알만한 성씨들이었다. 1,2년씩 또는 몇 개월씩 단발성으로 끝나버린 살림, 그때마다 새로운 마음으로 함께 만리장성을 쌓았던 누님의 옛 징표였지 않나 싶다. 아직도 잊지 못한 미련이거나 차곡차곡 쌓아논 추억 같았다. 정해진 순서에 따라 밑으로 내려갈수록 희미해져 가는 기억처럼 색이 더 바래 있었다. 짐을 다 치우고 나서 늙은 어머니가 한없이 울었다.

" 불쌍한 것이… 불쌍한 것이…"

임종 때 별말이 없드냐고 물었다.

"다른 말이야 없고, 뭐 소쩍새 울음… 어쩌고 하드라."

왜 하필 많은 이불 중에 제일 밑에 것을 덮어 달랬는지 이제야 알 것 같다. 살아 있는 것의 대한 징표로 늘 가슴에 묻고 살았던 소쩍새 울음소리가 듣고 싶었던 것이다. 어쩌면 전라도 황토 흙만큼이나 그 첫사랑이 진했을지도 모른다. 한 평생 소쩍새 울음따라 떠돈 삶이 덧없이 애절하게 느껴졌다.

화두처럼 어머니께 남기고 간 "소쩍새 울음…" 듣고 싶다였는지? 들린다였는지? 모르겠지만 허망한 세월의 이불 몇 채 남겨두고 다시 먼 길 떠났다, 누님은.

아무 일도 일어나지 않았다

산행을 좋아하는 지인이 겪었던 일이다. 산악회 동호인으로 활동하는 것도 아니고 거창하게 팔천 미터급 오르고 또 오르고 그런 의지의 산악인은 더더욱 아니다. 정말 산을 좋아해서 산에 가는 것인지, 일상을 탈피해서 그곳에서 자기만의 세계에 머물고 싶은 행동인지 알 수 없지만 자주 다니는 것 같았다. 나도 두 번 따라 가봤지만 유명 산 정상에 올라 '야호!' 외치며 성취감을 즐기는 타입도 아니다. 언제든 떠날 수 있게 꾸려둔 배낭을 메고 훌쩍 떠나는 무작정 산행인 것 같았다. 한 번 물어봤다. "산에 다니는 뭐 특별한 이유라도 있습니까?" 진부하지만 산악인들이 무슨 經처럼 들이대는 '산이 거기 있기 때문에' 류의 산에서 익힌 고상한 대답을 기대했는데 "그냥 가요" 그만이다. 하기야 사람들에게 왜 사느냐고 묻는 것과 같다는 생각에 입을 다물 수밖에 없었다. 나 같은 사람이야 먹고 살기 바쁘다 보니 특별히 맘먹고 떠나는 산행이지만 그는 성공한 아버지가 물려준 재산을 관리하면서 생활에 구애받지 않고 자주 다녔다. 생활이 풍족한데도 부부 사이는 그다지 좋아 보이지 않았다. 돈으로 구할 수 있는 금 밖의 수상한 짓을 하는 것도 아닌데 자주 다투는 것을 보면서 생활에 찌들은 내 짧은 생각으로는 고개를 갸우뚱거릴 수밖에 없었다. 가진 자들의 고상한 사고방식과 못 가진 자들의 서툰 생각이 물론 다른 줄 알면서도 '있고', '없고' 틀 속에 벗어나고 싶은 희망사항이 의문을 품게 되었는지 모른다. 일설하고 좌우지간 경제적 면에서 걱정 없는 삶을 누리고 있었다. 애비 잘 만나 아주 최소한 노력으로 경제가 가져다 준 풍족을 누리는 무위도식, 그를 두고 속으로나마 손가락질할 만한데 나는 그렇지 않았다. 애비 잘 둔 덕이든 로또 대박이든 법 테두리 안에서 일어난 결과라면 그 사람의 실력, 능력이라 인정해 주고 싶었다. 가끔 신세 진적도 있고… 아부가 좀 섞인 입발림이 아닌지 모르겠다.

여느 때와 마찬가지로 베낭을 메고 집을 나섰다. 그의 부인도 그가 베낭을 메고 집을 나서면 '또 산에 가는구나' 생각할 뿐이지 '어디 가느냐', '언제 오느냐' 구태여 물어보지도 않고 본인도 특별한 계획으로 가는 것이 아니기 때문에 그냥 나섰다. 이심전심인지, 무관심인지 모르겠지만 간섭 없이 참으로 편하게 사는구나 싶었다. 기차역이 집에서 20여 분 거리에 있기에 시간 맞춰 천천히 걸어가곤 했다. 그날은 개찰구를 통과하자 기차가 막 도착했다. 기차가 출발하기 직전에 올라가서 난간을 붙들고 섰는데, 다리 사이로 뭔가 훅 들어오는 것 같아 깜작 놀라 아래를 보니 집에서 키우는 '바둑이'가 자기 몰래 따라와 기차를 탓던 것이다. 기차는 이미 출발했고 입장이 난처하게 됐다. 기차에 개를 태워도 되는지 모르겠고… 다음 역에서 내려 집에 데려다 주고 다음 기차를 탈까, 망설이다 그냥 데리고 가기로 작정했다. 승무원이 안 된다면 내릴 심산이었다. 바둑이가 자기를 잘 따랐다. 부인이 깔끔한 성격이라 집 안 여기저기 개털 날리는 것도 싫어했고 밥이며 여러가지 챙겨야 할 것들이 많아서 그런지, 아예 동물을 싫어한 성격이라서 그런지 바둑이를 싫어했다. 부인이 싫어하는 개를 일부러 구해온 것이 아니었다. 시골 어느 집 앞을 지나가는데 이제 막 젖 뗀 듯한 강아지 한 마리가 자기를 쫄래쫄래 따라왔다. 귀여워서 쓰다듬어 주고 집으로 가라 손짓해도 계속 따라와 강아지를 안고서 왔던 길을 되돌아 가며 살펴봤다. 대문 열린 집이 있었다. 안에 어미 개와 그 새끼들이 몇마리 더 있었다. 어미 개가 짖자 주인아주머니가 나왔다. 자초지종 이야기하니 "강아지가 아저씨를 좋아하는 것 같네요. 데리고 가실려면… 무슨 인연인 것 같…." 아주머니가 선뜻 데려가라 했지만 그냥 가지고 올 수 없어 어미 개 밥값이라고 얼마간 주었다. 아주머니가 한사코 싫다는 걸 억지로 쥐어주고 나오려는데, 어미 개가 제 새끼를 데려가려는 낌새를 알아 차렸는지 크게 짖지는 않고 앞발을 들고 낑낑거렸다. 어미 개에게 다가가서 강아지를 코에 비벼주며 "데리고 가서 잘 키울게 염려 말어" 그때서야 안심한 표정을 짓더니 저의 일상으로 돌아갔다. 저들끼리 이별의 눈맞춤을 한 것 같았다. 울고불고 애타는 이별이 아니라 이제 자립하는 성체로서 인정해 주는 그런 의식인 것 같았다. 모든 걸 내 책임 하에 관리하겠다는 조건으로 키우게 되었다. 집에 데리고 들어가자 못마땅해하는 아내 표정을 읽고 각인했는지 부인을 그다지 좋아하지 않고 자기만 잘 따랐다. 어쩐 일로 다투게 되면 부인을 향해 못마땅하게 짖으며 자기 편을 들어주는 바둑이였다. 식구들 말로는 자기가 집 모퉁이에 들어서면 벌써 알아차리고 대문 앞에 뛰어가서 기다린다 했다. 병아리들이 태어나서 처음 본 것을 제 어미로 알고 그를 따르듯이 강아지도 자기를 처음 집으로 데리고 온 사람을 제 주인으로 섬기는 듯했다. 식구들 누구보다 자기를 잘 따랐다.

기차에서 내려 이른 점심을 먹고 바둑이도 배불리 먹이고 산을 오르기 시작했다. 뚜렷한 목표 지점이 정해진 것도 아니고 시간에 구애받지도 않고 산길을 따라 올라갔다. 가다가 어둡기 전에 하산하지 못할 경우를 대비해서 외딴집을 눈여겨 두기도 한다. 어느 산, 어느 외딴 골짜기라도 집이 꼭 한두 채씩 있다. 가끔 신세지며 그들의 사연을 들어보면 대부분 세상에서 실패하고, 가까운 사람에게 배신당하고, 병 때문에, 몇 가지 유형들이 각본처럼 정해져 있다. 사연들이야 제 각각이지만 하나같이 '떠나온 곳으로 돌아가고 싶지 않다.', '이렇게 편할 수가 없다.' 사실 산이라서 편안한 것이 아니다. 세속의 속물을 다 내려놓았기 때문에 화평인 것이다. 산중생활, 힘주어 강조하는 것을 보면 어떤 이는 아직도 미련이 남아있는 것에 대한 마음을 추스리려는 다짐 같기도 했다. 바둑이를 위해 평탄한 길로 걸었다. 울타리에 갇혀 지내다 모처럼 자연을 만끽하니 바둑이도 즐거운 모양, 앞서거니 뒷서거니 두서없이 산을 헤메고 다녔다.

좀 쉬어갈까, 적당한 장소를 물색하던 중에 자연 동굴인지 폐광인지 모를 굴 입구에 도달했다. 가로 세로 2, 3미터 정도 돼보였다. 인위적으로 깎은 흔적이 없는 것으로 보아 자연 동굴 같았다. 궁금했다. 종유석이 휘황찬란하게 솟구치고 벽면이 화려한 동굴 궁전을 상상하며, 입구 벽에 돌출한 작은 돌을 손잡이 삼아 동굴 안을 살펴 보았다. 빛이 아래까지 잘 비추지 않은 관계로 좀더 자세히 보고 싶어 한 발을 내딛는 순간, 잡고 있는 돌이 부스러지며 기우뚱 중심을 잃었다. 안으로 경사진 바닥에 깔린 자갈돌을 밟고 그대로 굴 안으로 떨어졌다. 나락으로 떨어진다는 것이 이런 것일까, 깜깜해지며 아무 생각이 없었다. 굴러 떨어진 그 몇 초가 수십 년 같았다. 천국 하면 하늘이 연상되고 지옥 하면 지구 속 어느 깊은 부분인 것처럼 이대로 계속 내려가면 지옥 어디쯤 다다를 것 같았다. 잠시 기절했던 것 같다. 얼마나 시간이 흘렀을까, 다리에 심한 통증으로 깨어났다. 내가 지금 영화 찍고 있나? 도저히 일반 생활에선 일어날 수 없는 장면들이 연출되고 그 중심에 내가 있다, 착각이 들었다. 왼팔이 조금 다쳐 피가 흘렀고 오른쪽 무릎 근처에서 심한 통증을 느꼈다. 도저히 몸을 움직일 수 없어 그대로 한동안 누워 있었다. 함께 왔던 바둑이는 미처 생각도 못했다. 우선 내 몸이 걱정이었다. 해가 서산에 넘어가는 중이었던지 사물들이 선명치가 않았다. 한참 있다 보니 희미한 어둠 속에 실루엣처럼 움직이는 물체가 보였다. 바둑이었다. 얼마나 반가운지 와락 껴안고 쓰다듬어 주었다. 내가 밑으로 굴러 떨어지자 주인이 밑으로 내려가는 줄 알고 따라 내려오다 떨어진 것인지, 주인이 추락하는 것을 보고 구하려다 저도 그만 떨어진 것인지, 사정을 알 수 없으나 바둑이가 옆에 있다는 사실만으로도 조금 안심이 되었다. 밤길 갈 때 어린애라도 업고 가면 의지가 되고 든든해진다는 그런 심정이었다. 이제 죽고 사는 문제가 아니라 제발 좀 통증이 가시길 바랐다. 통증이 심한 오른쪽 다리를 조심스레 만져보니 퉁퉁 부은데다 무릎뼈가 틀그러진 것 같았다. 어쩔 도리 없이 통증이 가시길 기다리는 수밖에 없다. 상비약을 꺼내 왼팔 상처에 약을 바르고 붕대로 감아 두었다. 가을로 접어드는 시기라 이불 없는 밤이면 쌀쌀할 법한데, 동굴 안이라 그런지 견딜만 했다. 잠 수령 앞에 통증도 아랑곳이었던지 깊은 잠을 잤다. 일어나 보니 바둑이는 내 옆에 엎드려 있었다. 주인이 옆에 있다는 안도감이었는지 위기에 처한 상황을 모른 탓인지 그다지 불안해하지 않았다. 바둑이 마저 없었다면…. 생각하니 한없이 고마웠다. 믿고 따르고 살펴주는 주종관계가 아니라 목표가 같은 방향인 동지가 되었다. 생명이 경각에 달린 공간에서 상황만 공유하는 동지이지 헤쳐나가야 할 실황은 전적으로 내 몫이었다. 통증도 어느 정도 가시고 동굴 전의 일상을 찾고 싶었다. 이제 빠져나갈 궁리를 해야했다. 아침 빛에 의해 처한 상황을 어느 정도 읽을 수 있었다. 입구부터 바라봤다. 경사가 끝나는 지점은 그야말로 칼로 자른 듯 절망이었다. 아픈 다리는 고사하고 성한 맨다리로도 도저히 탈출할 수 없는 구조였다. 외부인에게 구조를 요청해야 하는데 핸드폰이 있는 시절도 아니고 있다고 한들 깊은 산중에 통화가 가능할 리 없는 동굴이었다. 배가 고팠다. 베낭을 뒤져보니 비상 식량으로 넣어 두었다던 미숫가루가 한 봉지 있었고 피곤할 때 먹던 초콜릿 몇 개가 다였다. 초콜릿 한 조각을 입에 넣었다. 이렇게 달콤한 것이 있었던가, 그야말로 황홀한 세상이었다. 바둑이가 옆에서 입맛 다시며 빤히 올려다본다. 인심을 쓰자 한 조각 널름 삼킨다. 평소에 단 것을 좋아하지 않았는데, 이것저것 따질 게제가 아니라는 절박을 간파한 모양이다. 목이 말랐다. 동굴 안쪽 천정에서 물방울이 똑똑 떨어지고 있었다. 어둠 속에서나마 살아 있음을 확인하고 싶은 듯 일정한 시간을 재며 떨어지고 있었다. 동굴의 정적을 깨며 날아가는 화살 같았다. 엉덩이를 발 삼아 바닥을 뭉기적거리며 물이 있는 곳으로 다가갔다. 떨어진 물방울이 움푹 파인 바위에 고여 있었다. 이마저 없었다면… 생명수였다. 물컵에 미숫가루를 넣고 휘저어 마셨다. 바둑이도 어느새 따라와서 눈총을 보낸다. 반컵 정도 주었다. 가만히 생각해 보니 언제 구조 될런지도 모르는 절박한 상황인데 바둑이까지 남은 미숫가루를 축내서는 안될 것 같았다. 치사하지만 혼자 몰래 먹기로 작정했다. 소리를 질러봤다, "사람 살려!" 몇 번인가 외쳤지만 목만 아플 뿐 반응 없는 헛소리였다. 개 짖는 흉내를 내며 바둑이 더러 짖으라 했다. 네가 왜 우리 멍멍이들의 멍멍을…. 이상하다는 듯 쳐다보더니 몇 번인가 학습을 시키자 곧잘 짖었다. 저도 목이 아픈지 금방 포기하고 만다. 희미한 어둠 속에서 하루가 길었다. 아침 먹고 점심 먹고 그리고 저녁 먹고, 먹는 일상을 생략해버리니 하루가 한정없이 길게 느껴졌다. 엄밀히 따져보면 내 스스로 생략한 것이 아니라 물리적인 외부 힘에 의해서 무참히 박탈 당한 것이다. 그러고 보니 인간에 있어서 먹는 행위 그 자체가 하루의 일과를 대부분 차지하는 것 같았다. 한정된 공간이긴 해도 먹는 것을 빼버리니 시공이 너무 길어졌다. 바둑이와 알아들을 수 없는 대화도 나눠보고, 음산한 분위기를 누그려뜨리려 자문에 자답으로 주위를 환기시켜보기도 하고, 주위의 돌멩이들을 이리저리 옮겨 보기도 하고… 앉아서 할 수 일들을 괜히 다 싫을 정도로 머리와 손발을 움직여 봤다. 다른 것들은 금방 시큰둥했지만 가장 오래도록 시간을 보내고 즐겼던 것은 머릿속 한상 차림이었다. 여태껏 먹어왔던 음식들을 나열해 두고 그중에 맛있었던 것을 골라내 하나하나 차례대로 먹기 시작했다. 식사 시간이 남들보다 대충 빨리 끝나는 버릇이 있지만 내 상상의 식탁에 음식들을 푸짐하게 차려놓고 천천히 음미하면서 될 수 있는 대로 오랫동안 아주 오랫동안 시간에 구애받지 않고 즐겼다. 그래도 배가 차지 않으면 앞으로 먹고 싶은 음식들을 한 가지씩 먹기 시작했다. 국토 순례하듯 전국 맛집을 샅샅이 찾아 다녔고 미슐랭을 앞세워 프랑스로 건너 갔고 스페인 곳곳을 뒤지며 성찬을 즐겼다. 음식하면 중국 아닌가, 백여 가지 진미에 3박 4일이 걸리는 만한전석을 꼭 시식해 보리라. 도쿄 긴자에 있는 이름 난 식당을 뒤져서라도 각종 스시를 원없이 섭렵하리라. 세계 곳곳을 누볐지만 결국엔 제자리로 돌아와 얼큰한 찌개로 마무리했다. 아무리 산해진미라 할지라도 입맛에 길들여진 추억은 어쩔 수 없는 모양이다. 한참 먹다 보니 배가 더 고팠다. 현재 고픈 것이 문제가 아니었다. 자력으로는 도저히 빠져나갈 수 없고 누군가가 손을 내밀어 주지 않으면 그대로 미라가 될 것 같았다. 어떻게 살아서 이 동굴을 빠져 나가나? 궁리할 조건이 야박했다. 물 뿐, 바둑이와 나뿐이었다. 바둑이를 힐끗 봤다. 저도 먹고 싶은 것들을 머릿속에 넣어놓고 하나씩 꺼내 먹고 있는지 가끔 입맛을 다셨다. 늘 해주던 대로 주인이 알아서 해결해 주리라 기대하고 있는지…. 맥없이 그냥 내 옆에 누워 있다. 아무리 주인 손에 길들여진 개라도 꼭 복종만 하란 법이 없다. 상황이 절박해지면 야성이 드러날 것 같았다. 섬뜩 생각이 스쳤다. 바둑이 저놈이 허기진 것에 대한 인내가 한계에 도달하게 되면… 상상만으로도 끔찍했다. 제 생존이 먼저일 텐데 죽자고 달려들면 부상당한 몸으로는 꼼짝없이 먹이 신세로 전락할 것 같았다. 몇 시인가? 몇 시가 됐건 아무런 의미도 없는데 습관처럼 시계를 봤다. 유리가 깨지고 바늘이 멈춰 있었다. 시계가 정지하니 세상이 정지해버린 것 같았다. 동굴 안에서 시간은 헛깨비에 지나지 않았다. 몇 시간이 흘러 갔는지, 며칠이 지났는지 모르겠고 희미한 빛이 비추면 낮이고 깜깜하면 밤일 뿐 헤아려보지 않았다. 우리가 정해논 시간이라는 것이 우리의 약속이지 변화가 없고 매듭을 짓는 경계의 대상이 없는 갇힌 공간에선 그저 깜깜 그 자체다. 사물을 헤아리고 이용할 주체가 없는 우주에서 시간도 무엇이 간섭하지 않는 적막한 동굴처럼 그러하리라. 우주는 시간표에 의해 운행되는 기차가 아니라 끝이 보이지 않는 광활한 들판이라 짐작만 했다. 한 치도 벗어날 수 없는 현재 내 우주의 동굴에서 상상하는 들판은 안드로메다 그 너머보다 더 까마득한… 뛰어넘을 수 없는 울타리 밖이었다. 시간 어쩌고 우주 저쩌고 한가롭게 여유부릴 때가 아니다. 벌써부터 여차하면 바둑이를… 염두에 두지 않은 것은 아니었지만 바둑이를 감당하기 버겁기 전, 기력이 그나마 남아 있을 때 연명할 양식으로 삼고 싶었다. 바둑이를 보니 기진맥진 힘이 없어 보이지만 딴 생각은 없어 보였다. 한없이 배가 고플지언정 눈 앞에 고깃덩이를 어찌해 볼까, 짐승이고 싶지 않은 표정으로 제 살점들을 서서히 갉아 먹으며 기약없는 시간을 버티고 있는 것 같다. 이성적인 동물이라는 내가 배고픔 앞에 오히려 짐승이었다. 추호의 의심스런 표정없이 그냥 그대로 순종하는 모습에 버틸 때까지 버텨보자 다짐해 보지만 배고픈 짐승은 아우성쳤다. 빨리 결행하라.

타 생명과 사투를 벌였던 짐승의 순간을 더 이상 떠올리고 싶지 않은 부끄럼이었는지, 노출되면 안 되는 화면을 모자이크 처리하듯 그 장면을 생략했다. 대충 등분해서 돌 더미 위에 널어놓았다. 한 점 도려냈다. 바둑이를 생각하니 차마 먹을 수가 없었다. 다시 시도해 봤다. 이번엔 비린내가 확 풍겨왔다. 어릴적부터 비린 것을 잘 못 먹는 식성이었다. 물컹거리는 음식보다 꼬들꼬들한 것, 바삭 마른 것,

물기가 제거된 것들을 유난히 즐겼다. 한 밥상을 공유해야 하는 주위 사람들이 불편해했다. 그때마다 남의 식성 가지고 이러쿵저러쿵 참견하지 말라, 내 식성은 확고했지만… 배고픔 앞에 편식은 당연히 사치였다. 뱃가죽이 점점 등쪽에 가까워질수록 정신이 몽롱해짐을 느꼈다. 더 이상 정신이 혼미해지기 전에 굳은 결심으로 푸딩같이 말랑말랑한 장기 한 점을 도려냈다. 소금에 찍어 먹으면 그만일 거란 생각에 원시인 시절 유전인자가 바닷속 해초처럼 꾸물꾸물 되살아났다. 살 것 같았다. 하루 이틀이야 괜찮겠지만 두고두고 먹기 위해 무슨 방도를 강구해야 했다. 흐르는 물속에 담가 두고 조금씩, 금방 상할 것 같았다. 얇게 썰어서 말려두고… 햇빛도 들어오지 않으니 다 말리기 전에… 제법 골똘이 생각했던 방도가 다 부정으로 끝나 버렸다. 궁리하고 또 궁리했다. 절실하면 통한다. 동굴 안을 휘둘러보니 바람에 날려와 쌓인 낙엽이며 마른 잔가지가 여기저기 널부러져 있었다. TV 화면에 중국의 어느 소수민족들이 돼지를 잡아 부엌 천정에 매달아 훈제하여 두고두고 먹는 광경이 떠올랐다. 몇 조각으로 잘라 나무가지에 끼어 털을 끄슬리고 세균이 침투하지 않토록 겉 부분을 잘 끄슬렸다. 장기는 잘 손질하여 데운 돌 위에서 말렸다. 장기전을 대비했다. 끝내고 나니 벼락 부자가 된 것 같았다. 숫컷이 사냥하고 암컷이 새끼들을 보살피는 동굴시대 원시인 가족이 떠올랐다. 어느새 가족들이 모닥불 가로 옹기종기 모여 들었다. 먹이 한 점 한 점씩을 떼어 의기양양하게 건넸다. 허기졌던 배가 부른 만큼 가장의 능력을 인정해 주리라… 금덩이가 몇 말 있든 돈다발이 몇 상자 있든 다 부질없다. 필요할 때 빵 한 조각만 못하다. 몇 만년 전이나 현재나 입에 들어가게 하는 능력이 최고 권력인 것이다. 근육을 키워 노루 사슴을 잡아야 한다. 하다못해 토끼 한 마리라도… 숫컷들 사명이다. 배가 고플 때 배 채우는 일에 골몰했지만 허기가 사라지자 뭔가 하고 싶어졌다. 심심했다. 노동이라는 것이 꼭 먹이를 구하는 행위가 아니라는 것을 할 일 없는 빈손이 증명해 주었다. 먹이를 하나하나 정리하고 입으로 들어가는 과정을 세세히 계획하다 보니 살아있는 보람이라 느껴졌다. 그동안 뭐하고 살았나, 자책감이 들었다. 작은 손 하나가 이 사회에 얼마나 보탬이… 나 하나쯤이야, 이 작은 것들이 모여 거대한 담론을 이룬다는 사실을 간과하고 살아온 것이 부끄러웠다. 동굴 입구가 남향이었던지 아침이면 돋보기를 통과하는 빛처럼 손바닥만 한 작은 햇빛이 구원의 손길처럼 잠깐 지나갔다. 처음엔 아침이구나 무심코 넘겨버렸는데, 언젠가부터 아침이 기다려졌다. 잠깐이나마 햇빛에 얼굴을 대고 세수를 했다. 단절된 세상과 소통하는 기분이 들었다. 고도로 발달한 문명인들이 자신의 몸을 빛으로 분해시켜 목적지에 도달한 다음 본래 모습으로 변신하는 과학 마술을 상상하며 그 빛속으로 공중 들림 당하고 싶었다. 잠깐 지나가는 것이 못내 아쉬웠다. 빛보다 빨른 속도로 달리면 과거를 볼 수 있다지 아마… 발로는 빛보다 빨리 뛸순 없고 생각만으로 되돌아 가봤다. 자본주의 체제에서 승자 독식은 당연한 방식이라 여겼다. 나만 어쩌고 저쩌고, 이기적인 사고방식이 그늘진 곳에서 기다리는 아쉬운 손길들을 외면하게 하지 않았나 싶었다. 재벌들만 사회에 내놓는 줄 알았다. 매달 내 햇빛의 반만 쪼개도 한두 그늘이 사라질 것 같은 생각까지 미치자 지난날이 아쉬웠다. 정부 체제는 자본주의, 국민 의식은 사회주의, 밝은 세상이 될 것 같았다. 이제 창고에 쌓인 식량을 본인만 위해 축낼 것이 아니라 사회의 진정한 구성원으로서 퍼나르는 일에도 동참하리라… 살아나가선 언제 그랬냐, 어떻게 돌변할지 몰라도 기도의 반대 급부를 바라는 마음으로 오늘 만큼은 굳게 다짐했다.

불을 지피다 보니 연기가 동굴 입구 쪽으로 빠져 나갔다. 밤에 불을 지펴서 뜨뜻하게 할 요량을 수정했다. '살려 달라!' 백 번 외치는 것보다 연기를 밖으로 내보는 게 훨씬 효과적일 것 같았다. 버섯, 약초꾼이 산 아래에서 올라와 여기에 당도할 시간이 점심 때쯤 될 것 같은 짐작으로 그 시간에 불을 지폈다. 땔감이 한정되어 있어 아껴야 했다. 운동화도 태우고 베낭도 태우고 옷도 한 벌 한 벌 태우고 지폐도 태우리라, 계획을 잡아 두었다. 흩어진 가랑잎, 작은 나뭇가지들 다 모아 봐야 얼마 되지 않을 것 같았다. 그리고 연기가 구조의 신호로 작용하리란 확신도 서지 않았다. 돌을 모아 입구까지 탑을 쌓으면 좋겠다 싶었는데 부상당한 몸도 몸이지만 탑을 쌓을 큰 돌들이 몇 개 없고 자갈들뿐이었다. 쓸모없는 자갈들, 팽개치다 문득 생각이 떠올랐다. 입구를 향해 돌팔매질을 해 보았다. 처음엔 번번이

헛방으로 입구에서 한참 벗어나더니 수십 번 반복적으로 던지자 간혹 입구를 향해 날라갔다. 손바닥 같았던 입구가 멍석만큼 큰 과녁으로 변했다. 프로 골퍼들이 우승하는 날은 홀이 수박만큼 크게 보인다더니… 어떤 일이든 목포를 이루기 위해선 집중이 최선의 방법인 것 같았다. 실낱 같은 희망에 큰 기대는 하지 않았지만 입구를 정조준하여 돌화살을 계속 날려 보냈다. 구출의 신호로 날려 보냈던 목적은 뒷전이고 오로지 동굴 입구가 목적이 돼버릴 때도 있었다. 어쩌다 정통으로 관통하는 재미가 제법 쏠쏠했다. 던지고 또 던지고 희망을 자꾸 던졌다. 돌멩이가 벽에 부딪쳐 되돌아와 오히려 나를 다치게 할 때도 있었다. 잘못 쏜 화살이 과녁을 빗나갔을 때 결과가 끔찍할 수도 있겠다 싶었다. 그래도 작은 끈이라도 놓지 않기 위해 돌멩이에 힘을 실어 보냈다. 할 일이 이것밖에 없었다. 우주 공간으로 무작정 띄우는 지구인의 전파우편, 누군가가 받아볼 거라는 불확실 대한 확실한 믿음을 쏘아 보냈다. 바둑이에게 미안하지만 입으로 들어가는 것이 확보되니 구출되어 살아갈 것 같은 확신이 섰다. 아직은 갇혀 있는 신세, 적막감에 가끔 소름돋는 무서움이 느껴질 때가 있었다. 바둑이가 아쉬웠다. 큰 의지가 되어었는데… 끝까지 함께할 걸 후회스러웠다. 먹이가 보장된 사실의 원인은 잊은 채 아쉬움만 되돌리고 싶은 상상의 이중성 아닌가. 무엇보다 내가 살아나가야 하는 현실이 최우선이라는 정당성을 부여하고 싶은 마음에 한가한 생각은 지우고 싶었는지 모른다. 우스갯소리로 '개가 사람을 물면 뉴스거리가 되지 않지만 사람이 개를 물면 뉴스가 된다' 반면으로 내 처지를 생각해 보았다. 바둑이의 희생으로 생존해서 구출되어 나가면 그래 그 개가 사람을 살렸구나, 당연하지만 개가 사람을 잡아먹고 구출되었다면 살인 개니 뭐니 하며 한동안 뉴스를 장식할 것이다. 자연 법칙으로 따져 보면 '죽이고', '살고' 하등의 차별이 없는데 모든 법칙이 인간 중심으로 정리되다 보니, 인간의 윤리에서 벗어난 것은 다 반인륜으로 치부해 버리는 잘못된 이치 아닌가. 닭 정도는 심적 부담없이 쉽게 목을 비틀지만(사실 닭도 허용하지 않는 양심들이 있다.) 그 이상의 것은 왠지 찔리게 된다. 온 우주를 동원해서라도 자기 생명을 지키려는 필사의 노력이 모든 생물들의 본능인데, '크고', '작고' 따지려드는 인간의 잣대야말로 가령, 절대자의 눈으로 봤을 때 미물에 지나지 않는다.

가족처럼 함께한 바둑이를 생각하면 마음이 조금 미안해진다. 그때는 내 생이 우선인 이기가 앞섰기 때문에 자연의 섭리를 억지로 무시하고 싶었을 것이다. 얼마 전까지도 사회적으로 허용되었던 보신탕 문제, 이제 와서 세계적인 논란거리 일뿐만 아니라 국내에서도 말할 수 없는 눈총을 감내해야 한다. 애완견을 가족처럼 끔찍하게 사랑하는 배부른 시대에 살고 있는 먹을 것 쌔버린 맛집 공화국, 누군들 보신탕 국물을 훌훌 마시는 꼴을 바라보고 싶겠는가. 도살 직전의 바둑이들을 구출해서 미국 가정에 입양시키는 눈물겨운 상황이 연출되는 실정이다. 구출하고, 공수하고, 입양시키고, 그들은 이

제 '동물보호단체' 단순 회원이 아니라 참전국 전사들이라 해도 과언이 아니다. 서울올림픽 때, 앞뒤가 풍만하게 튀어나온 유럽의 어느 여배우를 필두로 한국의 보신탕 문제를 거론하며 올림픽 보이콧을 외치자, 다급해진 정부에서 이름도 영양탕으로 바꾸고 대로변 탕집을 골목으로 몰아넣으며 이미지 쇄신에 힘썼다. 그와 반면에 국민들이 보신탕을 즐겨 먹는 어느 나라 장관은 '남의 나라 음식을 두고 왜 왈가왈부 하느냐, 너네나 잘 하세요!' 되레 큰소리까지 쳤다. 바둑이 희생으로 살아난 나를 두고 과연 그들은 비난할까? 당연사라 수긍할까?

송이 버섯 채취하려 온 마을 사람들이 동굴 안에서 날아온 돌멩이에 맞을 뻔했다. 산 위에서 떨어진 돌이겠거니 대수럽지 않게 생각했다. 돌아서려는데 또 날라왔다. 어딘가 살펴보니 아무래도 동굴 쪽인 것 같았다. 밖에서 희미하게 사람 소리가 나자 있는 힘을 다해 "사람 살려!" 외쳤다.

다가가 살피는 중에 사람 소리가 났다. "그 안에 누구 있소!" 병아리가 안에서 쪼고 어미 닭이 밖에서 쪼아주는 줄탁처럼 안과 밖의 교신으로 구출되었다. 한 생명이 다시 태어났다. 피골이 상접했더라면 얼마동안 그 안에 있었느냐, 관심을 보였을 텐데 동굴 안에 갇힌 사람치고 다친 거 외에 아무렇지 않는 것을 보고 하루 이틀 정도거니 대수롭지 않게 넘어갔다. 며칠만인지 가늠할 수가 없었다. 당사자 입장에선 며칠이 중요한 것이 아니라 살아 있다는 사실이 놀라울

따름이다. 화살이 과녁 중앙에 제대로 꽂힌 기분이었다. 생산이라곤 내 손으로 뭐하나 만든 적 없었고, 자력으로 이 세상 헤쳐가겠다 다짐으로 목표 하나 세운적 없는 내가 대견했다. 목숨이 담보였기에 적중했는지 모른다. 불편한 다리를 끌며 집으로 돌아왔다. 예전보다 조금 늦게 돌아왔다. 늦은 것에 대하여 그다지 의문을 갖지 않았다. 집 안으로 들어서는데 부인이 자기는 무관한 듯 변명인 듯 "그 날 바둑이가 집을 나가서 아직 들어오지 않네요. 당신 따라간 줄…" 새삼 떠올리고 싶지 않아 침묵으로 일관했다.

몇 달 지나 날이 풀리자 구해 주었던 마을 사람들에게 인사도 할 겸 찾아갔다. 덕분에 살아난 나보다 살려준 그들이 더 반가워했다. 싸 가지고 간 술과 음식으로 점심을 맛있게 먹으며 그날의 구출 무용담을 안주 삼아 거나하게 취하는 그들을 뒤로하고 빠져 나왔다. 그곳이 보고 싶었다. 한참 올라가다 동굴을 멀직이 바라봤다. 아직 숲은 먼 시기, 뼈만 추수려 벽에 걸어 논 상어 뼈 입이 크게 벌리고 있는 것처럼 입구가 돋보였다. 그러고 보니 상어 뱃속에 들어갔다 나온 것 같았다. 근처에 겨울을 깨우는 작은 봄들이 돋아나고 있었다. 하마터면 떠들썩할 뻔한 동굴이 아무 일 없었다는 듯이 그 자리에 그냥 있었다. 그 속에 남은 뼈들이야 시간이 삭혀 본디 곳으로 되돌려 줄 것이고… 아직 가슴 깊이 남아 있는 발라진 살점들… 그러하리라. 자연은 무심하다

장씨는 술 공짜

소설 같은 이야기 하나 해야겠다. 고등 1학년부터 졸업할 때까지 줄곧 같은 반이었던 친구가 있었다. 같은 학년이라 친구였지 나에게 그 이상의 사이였다. IQ가 상당히 높았다. 검사 결과를 아무나 알 수 없는데 반장을 통해서 소문이 난 것 같다. 겨우 세자리 수에 턱걸이 한 나 같은 머리야 누구 하나 관심이 없지만 1, 2등은 금방 퍼진다. 140이 넘은 것 같았다. 그런데 학교 공부는 특출나지 못했다. 시험 점수 발표할 때마다 선생님이 "머리는… 왜 점수는 이 모양…" 혼잣말로 안타까워 하셨다. 누구와 잘 어울리지 않고 그렇다고 학교 생활이 그다지 불편해 보이지도 않았다. 집이 같은 방향이라서 함께 다니면서 친해지기도 했지만 뭔가 통하는 것이 있었다. 공부에 별로 관심 없는 것 하며… 호기심 많은 내가 뭘 물어보면 잘 가르쳐 주었다. 물어보는 것에 대한 단편적인 답이 아니라 앞뒤 혹은 그에 관계된 상황 풀이는 물론 자기 의견까지 제시하며 내 생각을 자기 쪽으로 유도하기까지 했다. 생각이 또래들 보다 한 수 위였다. 1학년 윤리시간이었다. 선생님이 들어오는 줄도 모르고 학생들이 떠들고 있었다. 그 선생님은 여학교에서 근무하다 처음 남학교에 와서 적응이 안되었던지 "여학생들은 말이야, 수업 준비한 다음 얌전히

선생을 기다리는데…. 너희들은 말이야." 어쩌구저쩌구 선생님 말이 끝나자 그 친구 왈

"선생님, 그게 여자들의 미덕 아닙니까."

수업시간, 선생님 말씀이 좀 미심쩍고 불만스런 부분이 있어도 이의를 제기하지 못한 우리들에 반해 그는 언제나 자기 논리가 있었다. 우리 범생이들은 대학을 나와 몇 년씩 교사생활을 한 선생님 말씀에 감히 토를 달지 못했다. 다음을 감당할만한 지식 밑천이 짧았던 것이다. 종종 우리를 대신해 선생님과 말 맞짱 뜨는 그가 은근히 고마웠다. 알듯 모를 듯 설왕설래하는 그를 두고 괴짜라 했다. 사실 따지고 보면 그의 수준에 우리가 한참 모자랐다. 시기 반 부러움 반, 우리가 그를 바라본 시선이었지 않았나 싶다. 수업 과목에 관계없이 재밌고 유익한 얘기를 자주해 주시는 선생님이 무슨 말 끝에 "천재 한 사람 머리보다 바보 다섯이 낫다." 하나와 다섯이는라는 단순 숫자 논리 함정에 우리들은 그래 그래, 바보라도 힘을 합치면 천재 하나쯤은 문제 없을 거다. 착각에 빠져있을 때 그가 손들고 나섰다. "선생님, 바보는 바봅니다. 바보 백명이 머리를 싸맨들 뉴턴의 사과 맛을 알 수 있겠습니까. 모든 문명과 문화가 발전하고 발달한 중요한 대목엔 천재들의 역할이 컸습니다." 여기서 그의 반박이 끝났을 때, 선생님이 의도한 뜻과 그의 이의 제기가 뭔가 맞지 않다고 어설프게 느끼고 있는데, 그의 다음 말을 듣고 마음 속으로 완전히 그의 손을 들어 주었다.

"선생님, 천재 한 명보다 바보 다섯이 낫다는 말은 공산주의자들이 꾸며 낸 선동구호입니다. 부르조아에 불만이 많은 노동자, 농민들을 단결시켜 자기들 편으로 끌어들이려는 말 수단입니다." 선생님이 출전을 밝히지 않고 했던 말을 확실한 근거를 제시하자, 모두가 입을 다물 수밖에 없었다. 더군다나 공산주의 공자만 들어가도 금기시했던 시절, 저쪽의 구호였다니… 선생님도 속으로 뜨끔했으리라. 수십 년이 지난 뒤 삼성 이건희 회장이 그가 편들었던 천재의 우수성을 뒷받침하듯 한 마디했다.

"천재 한 명이 만 명을 먹여 살린다."

영어 시간이었다. I think ( ) 괄호에 들어갈 단어 문제였다. 그날이 15일. 5번, 15, 25… 끝이 5로 끝나는 학생들이 일어나서 차례로 답했다. '나는 ○○ 생각한다.' 그다지 어려운 문제도 아니고, 다들 평범하게 답한 것 같다. 그가 성이 안 찼던지 그가 손을 들고 "선생님, 저도 한 번 하겠습니다." 다른 학생들은 지적당할까 봐 선생님과 눈이 마주치지 않으려 애쓰는 데 반해 그는 자기가 하고 싶은 이야기가 있으면 당당했다.

"그래, 해봐"

"I think와 ( ), 괄호 사이에 단어 하나가 더 들어가야 합니다."

괄호 안에 들어갈 말만 하면 됐지, 재가 왜 또 저러나? 우리가 궁금해하던 순간, 선생님은 이미 눈치 챘는지… 아차! 표정을 지었다. I think ( ). 우리식 영어로는 통하지만, 제대로 된 문장은 I think about ( )로 해야 한다면서 그가 선생님을 힐끔 보고 우리들을 향해 "I think about my life"

우리들은 겨우 여학생이나 어머니를 생각하고 기껏해야 '미래' 정도였는데 그는 벌써 '자기 인생'을 고민하고 있었다.

역사시간. 불교의 어떤 대목이었는데 선생님의 말씀이 가지가 퍼져 교과서 내용과 관계없는 전생, 이생, 내생, 윤회설로 끝나면서 "너희들도 이생을 잘 살아야 돼, 까딱 잘못하면 평생 쟁기 끄는 소로 태어나, 알았지? 열심히!" 말을 마치려 하자 그가 무엇을 물어보았다. 선생님이 설명, 그 친구가 반문하고, 논쟁이 이어졌다. 우리들은 무슨 얘기인지 잘 모르면서 시간 때우는 재미로 듣고 있었다. 엉뚱한 질문에 그럴싸한 주장을 선생님들께 들이대는 일이 종종 벌어지자 어떤 선생님은 흥미로워 했고 간혹 기피한 선생님도 있었다. 한국 교육이 주입식으로 선생님이 던져주고 그대로 받아먹기만 하는 종적 지식 전달 체계이다 보니 반론이나 자기 의견을 제대로 펴지 못한 시대였다. 단 1점의 점수로 당락이 좌우되고 인생의 행로가 갈리는데…. 옳고, 그르고, 주고받는 토론 방식의 교육이 있을 수 없었다. 공식대로 잘 풀고 죽자사자 외우는 수밖에 없었다. 수십년 전 중학교 진학시험 문제 '무즙' 소동이 아직도 끝나지 않은 한국 교육의 현실이다.

다른 말은 생각이 나지 않는데, 소에 대한 말은 뚜렷하다. (내가 그에게 한번 더 미진한 것을 다시 물은 것 같다.) 소로 태어난다는 말은 어렸을 때 할머니로부터 늘상 듣던 겁박성 내지 훈육용 얘기 아닌가. 정말 이 다음 소로 태어나면 어쩌나? 걱정을 그가 확실히 덜어 주었다.

"선생님, 소가 만물의 영장인 인간으로 편안하게 살았다는 전생을 기억하고 있을 때, 쟁기 끄는 불행이라 느껴지지 않겠습니까." 물론 소도 고통을 느끼지만 그 고통은 전생과 무관한 고통일 뿐. 현세의 나는 나, 내생의 소는 그냥 소라는 논리다. 이생의 의식이 다음 생으로 연장되지 않는데 윤회는 무슨 윤회! 단순 논리 같지만 명쾌한 주장이었다. 선생님이 대답할 차례였는데 마침 수업 끝, 종이 울려서 선생님을 구제해준 것 같은 느낌을 받았다. 고등학생이 불교 교리 일부분을 무너뜨리지 않았나 싶었다. 불교의 한 축을 이루는 윤회설은 제고되어야 한다. 그를 대신해서 대들고 싶다.

엄벙덤벙 모른 것도 모르고(무지의 무지) 살아오던 나에게 사부였다. 내 인생의 반은 그에게서 배웠다. 언뜻 들으면 누구한테 들은 얘기거나 우리들이 미처 읽지 못한 책에서 습득한 지식을 몽매한 동급생에게 풀어먹은 수단 같지만, 몇 십 년 지난 오늘에 와서 되짚어 보면 고등학생 머리에서 어떻게 그런 명쾌한 생각이 나올 수 있을까? 우리에게만 던진 상식이었다면 그러러니 했겠지만 선생님들도 인정한 특별 난 발상이었다. 수업시간 선생님과 대화였는지, 우리끼리 얘기 중에 나왔는지 확실한 기억은 없지만 조삼모사에 관한 얘기가 오갔다. (朝三暮四. 어느 사람이 원숭이를 키웠다. 아침 도토리 4개, 저녁에는 3개를 주었다. 주인이 원숭이들에게 내일부터 도토리를 아침에 3개, 저녁에 4개씩 준다. 원숭이들 일제히 반발했다. 종전대로 조에 4개, 모에 3개 달라! 이를 두고 사람들은 아침에 4개 주고 저녁에 3개 주든, 아침에 3개 주고 저녁에 4개 주든 하루에 7개의 도토리가 제공되는 것은 마찬가지인데…. 어리석은 원숭이라 손가락질했다. 어리석은 사람을 지칭할 때 쓰는 고사성어.) 조삼모사. 대륙을 사대했던 조선은 말할 것 없거니와 십억이 넘는 중국인들조차 몇 천년이 넘도록 아직도 원숭이가 어리석다고 조롱 해왔다. 그게 아니라고 들이댄 그의 지론은 이렇다. "원숭이 입장이 돼서 생각해 봐라. 아침 3개 먹는 것보다 4개를 먼저 먹어야 한다. 아침에 3개 먹고 나머지 4개 먹는 저녁까지 무슨 일이 일어날지 모른다. 주인이 깜빡해서 저녁 주는 것을 잊어버릴수도 있고…. 아침에 먼저 3개 먹느냐, 4개를 먼저 먹느냐는 원숭이한테 생존권 문제다. 원숭이 생존법을 모르고 몇천년을 손가락질한 인간이 어리석은 거다." 어디서나 유식한 척 들이대던 고사성어. 그것들을 생각없이 맹신한 것을 돌아보게 된 계기가 되었다.

집에 가는 길에 교육대학이 있었다. 학생축제가 있으니 들렀다 가자 했다. 시화전 전시장에서 한 여학생과 대화를 나누기에, 누나냐? 아니다. 아는 사이라 했다. 고등학생이 대학생을… 그림이 어울리지 않았다. "여자 나이가 많아야 접근하기가 좋아." 도저히 알아들을 수 없는 말을 하며 "여자들 일생 중 어느 때가 제일 예쁜지 알아?"

이건 또 무슨 소리? 쳐다봤더니 "스무살 전후가 가장 빛날 때야." 한 번쯤 아는 척해야 했기에 "그야 그렇지….", "그 한 순간의 예쁨을 최대한 끌어올려 남자들을 유혹한 다음 평생 먹여살리게 하려는 신체 본능이야." 들어보니 그러는 것 같기도 한데, 내 수준에는 알쏭달쏭했다.

하루는 하학길에 골동품 가게 앞을 지나가게 되었다. 여행객인 듯한 일본사람 둘이 가게주인에게 아담한 농을 가리키며 뭘 물어보고 가게주인은 못 알아 듣는지 손가락 몇개를 펴 보이며 "엔, 엔" 외쳐대는 것이다. 마침 이 광경을 목격하게 된 친구가 "아저씨, 얼마나 오래된 것이냐? 물어보는데요." 얼마나 오래 된 것, 무슨 나무로 만든 것, 얼마짜리, 유창한 일어로 통역해 주는 것을 보고 깜짝 놀랐다. 누구한테 배웠느냐? 아버지. 일어는 어순이 우리와 같고 일제 36년 강요된 그림자가 남아 있고 한자가 많이 끼어들어 쉽다 했다. "너 일본말 잘한다." 부러운듯 칭찬했더니 "아니야, 아무것도 없는 사람이 조금 가진 사람을 보면 크게 보이는 법이야." 그러면서 "우리 국보급 문화재는 그놈들이 다 가져갔어.", "일본학자들이 우리 역사를 왜 한반도 안으로 묶어두려 했는지 알아?", "그 애들은 섬이잖아, 대륙에 대한 콤플렉스가 있는 민족이야, 우짜든지 대륙에 한 번 붙어보려고 '임나본부설' 들고 나온 것이지. 그 시대 최첨단 기술이 제철 아니냐. 가야 지역이 철 생산지였거든, 철 좀 얻어가려고 아마 요즘 같은 수입지사 정도 설치하지 않았나 싶어. 우리 조상들이 홍안

령이니, 만주벌판을 말 달렸던 역사를 인정하기 싫은 거야, 한 마디로 배 아픈거지.", "우리 역사를 체계적으로 연구하는 한국학자가 별로 없었잖아, 일본 학자들이 자기네 입맛대로 하는 얘기를 듣고 따라 읽을 수밖에 없었어. 그게 식민사관이야.", "우리가 배운 한사군 있지, 낙랑, 임둔…. 그 한사군도 한반도 안에 있었다고 주장하는 거야, 식민지배에 머리 조아리며 배웠던 어느 식민사학자는 한나라 토기 조각 몇개 나온 것을 두고 한사군을 반도 안에 가두고 있어. 너 생각해봐라, 낙랑공주와 호동왕자 전설. 공주 이름이 낙랑 아니고 그냥 낙랑의 공주라는 뜻일 수 있어. 그렇다면 고구려 국경 근처에 한사군이 있었다는 얘기지. 한사군이 설치될 때쯤 고구려 남쪽 신라와 백제와의 국경은 그다지 중요하지 않았어. 지금의 북경 너머나 요서, 요동 쯤이 되지 않을까? 그 당시 중원에서 봤을 때 북경 근처는 변방이야, 저들이 칭하는 오랑케였던 거야, 변방을 잘 다스려야 중원이 편안했어. 고구려가 한다리 걸치고 겨우 신라가 태동하고 백제가 조금 차지하고 있던 반도에 사군을 설치할 이유가 없어. 한반도 안에 한사군을 설치하기 위해선 고구려를 통과해서 반도로 진입해야 하는데 한나라 때 고구려를 침공해서 통과했다는 기록이 없어." 사학이란 역사적 기록과 고증이 확실한 유물로 결정되기 마련인데…. 그의 주장을 역사적 사실로 볼 것인지, 상황적 역사로 볼 것인지? 나에겐 판단할 능력이 없었다.

임나본부설을 정당화하기 위해 들고 나왔던 광개토왕 비문 변조설을 재일교포 사학자가 제기해서 한때 화제가 되었던 '왜가 바다 건너와 백제 신라를 깨고 신민으로 삼았다.'를 두고 그가 "한문에 한글처럼 '에', '는' 이런 토씨가 없고 특히 비문에는 방점이 없기 때문에 앞뒤로 붙여 읽는 것에 따라 해석이 달라지는 거야, 왜가 건너와 백제 신라를 파하려 하자, 백제 신라를 구하고 고구려 자기들이 신민으로 삼았다로 기록했으면 했지, 왜가 신민으로 삼은 것을 고구려가 미쳤다고 기록했겠어. 생각해봐라, 폼잡을 것을 후대에 알리려 하지 필요없는 것을 힘들여 새기겠어." 일본군 스파이가 비문에 회칠하고 자기들 입맛대로 글자를 새겨넣은 변조설을 두고 한중일 제각각 주장이 다를 수밖에 없다. 풍찬 세월에 씻겨 없어진 글자를 상상력으로 꿰맞춰 역사의 진실성을 왜곡할 수 없다는 주장이다. '倭以辛卯年來渡□破百殘□□新羅以爲臣民' 판독할 수 없는 3글자를 누구도 맘대로 끼워넣을 수 없는 문제다, 앞으로도 비문이 다 닳아 없어질 때까지 밝혀지지 않을 역사라 했다. "문명이나 문화는 항상 앞서간 자를 따를 수밖에 없는 거야. 싫지만 배워야 해. 이기는 지름길이야." 우리는 기껏 삼일절에 죽일놈들! 분노하며 만세 삼창이나 부르며 애국하자 다짐했는데 그는 구체적으로 새겨가고 있었다.

그 친구와 고등 3년 동안 내가 겪었던 최고 압권은 그가 표방했던 삼무삼불 주의였다. 어떤 수업시간에 선생님이 학생들에게 앞으로 '어떻게 살아갈 것인가?' 물었다. 폭 넓은 심오한 철학이 담긴 질문 같기도 하고 앞으로 무엇을 하며 살아갈 것인가? 단순한 질문 같기도…. 어떤 직업을, 남을 위해 봉사를, 대부분 학생들이 고등학생에 걸맞는 미래를 보여 주었다. 드디어 이 친구 차례가 되었다. 친애하는 이 괴짜는 과연 어떤 미래를 설계하고 있나? 반 친구들이 기대에 찬 얼굴로 주시했다. 그가 백묵으로 칠판에 썼다. '三無三不'. "이것이 내가 살아가면서 될 수 있는 대로 지키고 실천할 과제입니다." 삼무? 세가지 없고, 삼불? 세가지 아니다. 우리들이 무슨 말인가? 궁금해하고 있을 때, 그가 칠판에 三無라 쓰고 그 밑에 無表情(무표정) 無所有(무소유) 無停處(무정처). 三不 쓰고 그 밑에 不正裝(부정장) 不就職(불취직) 不結婚(불결혼). 자기의 생각을 설명해 주었다. 삼무는 종교적인 결의, 삼불은 현실에 안주하지 않는 탈속임을 하나하나 설명해 주었다. 자기의 당위성을 동료들에게 밝히므로 지키고 실천할 의지를 보여주었던 것 같다. 사족(蛇足): '무소유'란 말이 법정스님에 의에 유명해졌지만, 그 이전에 이미 그 친구가 우리에게 들려주었음 밝힌다. 흉내가 아니다. 三無, 三不. 그 이후로 친구들이 그를 부를 때, 어이 삼무! 혹은 삼불! 스님의 법명 호칭하듯 놀리기도 하고, 정중하게 합장까지 했다.

도대체 이 친구가 나이에 걸맞지 않게 어디서 이런 지식들을 습득하며 제 나름대로의 주관으로 낯선 잣대를 들이대나 궁금했는데…. 하학길에 이야기에 빠져들어 헤어질 길목을 지나 그의 집 근처까지 가게 되었다. 내가 아이구 여기까지 왔네 돌아가려 하자, 그가 나를 붙들고 집에 같이 가자했다. 대문에서 집까지 걸어들어 가는데 5분쯤은 걸리는 것 같았다. 집은 그다지 화려하지 않는데 뒤쪽으로 나무가 많았던 걸로 기억된다. 할아버지가 물려준 것이라 했다. 데리고 들어간 방에 책들이 어마어마하게 쌓여 있었다. 주로 일어로 된 책이 많았고 번역서 원서들도 많았다. 아버지 책이야. 무엇하신 분이야? 응, 대학 선생. 우리는 대학교수라 하는데 그는 심드렁하게 대학 선생이라 했다. 그러면서 아버지가 자기를 아주 못마땅해한다. 이유가 형님 누나들은 다 비까번쩍 서울대에 들어가 체면을 세워 주는데 그 체면의 반을 까먹는 못난 아들이라는 것이다. 아버지의 달콤한 발림과 설득으로 일본어를 하게 되었다는 것이다. 공부는 못하더라도 외국어 하나는 똑 떨어지게 해야 한다는 강요에 국민학교 때부터 배웠다. 우리는 프로 스포츠가 뭔지 모르고 고등학교 야구를 신나게 화제로 입에 올릴 때 그는 일본 프로 야구를 텔레비전으로 보고 있었다. 일본어 공부를 위해 아버지가 안테나를 대마도 쪽으로 돌려 시청하게 배려했던 것이다. 우리들은 만화방에서 TV를 단체로 관람할 때 그는 한참 앞선 문화를 접하고 있었다. 그와의 대화를 통해서 짐작건대 독서량이 어마어마했다. 아무리 독서량이 많다 해도 습득한 지식을 기억하고 조합하는 두뇌가 따라주지 않으면 읽는 순간의 재미에 불과하다. 방학이면 빛나는 형 누나들과 대화 토론을 통해 우리보다 앞선 지식들을 무한정 흡수한 것 같았다. 주먹으로 방패막이가 되어주는 내 형들보다 머릿속을 기꺼이 내주는 그의 형들이 부러웠다.

방학 때면 혼자 여행 다니는 것 같았다. 여행담을 들어보면 주로 무전여행이었다. 돈 없이 차는 어떻게, 하루 세 끼는 무엇으로, 또 잠자리는…. 궁금한 게 한두 가지가 아니었다. 혼자서 돈 없이 숙식을 해결하며 여행한다는 것은 상상이 되지 않았다. 나도 한 번 같이 갈 수 없느냐? 좋아. 기차 타는 방법이 있고 버스, 배를 이용하는 수단이 있었다. 밤배 타고 무임으로 부산에서 제주까지 무사히 간적도 있다. 그때는 학생들을 잘 봐주는 인심 넉넉한 시절이었다. 그는 버스 타듯 시대의 흐름에 유유히 편승할 줄 알았다. 대전에 갔는데 배가 고팠다. 역전 번화가로 가서 지나가는 아가씨 둘을 붙들고 "대전에서 음식 잘하고 제일 멋있고 큰 식당이 어디냐?" 묻자 저들끼리 의논하더니 "한밭식당!, 저기 있네요." 그 식당으로 들어갔다. 점심 전이라 한가했다. "사장님, 저희들이 여행 중인데 돈이 떨어졌어요. 지나가는 사람에게 '대전에서 음식 잘하고 제일 멋있고 큰 식당'을 물어보니 한밭식당이라 일러줘서 왔습니다." 이쯤되면 어느 사장도 거절하지 못한다. 주는대로 감지덕지가 아니라 메뉴에 있는 것을 골라 먹었다. 내가 기껏 생각해 내는 것은 참다가 영 배가 고프면 허름한 식당에 찾아가 식은 밥에 감사할 따름인데, 그는 한 수 위였다. 장사 안 되는 식당에 가봐야 찬밥 신세 못 면한다. 바쁜 시간대는 피하라 했다. 잠자리. 자고 갈 동네에 도착해서 쭉 한번 훑어 본 다음 그 동네에서 제일 큰 집을 찾아가면 아침까지 근사하게 해결되었다. 그의 지론은 돈 없이 한달을 다니는 여행일지라도 어느 집에서 단 하루 신세 진 거와 같이 생각하면 편안하다 했다. 그리고 내가 알다고도 모를 한마디 덧붙였다. 내가 가진 게 없을 때 상대의 진심이 보인다.

2학년 겨울방학 때. 경주에서 어느 여학생과 맺어진 사연을 나에게 들려주었다. 그 얘기를 다른 친구에게 들려주었다. 그 얘기를 들은 같은 반 친구 다섯 명이 '그래, 우리도 경주에 가서 재미있는 사연을 엮어보자.' 새학기 전 봄방학 때 놀러가서 경주 역전에서 사복에 담배 피고 폼잡다가 경찰에 발각되어 학교로 통보. 일주일 동안 교무실에 끌려가 매일 반성문을 쓰고 풀려난 사건이 있었다. 그 사연을 너무 실감나게 중계했다는 이유로 다섯 명이 나만 보면 너 때문이라 원망했다. 친구 말을 그대로 전하면 사연의 전말은 이렇다.

방학식이 끝나자 경북 내륙지방을 돌기 위해 부산을 출발해 동해남부선 기차를 타고 경주에 도착했다. 경주 시내를 한 바퀴 돌고 어두워질 무렵 역으로 돌아왔다. 몇몇 사람은 톱밥난로가에 앉아 잡담을 나누고 난로에 밀려난 몇몇은 의자에 앉아 다음 기차를 기다리고 있었다. 대개 시골역 난로는 동네 부랑자들이 차지하고 있어 함부로 낄 수 없다. 다음 기차를 탈까, 여기서 하룻밤 보내고 내일 하루 더 구경하고 갈까? 여행기록, 이것 저것 생각하며 있는데 조금 떨어진 의자에 앉아있는 또래의 여학생이 힐끔힐끔 보는 것 같았다. 상행선 기차가 도착했는데 그대로 앉아 있었다. 얼마 지나지 않아 하행선이 도착했는데도 그대로 의자에 앉아 있었다. 상, 하행선 타고 떠날 사람은 다 떠났는데, 그냥 있는 것이 이상했다. 나이 많은 남자가 어린 여자에게 말을 걸면 수작부리는 줄 알고 주위 사람들이 관심 있게 지켜보지만 또래의 학생들이 대화를 나누면 저들끼리 일이구나, 대수롭지 않게 넘긴다. 어디 가느냐? 물었다. 우물쭈물하는 것이 행선지가 정해진 것 같지가 않았다. 조금 낯이 익자 대화가 순조로웠다. 원화여고생이고 누구라 했다. 집은 역에서 얼마 안 떨어진 곳이라 했다. 왜 여기 있냐? 엄마한테 야단 맞고 대구 이모집에 갈까, 생각 중이라 했다. 여행 중인데 나도 대구를 거쳐갈 것 같다. 내일 하루 더 구경하고 싶으니 안내를 부탁했다. 이런저런 이야기를 나누다가 내일 아침 역 앞에서 만나자 약속했다. 그리고 그가 집으로 돌아갔다. 내일 올까? 오지 않아도 그만이라 생각하며 역무원에 눈총 받아가며 역 대합실에서 하룻밤 보냈다. 아침 일찍 역 앞에서 기다렸다. 그때는 아침에 만나자면 대충 아침이었지 '몇 시 몇 분' 야박하게 따지지 않았다. 얼마 동안 기다리고 있었는데 길 건너 저편으로 무성영화에 나오는 행인 1처럼 손을 흔들고 지나갔다. 손에 들고 있는 빈그릇을 보이며 뭘 사서 집에 갔다주고 오겠다, 몸짓 신호를 보냈다. 아마 엄마와 화해하고 아침 국거리 심부름 나왔던 것 같다. 어젯밤 걱정스런 얼굴과 달리 해맑아 보였다. 한참 기다리니 그가 왔다. 이미 마음의 경계가 걷어지고 서로 괜찮은 상대로 여겼는지 편했다. 겨울이라 날씨가 쌀쌀했지만 우리는 그다지 추운지 몰랐다. 그가 안내하는 대로 따라다니며 경주 천년을 되새기며 혹시 우리가 모르는 천년 전의 어떤 끈끈한 인연으로 이생의 연을 새롭게 쓰고 있는 것이 아닐까? 혹시 너 원화, 나 화랑, 그래 어느 달 밝은 밤 탑돌이 하다 몰래 빠져나와 대나무 숲속으로 사라진…. 인연설을 떠올리며 오늘을 정당화하고 싶었다. 천년 유적이 그대로 곳곳에 남아있는 경주에 오면 타임머신 타고 시간을 거스르는 듯한 착각이다. 이끼 낀 고도는 낯선 이들에게 신비한 길로 안내해 준다. 할머니들이 옛얘기를 많이 간직하고 있는 것처럼. 안압지 지나 반월성, 햇빛 좋은 곳에 앉아 쉬고 있는데 얼마 떨어진 곳에서 청년 한 사람이 기타 치고 있었다. 기타 소리 들으며 아직 덜 익은 우리들의 화음을 조절하고 김유신 묘까지 걸어갔다. 묘에서 조금 떨어진 곳에 높다란 인공 언덕이 있고 그 위에 큰 탱크가 놓여 있었다. 손을 잡고 탱크까지 올라갔다. 탱크에 기대어 누우면 밑에서 우리를 볼 수가 없다. 왜 거기까지 올라갔는지…. 우리만의 안전한 공간이 필요했는지 모른다. 한참 후에 밑으로 내려왔다. 근방 잔디 밭에 놀던 아이들이 내려오던 우리를 발견하곤 '느그들 거기서 뭐 했지' 놀리는 듯 바라봤다. 다음 순서를 익혀나갔을 뿐, 그렇게 큰 일은 하지 않았다. 시내로 돌아오는 길목에 울창한 솔밭이 있었다. 이미 날은 어두워졌다. 게오르규의 '25시'에 나오는 청춘들에게는 허물어졌으나 그나마 기댈 벽이라도 있었는데…. 솔발 청춘들에게는 자갈밭에 가림막 어둠뿐이었다. 여기다 싶어 자리잡고 앉으려는데 갑자기 후다닥 소리가 나며 두 사람이 어둠을 뚫고 뛰어갔다. 갈 곳 마땅찮은 두 청춘이

장성을 쌓으려다 우리 때문에 놀랐던 모양이다. 저들의 솔밭 사연을 깨뜨리게 해서 미안했다. 놀랜 저들이 무슨 찔린 속셈이 있었던가 보다, 위로 삼으며 우리들의 자리를 찾았다. 이곳 저곳 더듬어 봐도 깜깜한 솔밭은 자리 잡을 곳 없이 자갈투성이었다. 추웠다. 몸이 따뜻한 방에 대한 기억을 더듬으며 그립다고 핑계를 댄다. 아무리 무전여행이라도 비상을 대비해서 얼마간은 꼭 꼬불쳐 둔게 있다. 역전 근방에 싼 방들이 많다. 손님이 오면 바퀴 달린 화덕 연탄불을 넣으면 이내 뜨거워지는 구들장에 둘이 누우면 꽉 찬다. 이왕에 들어 왔으니 어서 달궈지라는 구조다. 전등 하나에 두 방을 동시에 밝히는 방도 있다. 상대가 응하지 않고 애태울 때 달래고 사정사정하는 옆방이 걸리면 '밤으로의 긴 여로' 장편 한 권은 읽게 된다. 우리는 사방이 보장된 공간이 필요했다. 발각되면 처형을 면치 못할 밀교의 사제들 처럼 동굴로 숨어 들었다. 어른들이 정해논 도덕적 윤리가 자연의 섭리보다 앞선 구속감 때문이었을까, 누군가 내려다 보는 것 같아 저지른 행위가 무서웠고, 이불로 감쌌지만 속물이 되어 가는 알몸이 부끄러웠다. 잠깐 스쳐가는 핑계였지 그 무엇도 뜨거운 청춘의 본능 앞에 무너지기 마련이다. 합의 없이 합의를 봤다.

불꺼진 깜깜한 사연 알 수 없어 친구에게 물었다. 자세한 이야기를 듣고 싶었다.

"소, 돼지도 하는거…. 뭐가 궁금해? 처음 것은 다 서툴러 그래서 다음 생을 굳게 다짐하는 거야." 역시 그는 나의 스승이었다. 방에 들어 갈 때부터 나올 때까지 카메라 초점을 고정하면 영화 한 편이라 했다. 점심무렵 밖으로 나왔다. 배가 고팠다. 그러고 보니 다른 것 궁리하느라 어제 아침 먹고 나서 아무것도 먹지 않았다. 둘러보니 역전 건너 편에 식당이 보였다. 한참 먹다 보니 그녀는 아직 숟가락만 만지작거리며 이쪽을 바라보고 있었다. 희미한 미소로 내 먹는 것을 거들어 주고 있었다. 나이가 적든 많든 경우에 따라서 엄마가 되는 여자의 참사랑이란 결국 모성애이지 않나 싶었다. 밥을 절반가량 내 쪽으로 옮긴 다음에야 그녀는 힘없이 숟가락질을 했다. 포만감이었는지 아니면 전날 밤의 성공 때문이었는지 분명하지 않았지만 나는 당당한 정복자의 위세로 앉아 있었다. 그제야 배부른 일상으로 돌아온 것이다. 탁자의 땟국이 보였고 천장에 거미줄이 보였다. 그녀의 붉은 입술이, 오뚝한 코 그늘에 가릴 듯 말 듯한 점 하나가 외딴 섬처럼… 감히 하나의 점 따위가 인생을 좌지우지 하랴마는 사례치고 앉은 눈 아래 점이 무슨 불길한 예감처럼 인상적이었다. 귀밑의 솜털이 가여워 보였고, 까만 눈동자가 젖어 있음을 감지할 수 있었다. 흘러내린 몇 가닥 머리카락 사이로 보송보송 맺힌 이마의 작은 땀방울을 닦아주고 싶었다. 창밖을 보니 갈 길 재촉하듯 잔득 찌뿌린 하늘에서 눈발이 생각처럼 간간이 날렸다. 그새 눈발이 더 쌓여갔고 찬바람 불었다. 항상 떠나는 자가 슬퍼 보이는 게 상정인데, 왠지 남아 있는 자가 더 쓸쓸해 보였다. 길을 건너, 역광장을 지나, 대합실로 들어서기 전에 건너편을 바라봤다. 우두커니 서 있었다. 헤어짐이 아쉬워 서로 뛰어가 안기듯 애절한 청춘 영화의 한 장면을 연출하고 싶었지만, 그리 먼 곳도 아니고 언제든 다시 오면 만날 수 있으리라… 세월을 믿었다. 대합실 유리창 넘어로 바라보니, 저를 보고 있는 내 모습을 의식했는지 잠깐 손을 흔들고 힘없이 이내 돌아섰다. 속절없이 흘러갈 세월에 애매하게 맡겨둔 채 기차에 청춘을 싣고 알 수 없는 미래로 떠났다. 책임지울 강요도 없고 책임질 이유도 없는 것이 우리는 각자의 무게를 감당해야 할 숙제가 남아 있었다.

하나인 듯 둘이 함께 가는 길이 있고, 둘이서 함께해야 할 길임에도 각자의 몫을 치르며 건너는 강이 있다. 그것을 무어라 콕 집어서 단정 짓기 어렵기 때문에 싸잡아서 '운명'이라 얼버무리고 만다. 정해진 운명이 있는 것이 아니다. 어느 끝에서 어느 끝까지 걸어 갈 뿐이다. 평탄. 길이 아니다. 낭떨어지도 있고 가시덤불도 있고 때로는 새도 울고 간간이 꽃도 핀다. 열매를 맺기까지 비바람뿐이겠는가.

생략하듯 지워버린 세월이 있다. 그렇게 오랫동안 그 친구를 만나지 못했다. 그 친구 소식을 30여 년이 훨씬 지난 뒤에 알게 되었다. 각각 살아온 세상을 서로에게 읽어주다 그때 경주 사연이 떠올라 물어보게 되었다. 함께 공유했던 추억이라 후일담이 궁금했다. 삼류소설에 나올 법한 사연이 있었다. 우리가 성장통을 겪으며 낄낄거리던 그 사연에 애절함이 묻어나올 줄 몰랐다. 고등학교 때 그 사연 이후로 30여 년 동안 한 번도 경주에 가지 않았다. 주소는 물론 얼굴도 물위에 새긴 이름이었다. 일상이 지겨울 때, 기대했던 것이 이미 낡아 그렇고 그런 무심으로 지속될 때, 혹은 앙칼질 때, 아무런 이해가 개입되지 않은 순수가 도둑처럼 찾아온다. 불에 던져도 재로 남아있고 바람에 날려보내도 마음 한 구석엔 까마득한 연을 붙들고 있는 실이 매여있다. 어느 날 무엇에 이끌리듯 문득 동해남부선 기차가 타고 싶었다. 경주에 내려 역 광장에서 근방을 둘러봤다. 건너편 길로 그때 그 단발머리 소녀가 지나가고…. 밥을 먹고 헤어진 곳이 저긴가? 둘러보니 30여 년 전 함께 밥 먹었던 그 근처에 식당 하나가 있었다. 안압지, 반월성, 김 유신 묘, 이런 곳이야 정부에서 보존하는 유적지이기에 몇 십 년이 지난 후에도 그대로 남아 있는 것이 당연하지만 강산이 세 번이나 바뀌었는 데도 바로 그 자리에 식당이 그대로 있다는 것이 눈물겹게 반가웠다. ○○식당. 고정된 간판 밑에 노랑바탕에 흰 글씨가 새겨진 플라스틱 천이 펄럭거리고 있었다. 고딕 큰 글씨로 써 있어서 길 건너 이편에서도 금방 알아볼 수 있었다.

[장씨는 술 공짜]

장씨에게 술을 공짜로? 저게 뭐야? 만화에나 나올 법한… 그래, 내가 장씨 아닌가. 장씨는 희성도 아니지만 그렇게 흔한 성도 아니어서 어디서 만나든 서로 반가워하는 처지다. 종씨 형님이 지나가는 나를 붙잡고 "이 사람아, 한잔 하고 가게" 부르는 것 같아 머리카락이 쭈뼛 섰다. 장씨에게 술을 공짜로 주겠다는 뜻인데, 장사 속셈이라면 머릿수가 많은 김, 이씨로 할 것이지 왜 하필 장씨인가 궁금했다. 식탁이 대여섯 개인 작은 식당이었다. 들어가 자리에 앉았다. 물컵 들고 온 아가씨에게 "정말로 장씨에게 술을 공짜로 주느냐?" 물었다.

"네, 장씨세요?" 그렇다고 하자 주방에 딸린 방으로 가서 뭐라 하니 30세 전후의 여자가 부시시한 머리를 쓸어올리며 다가오다 말고 움찔하더니, 앞자리에 앉았다.

"장씨세요?" 대답도 하기전에

"혹시 이 근처에서 30여년 전에 혹시 누구 만난 적 없으세요?"

"함께 밥을 먹고 헤어진 사람이 있지요."

"혹시 기억하세요… 이름이나…"

"이름은 기억나지 않지만 코 옆에 점이 하나 있었던 것…."

"맞아요, 엄마 얼굴에 점이…." 그리고 눈가에 이슬이 맺혔다.

뒷동산 함께 뒹굴던 어린 시절에 대한 아련한 추억이 있는 것도 아니요, 이러저러한 형편으로 세상을 원망하며 제 갈길로 돌아선 멍든 사연이 있는 것도 아니지만 강물처럼 흘러버린 세월로 따져보니 너무 아쉽고 희미한 추억 여행이었다. 실낱 같은 끈이라도 잡고 보니 그 한낮, 하룻밤이 밀물로 환히 다가왔다. 고래가 물 밖으로 솟구쳐 올라 숨을 고르고 육중한 몸매를 철퍽덕 놓아버리 듯 기억의 옛 바다가 한꺼번에 몰려왔다. 보고 싶었다. 식당 문을 열고 들어올 것 같아 눈길을 그곳으로 돌리며, 어디 계시냐? 얼굴 맞대고 30여 년 전의 어설픈 청춘으로 돌아가고 싶었다.

긴 소설을 혼자 힘겹게 쓰다 2년 전에 운명을 달리했다…. 낡은 앨범 하나에 색 바랜 추억 몇 가지 남겨두고…. 그래 어떤 인생인들 소설 아닌 것이 어디 있으랴. 상대가 없으니 그저 덤덤할 뿐 별다른 감흥은 없었다. 어쩌다 맺은 몇몇과 인연의 끈을 붙들고 애썼지만 모두 실패로 끝나고 말았다. 자기가 중학교 때 의붓아버지가 술 먹고 들어와서 못된 짓을 하려는 정황을 목격하고 그 뒤로는 다시 남자와 함께 살지 않았다. 열여덟 어린 여자가 임신한 몸으로 어떻게 세상을 감당했는지 대강 짐작이 갔다. 어떻게 장씨라 알고 있느냐? 그때 같은 반 제일 친한 친구의 성이 장씨라서 겨우 성만 기억한다 했다. 간판은 누가? 네가… 아니다. 내가 자라면서 공연히 아버지 없는 것을 빌미로 엄마에게 짜증을 많이 부렸다. 처음엔 나 때문에 「장씨는 술 공짜」 간판을 달았지만 시간이 지날수록 본인도 은근히 기다리는 눈치였다. 가끔 장씨란 분들이 정말 공짜로 술 주느냐? 농담으로 공짜로 술 마실 것 같았지만, 사연을 듣고 누구 하나 그냥 간 적이 없을 뿐더러 꼭 찾으라는 격려까지 해주었다. 지방 신문에 작은 기사로 난 적도 있었다. 경주는 많은 사람이 찾아오는 곳이고 네 아버지가 이곳에 온다면 저 역 광장에서 꼭 여기를 휘둘러 볼게 틀림없을 거라며, 몸져누워 이 식당을 맡기며 내가 태어난 사연을 자세히 들려주었다. 만약 만나게 된다면… 확인할 수 있는 근거가 될 거라며. 나를 알아 볼 수 있었느냐? 다른 장씨들은 몇 번 봤지만 별

다른 감흥이 없었는데, 처음 뵙자마자 섬뜩 예감이 이상했다. 아주 오래 된 영화 한 장면이 떠올랐다. 어느 공군기지. 전투기 한 대가 추락하자 그 광경을 목격한 조종사 부인들이 사고난 부대쪽으로 모두 달려갔다. 그중 한 부인이 뛰어가다 말고 우뚝 서더니 한 발짝도 움지이지 못하고 멍하니…. 예감은 간절함이 연결된 어떤 끈이지 않나 싶었다. 사실 예감만으로 상황을 확정지울 수 없다. 확인이 필요했다. 희미한 과거를 더듬듯 입체 그림을 찬찬히 뜯어봤다. 길 건너 저편에서 바라보던 얼굴과 서서히 합쳐져 내 기억 속의 희미한 그리움을 일깨웠다. 사실로 받아 들였다.

누이동생 같은 여자가 갑자기 나타나 아버지라 부르는 것이 이상했다. 내 가슴엔 단발머리 소녀가 희미하게 자리하고 있는데, 그 소녀의 엄마 같은 여인이 오히려 그 소녀의 딸이라니…? 한 세상 뚝 잘라서 뒤집어 놓은 듯한 착각 속에 혼란이 왔다. 추억은 세월 따라 늙지 않고 정지한 그대로 멈춰 있었음을 몰랐던 것이다. 그 소녀를 지우고 그 소녀의 엄마 같은 여인을 그 소녀의 딸로, 혹은 내 딸로 받아 들이기엔 많은 시간이 필요했다. 아무리 핏줄에 얽힌 부녀지간이라도 오랫 동안 확인해 오며 신뢰하지 않는 관계란 결국 남이다. 추억을 공유하기 때문에 그리운 것처럼 가족이란 한 울타리 안에서 부대끼며 살아야 하지 않나 싶었다.

삼류소설 같기도 하려니와 삼십여 년 전의 필름을 되돌려보니 분명한 내 현실로 다가왔다. 아무런 억지가 개입되지 않은 우리끼리 저지른 미필성 사연이었지만, 혼자 감당했을 힘겨운 세월을 생각하니 미안한 죄책감이 들었다. 왜 그렇게 아무렇지 않게 잊고 살았던가, 잘 가꾸었으면 보석같이 빛나는 시절이었던 것을… 왜 끝까지 거두어 들일 생각을 하지 못했을까. 그 때는 흩어진 상황만 막연히 존재했을 뿐이지 단지 선(線)으로 구분되어야 할 도덕적 책임감은 나에게 없었다. 단순히 선 하나 지우면 한통속이었다. 구태여 변명하자면 우리는 공범이었다. 내가 새긴 점 하나가 누군가에겐 평생 멍에였다. 이제 와서 어쩔 것인가, 무를 수도 없고. 새삼 후회스러웠다. 혼자만 간직하고 싶던 소중한 비밀이 일시에 들통나버렸지만, 30여 년이 지난 현실 앞에서 언제까지 소녀만을 고집할 수 없었다. 또 오마. 이번엔 떠나는 내가 더 쓸쓸했다. 기차를 탔다. 때 묻은 대합실 벤치에 두고 가야할 것을 그대로 두고.

세상과 나

[불화]

못살기로 마음 먹고부터

사는 것이 한결 편해졌다

세상은 웃고

[못난 각오]

잘 살겠다 마음 먹기 보다

못 살겠다 마음 먹기가 어렵다

세상은 손가락질

[어떤 포기]

짧은 다리로 이 세상 따라 가기 보다

차라리 세상을 굴리는 게 쉬웠다

세상은 어리둥절

가장 아름다운 속도는 멈춤이다

초판 1쇄 발행 2023년 5월 12일

지은이 고치완

펴낸이 임병천
펴낸곳 책나무출판사
출판신고 2004년 4월 22일 (제318-00034)

주소 서울시 영등포구 신길3동 325-70 3F
전화 02-338-1228 **팩스** 0505-866-8254
홈페이지 www.booktree.info

ISBN 978-89-6339-696-5 03810